D1662656

Christiane Arens /
Stefan Dzikowski (Hrsg.)

Autismus heute

Christiane Arens / Stefan Dzikowski (Hrsg.)

Autismus heute

Band 1

Aktuelle Entwicklungen in der Therapie autistischer Kinder

Mit Beiträgen von:

Christiane Arens · Vera Bernard-Opitz · Erika Döbel · Stefan Dzikowski
Hellmut Hartmann · Joachim Heilmann · Volker Helbig · Günter Jakobs
Michael Kalde · Hans E. Kehrer · Ernst J. Kiphard · Ulrike Müller
Matthias Reich · Ulrich Rohmann · Heinz Schlüter · Gerhard Wiener

verlag modernes lernen - Dortmund

© verlag modernes lernen
5.1988
verlag modernes lernen Borgmann KG — D - 4600 Dortmund 1
Gesamtherstellung: Löer Druck GmbH, Dortmund 1

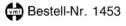 Bestell-Nr. 1453   ISBN 3-8080-0160-7

Inhaltsverzeichnis

Vorwort

Mit Autismus, der rätselhaften Krankheit, die sich hinter dieser Bezeichnung verbirgt, beschäftigen sich seit über vierzig Jahren Spezialisten verschiedener Fachrichtungen. Immer wieder tauchen neuartige Therapieansätze und damit verbunden neue Verursachungstheorien auf. Bis heute aber gibt es weder die Chance einer vollständigen Heilung noch ein gesichertes Erklärungsmodell, warum manche Kinder „autistisch" sind.

In den vergangenen Jahren erschienen zahlreiche Veröffentlichungen zu diesem Thema. Häufig waren die Autoren dieser Artikel und Bücher Amerikaner, obwohl es eigentlich viele Autismus-Spezialisten in der BRD gibt. Wir, die Herausgeber, empfinden dies schon lange als einen großen Mangel, da wir als Praktiker wissen, wie viele unserer Kollegen im deutschsprachigen Raum sich aus der täglichen Praxis heraus mit neuen Therapien befassen, bestehenden Therapieformen kritisch (nicht ablehnend) gegenüberstehen und manchmal ihren Mut zu einer neuartigen Behandlung durch unerwartete Fortschritte eines oder mehrerer autistischer Kinder belohnt finden. Leider ist fast allen Praktikern gemein, daß neben der anstrengenden Arbeit keine Zeit übrig zu bleiben scheint, ihre umfangreichen Erfahrungen in Form eines Buches zu veröffentlichen.

Hieraus entstand unsere Idee, Fachleute aus dem Autismus-Bereich, die sich täglich mit der Behandlung autistischer Kinder befassen, für die Mitarbeit an einer Veröffentlichung zu gewinnen, die den aktuellen Stand der Autismus-Therapie wiedergeben soll.

Wir haben ein großes Echo auf diese Anregung gefunden, welches sich in diesem Buch niederschlägt. Wir wünschen uns, daß Eltern autistischer Kinder, Pädagogen aus Einrichtungen, die autistische Kinder betreuen, und Studenten an den vielfältigen Themen Interesse finden. Außerdem hoffen wir, daß wir denjenigen, die sich im Dschungel der vielen Therapien für autistische Kinder zurechtfinden wollen oder müssen, ein wenig dabei helfen können!

Bremen, im April 1988

Christiane Arens / Stefan Dzikowski

7

Beobachtungsleitfaden zur Sensorischen Integration in der Frühförderung

Christiane Arens

1. Einleitung

„Wie reagieren eigentlich zweijährige Kinder?", „Wie teste ich bloß dieses Kind, wenn es schon bei leichtesten Aufgaben aus dem P.E.P. aussteigt?", „Wie macht man das: Beobachtungsphase bei einem so kleinen autistischen Jungen?", „Liegt bei ihm eine ‚Sensorisch-integrative Dysfunktion' vor?"

Diese und ähnliche Fragen tauchten auf, als ich im Sommer 1985 zum ersten Mal Matthias gegenüberstand. Viele Erfahrungen aus meiner langjährigen Arbeit mit autistischen Kindern schienen mir jetzt nichts mehr zu nützen; diese Kinder waren alle viel älter gewesen (also mindestens vier bis sechs Jahre alt), als ich sie kennenlernte, und Diagnose, Beobachtung und Therapieplanung waren bei diesen Kindern fast schon Routine. Matthias aber verhielt sich anders als die größeren Kinder. Er machte praktisch nichts von dem, was sie konnten; er war in allen Wahrnehmungsbereichen auf einem sehr niedrigen Entwicklungsstand. Matthias stellte mich vor die Aufgabe, meine bisherige Form der Beobachtung des Entwicklungsstandes und der Probleme in den verschiedenen Wahrnehmungsbereichen, der Kommunikation und im Sozialverhalten autistischer Kinder zu überdenken und zu überarbeiten. Hieraus entstand — nicht zuletzt nach ausführlichem Studium der Bücher von A. Jean AYRES und BRAND et al. (siehe im Literaturverzeichnis des Artikels von S. DZIKOWSKI) — der im folgenden aufgeführte Beobachtungsleitfaden, den wir inzwischen bei mehreren Kindern, sowohl bei neu aufgenommenen als auch bei solchen, die schon seit längerer Zeit gefördert wurden, eingesetzt haben zur Erfassung ihrer Fortschritte und des aktuellen Entwicklungsstandes. In meinen Ausführungen verzichte ich im wesentlichen auf Literaturangaben, da die Theorie, die dem Schwerpunkt meiner Ausführungen, der Feststellung Sensorischer Integrationsstörungen, zugrunde liegt, im Artikel von Stefan DZIKOWSKI zu diesem Thema bzw. in den Werken von A. J. AYRES nachgelesen werden kann. Ich ergänze meine Auflistung von Beobachtungsinhalten durch eine Beschreibung und Zusammenfassung einiger Beobachtungen, die ich bei Matthias gemacht habe.

2. Vorgeschichte

Matthias wurde uns im Sommer 1985 von seinen Eltern erstmals im Alter von 25 Monaten vorgestellt mit der Bitte um diagnostische Abklärung und Beratung hinsichtlich Fördermöglichkeiten.

Aufgrund der ersten Beobachtung und der Befragung der Eltern stellten wir die Diagnose „Entwicklungsverzögerung mit autistischer Symptomatik". Matthias zeigte (auch heute noch) Probleme, Defizite und Stereotypen in allen Wahrnehmungsbereichen, in der Kommunikation und im Sozialverhalten. In Absprache mit den Eltern beantragten wir für Matthias beim zuständigen Sozialamt sofort Einzeltherapie.

Zwei Monate später (also mit 27 Monaten) nahmen wir Matthias in ein spezielles, neuartiges Frühförderprojekt auf. Im Rahmen dessen erhielt er in der Beobachtungsphase zunächst vier, später elf Therapiestunden pro Woche. Die Beobachtung und Therapie führten wir zu Hause in seinem Kinderzimmer, manchmal in anderen Räumen der Wohnung durch.

3. Beobachtungsinhalte

3.1 Aufbau der Beobachtungsphase

Wir beginnen die Beobachtung mit einer Kennenlernphase, wo wir Therapeuten, das Kind und die Eltern uns „beschnuppern", wir dem Kind erste Kontakt- und Spielangebote machen. Wir sprechen über Wünsche und Ängste der Eltern bezüglich der Therapie. In dieser ersten Phase streben wir bereits an, den Vater einzubeziehen, denn erfahrungsgemäß gehen die Väter schnell ‚verloren', wenn wir es versäumen, sie zum richtigen Zeitpunkt anzusprechen!

In der zweiten Phase intensivieren wir den Kontakt mit dem Kind. Unsere Beobachtungen in allen Wahrnehmungsbereichen ergänzen wir immer durch Befragung der Eltern.

Der dritte Teil der Beobachtungsphase beinhaltet als Schwergewicht „zwischenmenschliche" Fähigkeiten wie Kommunikation, Sprache, Sozialverhalten, Kontaktverhalten und Selbständigkeit. Wir haben gute Erfahrungen damit gemacht, Beobachtungen auch im Zusammensein zwischen Kind und Gleichaltrigen vorzunehmen, da wir in einer solchen Situation die Probleme autistischer Kinder sehr viel deutlicher sehen und als Beobachter viel mehr das Gespür dafür bekommen, was dieses autistische Kind von anderen Kindern seines Alters unterscheidet.

Die Kennenlernphase umfaßt gewöhnlich zwei Doppelstunden. Für die Beobachtung der Wahrnehmungsbereiche benötigten wir bei Matthias ca. zehn Doppelstunden, für den dritten Bereich (Sozialentwicklung) ca. vier Stunden. Bei Kindern mit geringerem Niveau brauchen wir erfahrungsgemäß weniger Zeit.

3.1.1 Kennenlernphase

3.1.1.1 Erste Annäherung

Beim ersten Besuch in der Familie lassen wir uns viel Zeit für die Gespräche mit Mutter und Vater. Insbesondere sprechen wir mit den Eltern über die Entwicklung des Kindes und bisherige Probleme, ihre Wünsche und Erwartungen und wickeln notwendige Formalitäten ab. Beim ersten spielerischen Kontakt mit dem Kind bitten wir die Mutter und den Vater um ihre Anwesenheit, damit es gar nicht erst zu Tränen kommt, und wir schon jetzt Interaktionen zwischen Kind und Bezugsperson beobachten können.

Zu dieser ersten Kontaktaufnahme gehört in unsere Materialkiste:

- ein Brummkreisel,
- Seifenblasen,
- ein Handspiegel,
- eine Plastiktüte mit folgendem Inhalt:

    Diverse Bälle mit bestimmten Effekten wie Pfefferminzgeruch oder Klingelgeräusch, mit sich drehenden Blumen oder bunten Steinchen im Inneren, weiche, schwere, kalte, kleine Bälle,

- ein Stehaufmännchen,
- Spielzeugauto.

Wir bieten dem Kind diese Dinge an, um darüber einen Zugang zu ihm zu bekommen und herauszufinden, was es mag und was nicht.

3.1.1.2 Zweite Begegnung

Wir beginnen wieder mit einem Gespräch mit der Mutter / dem Vater, fragen wie dem Kind die erste Stunde bekommen ist, ob den Eltern noch etwas zu dem Gespräch eingefallen ist.

Für das Kind bringen wir in etwa wieder die Materialkiste vom letzten Mal mit, außer, wenn ihm davon gar nichts gefallen hat; dann sollten wir versuchen, ihm etwas anderes Attraktives anzubieten. In dieser Stunde machen wir Beobachtungen zu folgenden Fragestellungen:

- Auf welche Gegenstände geht das Kind insbesondere zu?
- Was macht es mit diesen Gegenständen? Greifen? Fallenlassen? Zum Munde führen?
- Geht es sinnentsprechend damit um oder benutzt es die Dinge eher zu stereotypem Verhalten?
- Welche Dinge meidet das Kind und wie zeigt sich dies (Berührung vermeiden, Blick abwenden, Hände wegziehen, Ohren zuhalten, weinen . . .)?
- Welches Wahrnehmungsorgan bevorzugt das Kind bzw. welches schaltet es aus (Mund, Nase, Augen, Ohren, taktiles System usw.)?

3.1.2 Beobachtung der Wahrnehmungsbereiche

Im folgenden liste ich die wesentlichen Beobachtungsinhalte in jedem Wahrnehmungsbereich auf. Es hat sich bewährt, wenn wir uns in einer Stunde auf einen oder zwei Sinneskanäle beschränken, um das Kind nicht mit einer Vielzahl an Reizen zu bombardieren. Die meisten Beobachtungen machen wir zweimal, d.h. an verschiedenen Tagen, da die Reaktionen des Kindes sich je nach Tagesform (also Laune, Wachheitsgrad und vorangegangenen Eindrücken) erheblich unterscheiden können.

3.1.2.1 Visuelle Wahrnehmung

Ein Ziel der Überprüfung ist, die Vorlieben des Kindes im Bereich des Sehens zu erkennen, ein anderes, den Reifegrad des Sehsinns herauszufinden.

Eine besondere Vorliebe des Kindes für den visuellen Kanal liegt vor, wenn es zum Beispiel bevorzugt:

- Dinge mit stark gemusterter Oberfläche (Tapetenmuster, Teppiche),
- Glänzendes und Spiegelndes,
- Dinge in Bewegung (sich drehende Räder, Flattern der Hände).

Den Reifegrad des visuellen Systems finden wir durch Überprüfung folgender Punkte heraus:

- Erkennt das Kind bestimmte Personen (Eltern, Therapeuten)?
- Verfolgt das Kind Gegenstände (wie einen rollenden Ball, Seifenblasen, einen Becher mit Saft) in alle Richtungen mit den Augen (horizontal, vertikal, diagonal)?
- Verfügt es über Auge-Hand-Koordination, d.h. kann es einen Gegenstand greifen, in ein Gefäß werfen und dabei seine Hände anschauen?
- Wie ist die Auge-Fuß-Koordination ausgebildet? Schaut das Kind seine Füße an, wenn ich ihm z.B. ein Stück Schokolade zwischen die Zehen stecke oder den Fuß anmale? Bemerkt es beim Laufen Hindernisse auf dem Boden oder wechselnde Untergründe, indem es dort hinschaut?

Material, welches wir zur Beobachtung der visuellen Wahrnehmung benötigen:

- Bälle mit unterschiedlichen Oberflächenstrukturen, Farben und Mustern,
- großer Handspiegel,
- große Baubecher o.ä., in welche verschiedene Dinge hineingeworfen werden können,
- verschiedene Gegenstände, die das Kind in ein Gefäß werfen bzw. mit den Augen verfolgen soll (Auto, große und kleine Klötze, Seifenblasen, Trinkbecher, farbige Ringe, Perlen, Wunderkerzen),
- verschiedene Untergründe wie Fußmatten, Gummi- und Plastikunterlagen, niedrige Podeste, Knubbeldecke,
- Schokolade oder etwas anderes, das das Kind mag und das man ihm zwischen die Zehen stecken kann.

3.1.2.2 Auditive Wahrnehmung

Hier benutzen wir folgenden Beobachtungskatalog:

- Auf welche akustischen Reize reagiert das Kind? Laute, leise, schrille, dumpfe etc.? Welche Reize bevorzugt es?
- Welche Reize ignoriert es?
- Wie reagiert es (durch Zusammenzucken, Hinschauen, Greifen, Hantieren)?
- Spielt die Entfernung der Geräuschquelle eine Rolle? Wie reagiert das Kind zum Beispiel, wenn ein Ton direkt neben seinem Ohr oder hinter seinem Kopf ertönt?

- Reagiert das Kind auf solche Töne, die mit Gegenständen oder Handlungen verbunden sind, die ihm wichtig sind (wie das Rascheln von Butterbrotpapier, wenn es Hunger hat; das Einlassen von Badewasser, wenn es gerne badet)?
- Hat das Kind vor bestimmten Geräuschen Angst? Wie zeigt sich diese?
- Wie sind die Geräusche, die das Kind selbst produziert? Verhält es sich eher laut oder leise? Lallt es, spricht es, stimuliert es sich durch stereotypes Klopfen o.ä.?
- Macht es Geräusche und Laute nach? Welche?
- Wie geht es mit Musikinstrumenten um?
- Reagiert es auf die Stimme der Mutter und anderer Personen?

Material, das wir für die Beobachtung der auditiven Wahrnehmung benötigen:

- Verschiedene Musikinstrumente, möglichst in doppelter Anzahl, wie Trommeln, Quietschtiere, Xylophone, Glockenspiele, Klanghölzer, Drehorgeln, Rasseln.
- Haushaltsgegenstände, die Geräusche erzeugen: Topfdeckel, Besteck, Knistertüten, Papier zum Zerknüllen und Zerreißen, Plastikgegenstände, Klingeln, Holzlöffel, Brettchen.

3.1.2.3 Taktile Wahrnehmung / Berührungssinn

Hier untersuchen wir folgende Fragestellung:

- Mag das Kind berührt werden oder nicht und wie zeigt sich dies?
- An welchen Körperstellen läßt sich das Kind am liebsten / am wenigsten gern berühren?
- Auf welche Art von Berührung reagiert das Kind und wie ist seine Reaktion z.B. auf: Anpusten, Streicheln, Berühren mit Gegenständen von unterschiedlicher Materialbeschaffenheit (warm, kalt, weich, hart, rauh, glatt, matschig, klebrig)?
- Reagiert es bei plötzlichem Berührtwerden? Wie reagiert es (Zusammenzucken, Hinschauen, Berührung annehmen oder abwehren oder selbst wiederholen)?
- Findet das Kind die Stelle wieder, an der es berührt wurde (durch Hinschauen, eigenes Hinfassen)?

Das *Material,* das wir benötigten, um die taktile Wahrnehmung des Kindes zu erfassen, ist folgendes:

- unsere Hände,
- klebrige, feuchte Substanzen wie Rasierschaum, Creme, Fingerfarbe, Knete,
- verschiedene weiche bis harte Bürsten,
- Handschuhe aus unterschiedlichem Material wie Leder, Stoff und Wolle,
- Schmirgelpapier, Stoffstücke, die sich unterschiedlich anfühlen, also Samt, Rupfen, Wolle, Filz, Cord,
- verschieden temperierte Stoffe wie kaltes und warmes Wasser, Eiswürfel, Wärmflasche (warm bis heiß),
- Schüsseln mit unterschiedlichem Inhalt, also z.B. Erbsen, Sand, Mehl, Therapiekugeln, Murmeln,
- alle Arten von Schwämmen.

3.1.2.4 Propriozeptive Wahrnehmung

Dies ist die Eigenwahrnehmung. Propriozeption umfaßt die Information, die aus den Muskeln (beim Beugen, Strecken oder Hängen) und Gelenken (durch Ziehen, Drücken und Dehnen) zum Gehirn geleitet werden. Folgende Beobachtungen erscheinen uns sinnvoll:

- Bevorzugt das Kind Berührungen, die ‚unter die Haut gehen' oder Stimulation der Hautoberfläche?
- Hopst und springt das Kind gern? Läßt es sich gern ‚fest' anfassen, kräftig massieren?
- Wie reagiert es, wenn wir stark an seinen Extremitäten ziehen oder sie in den Gelenken zusammendrücken, bemerkt es dies oder lehnt es diese Stimulation ab?
- Kann es Bewegungen planen, einen kurzen Weg finden, ohne die Augen zu benutzen (also z.B. mit verbundenen Augen den Türgriff finden, um den Raum zu verlassen)?
- Koordiniert es seine Bewegungen oder fällt es beispielsweise oft hin oder läßt häufig versehentlich Dinge fallen?

Material, das wir zur Beobachtung der Eigenwahrnehmung benötigen:
- unsere Hände (zur Massage, zum Ziehen, zum Drücken etc.),
- Sandsäckchen zum Beschweren einzelner Körperteile,
- Matratzen und Trampolin zum Hopsen,
- taktile Materialien, mit denen auch kräftige Stimulationen ausgeführt werden können.

3.1.2.5 Vestibuläre Wahrnehmung

Um den Entwicklungsstand und die Probleme des Kindes im Gleichgewichtssinn festzustellen, gehen wir nach folgenden Beobachtungen vor:

- Wie sicher bewegt sich das Kind beim Krabbeln und Laufen, gerät es häufig ins Taumeln, fällt es hin? Treten starke Mitbewegungen der Arme oder des Kopfes auf?
- Wie reagiert das Kind, wenn es durch Anstoßen zum Taumeln gebracht wird? Gleicht es durch Anpassungsbewegungen aus? Zeigt es Abstützreaktionen?
- Läßt das Kind sich auf einer Schaukel oder einem Drehstuhl drehen? Taumelt es, wenn es unmittelbar nach dem Drehen auf seine eigenen Füße gestellt wird?
- Zeigt es nach längerem Drehen einen Nystagmus (vgl. AYRES 1984, S.101)?
- Läßt das Kind sich auf dem Boden liegend um seine eigene Achse rollen?
- Wie beherrscht das Kind seinen Körper, wenn es in verschiedenen Lagen auf einem Spastikerball oder einem Wippbrett bewegt wird?
- Hat das Kind bei Schaukelbewegungen (auf einer Schaukel oder dem Arm des Therapeuten) Schwierigkeiten bei einer bestimmten Richtung (hoch-runter, rechts-links, vor-zurück), einer speziellen Geschwindigkeit (schnell, mittel, langsam), einem bestimmten Rhythmus (gleichmäßig, ruckartig, arhythmisch) oder bei plötzlicher Beschleunigung oder unerwartetem Abbremsen?

Material zur Beobachtung der vestibulären Wahrnehmung:

- Schaukel oder Hängematte, mit der man sowohl drehen als auch hoch-runter als auch in alle Richtungen schaukeln kann,
- verschiedene Wippen, Therapiekreisel,
- Spastikerball (gibt es in verschiedenen Größen),
- Drehstuhl,
- Rollbrett.

3.1.2.6 Wahrnehmung von Raumlage und räumlichen Beziehungen

Wir gehen nach folgendem Fragenkatalog vor:

- Nimmt das Kind von sich aus alle Körperlagen ein (Bauch-, Rücken-, Seitenlage)?
- Läßt es sich in Körperlagen bringen, die es von allein nicht einnimmt oder zeigt es dann Abwehr?
- Klettert bzw. steigt das Kind auf eine flache Kiste oder Matratze und kommt es allein wieder herunter? Geht es treppauf und treppab (mit oder ohne Festhalten)? Klettert es auf eine Sprossenwand (wieviele Sprossen erklimmt es) und wieder herunter?
- Hat es motorische Konzepte entwickelt, also z.B. wie es auf einen Stuhl klettern kann, aus einer Kiste, von einem Möbelstück zum anderen?

Material zur Beobachtung der Raumlagewahrnehmung eines Kindes:
- verschiedene Podeste und Kisten,
- Treppenstufen, Sprossenwand,
- Materialien, die unter 3.1.2.5 genannt werden.

3.1.2.7 Geschmacks- und Geruchssinn

Insbesondere durch Befragung der Eltern klären wir folgende Punkte:
- Ißt und trinkt das Kind alles? Was mag es gar nicht?
- Wird ihm bei speziellen Speisen übel?
- Was für Dinge steckt das Kind in den Mund (z.B. auch seine Hände, Spielzeug, Kot, Steine, Kleidungsstücke)?
- Zieht es besondere Geschmacksrichtungen vor (z.B. süße, salzige, scharfe, saure Dinge)?
- Riecht es an Essen oder Gegenständen, bevor es etwas in den Mund steckt?

3.1.2.8 Kommunikation und Sprache

Schwierigkeiten beim Erlernen der Sprache und beim Sprechen sind bei autistischen Kindern und vielen Kindern mit einer Störung der Sensorischen Integration häufig. Bei Autisten besteht zusätzlich noch eine schwere Kommunikationsstörung.

Den Entwicklungszustand von Kommunikation und Sprache und die Schwierigkeiten des Kindes beobachten wir bei sehr jungen Kindern unter Berücksichtigung folgender Fragen:

- Welche Kommunikationsformen sind zu beobachten (Laute, Sprache, Gestik, Mimik, Einsetzen von Verhaltensweisen wie Weinen, Wutanfälle, Autoaggressionen)?
- Welche Gesten, Laute und Worte kommen im einzelnen vor?
- Schaut das Kind sein Gegenüber (Spiegelbild oder anderen ‚Gesprächspartner') beim Kommunizieren an?
- Haben die Laute oder Worte einen situativen Zusammenhang oder werden sie echolalisch gebraucht? Sagt das Kind also z.B. ‚Mama', weil es zu seiner Mutter will, oder sagt es diese Silben ohne konkreten Anlaß vor sich hin?
- Welche Laute, Worte, Gesten setzt das Kind gezielt zur Erreichung eines bestimmten Wunsches nach Spielzeug, Essen usw. ein?
- Wie ‚beantwortet' das Kind Ansprache durch uns, z.B. durch Antworten in Babysprache oder Echolalie?
- Welches Sprachverständnis hat das Kind, versteht es z.B. die Bezeichnung für einen bestimmten Gegenstand, den es holen soll, ein Verbot, eine Aufforderung wie „geh zu Mama"?

3.1.2.9 Sozialverhalten und Selbständigkeit

Um den gesamten Entwicklungsstand des autistischen Kindes festzustellen, dokumentieren wir auch in diesen beiden Bereichen die Fähigkeiten und Probleme des Kindes. Dabei gehen wir nach folgenden Punkten vor:

- Wie reagiert das Kind auf Zärtlichkeiten, erwidert es sie, lehnt es sie ab?
- Beachtet es Kinder und Erwachsene (fremde / vertraute)?
- Kann es sinnvoll spielen (mit Spieltieren, einem Ball, einem Spielzeugauto)?
- Erträgt es die Anwesenheit anderer beim Spielen, spielt es eventuell zusammen mit anderen Kindern?
- Ahmt es häusliche Tätigkeiten wie Tischdecken, Rühren, Fegen usw. nach?
- Hilft es beim An- und Ausziehen mit? Kann es schon allein die Hose herunterziehen, einen Strumpf ausziehen etc.?
- Trinkt es allein aus einer Tasse, ißt es ohne Hilfe mit einem Löffel? Schmiert es dabei viel?
- Macht es nie / manchmal / regelmäßig Pipi ins Klo?

Um den beschriebenen Beobachtungsleitfaden und die Materialhinweise zu verdeutlichen, berichte ich in Abschnitt 3.2 beispielhaft von den Beobachtungen, wie ich sie mit Matthias in *einem* Wahrnehmungsbereich (für mehr reicht der mir zur Verfügung stehende Platz nicht aus) gemacht habe und interpretiere sie.

3.2 Beschreibung und Interpretation der Beobachtungsphase bei Matthias

Matthias zeigt sich schon bei den ersten Kontakten als sehr freundliches und angenehmes Kind. Spiel- und Materialangebote nimmt er interessiert an, ist aber nicht ausdauernd und fällt sehr schnell in stereotypes Verhalten zurück. Er schaut zum Beispiel sehr gern zu, wenn die Mutter oder ich einen Kreisel drehen, wir Spielzeug in ein Gefäß werfen oder einen Ball rollen. Wollen wir ihm aber diese Dinge in die Hand geben, schlägt er sie mit der gestreckten Hand fort.

3.2.1 Vestibuläre Wahrnehmung

Im Gleichgewichtsbereich ist Matthias einfach nicht müde zu bekommen! Er liebt es, lange im Kreis herumgeschleudert, in die Luft geworfen und auf dem Boden gerollt zu werden. Wir bemerken dabei niemals Anzeichen von Angst oder Schwindel! Er schaukelt sehr gern auf einer Schaukel oder in der Hängematte. Schnelle gleichmäßige und ruckartige Bewegungen zieht er dabei vor, und er freut sich, wenn wir die Schaukel plötzlich abbremsen oder die „Fahrt" beschleunigen. Bei all' diesen Aktivitäten signalisiert er uns: Je höher, schneller, wilder und ausgelassener, umso schöner!

Auf manchen Geräten, mit denen wir die Integration seines Gleichgewichtssinns überprüfen, fühlt er sich deutlich unwohl, insbesondere auf den Wippen und dem Spastikerball. Wir erklären uns dies dadurch, daß dabei besonders starke Anpassungsreaktionen des Gleichgewichtssystems erforderlich sind, zu denen sein Nervensystem noch nicht in der Lage ist. Das Rollbrett bereitet ihm ähnliche Schwierigkeiten. Er hat weder genügend Körperspannung, noch die erforderliche Muskelkraft, um den Roller in Bewegung zu versetzen und sich darauf halten zu können. Dieser schlaffe Muskeltonus beeinflußt seine gesamte Haltung in vielen Situationen, wie beim Aufrichten vom Liegen zum Sitzen, bei der Kopfkontrolle in der Bauchlage und beim Sitzen.

Matthias' Begierde nach vestibulärer Stimulation und seine Schwierigkeiten, angemessenes Anpassungsverhalten an Gleichgewichtsreize zu zeigen, resultieren aus einer *Unterfunktion des vestibulären Systems.* Das Gehirn eines Kindes mit einer solchen Problematik reagiert zu schwach auf die Stimuli aus seinem vestibulären System. Die Folgen sind, daß die Anpassung an solche Reize durch angemessene Abstützbewegungen zu gering ist und das Gehirn ständig nach neuer „Nahrung" durch starke vestibuläre Reize verlangen muß.

In der Therapie erhält ein Kind wie Matthias sehr viel starke Stimulation durch Drehen, Schaukeln etc., damit sein Gleichgewichtssinn aktiviert wird und sein Gehirn spontan Anpassungsreaktionen bildet, die zu einer Integration der dabei erlebten übrigen Empfindungen in das Nervensystem führen.

4. Schlußbemerkung

Dieser Leitfaden zur Beobachtung der kleinkindlichen Wahrnehmung, ihrer Verarbeitung und neurologischen Verknüpfung — also der Sensorischen Integration — sowie der Kommunikation und des Sozialverhaltens bei Frühkindlichem Autismus entstand aus der täglichen Arbeit mit den Kindern. Die aufgeführten Beobachtungspunkte sind nicht empirisch anhand einer größeren Kinderzahl überprüft worden; auch wurden ihnen keine gängigen Tests und Entwicklungstabellen ge-

genübergestellt. Sie beinhalten aber wichtige Aspekte der Erfassung des Entwicklungsstandes eines Kindes und möglicher Wahrnehmungsprobleme.

Für mich selbst stellt dieser Leitfaden ein wertvolles Hilfsmittel dar, sensorisch-integrative Dysfunktionen zu erkennen, allerdings nur in Verbindung mit einer intensiven Auseinandersetzung mit der Theorie von A. J. AYRES, zahlreichen Behandlungsstunden nach den Prinzipien der Sensorischen Integrationstherapie bei mehreren autistischen Kindern und kreativer Auseinandersetzung mit diesem Thema im therapeutischen Team.

Angewandte Autismusforschung in Reha-Einrichtungen — trotz alledem

Vera Bernard-Opitz

Im Rahmen des Psychologischen Dienstes der Johannes-Anstalten wird seit 6 Jahren ein Projekt zur strukturierten Einzelförderung von autistisch und geistig Behinderten durchgeführt — der Kommunikationsförderbereich (Abk.: KFB). Erzieher, Praktikanten und Zivildienstleistende führen hier nach Anleitung durch erfahrene Diplom-Psychologen täglich bei ca. 50 Kindern und Jugendlichen Einzeltherapien durch. Die Hälfte der Behinderten ist autistisch und lernt aufgrund extremer Verhaltensstörungen oder der Schwere der Behinderung die angebotenen Inhalte nicht im Kleingruppenverband. Individuelle Therapieziele, die für den Alltag der Betroffenen bedeutsam sind, Hineindenken in autistische Wahrnehmungsbesonderheiten und „liebevolle Eindeutigkeit" kennzeichnen das Vorgehen. Empirisches Arbeiten, datenmäßiges Erfassen von Lernen und Verhalten, regelmäßige Fortbildungen und Supervisionen sind fester Bestandteil des Projektes (BERNARD-OPITZ, BLESCH, LEIB, 1988).

Gelder für Ausbildung und Forschung gibt es auch hier nicht. Zeit für kleinere wissenschaftliche Untersuchungen oder die Betreuung von Diplomarbeiten muß „abfallen" von den zahlreichen Dienstpflichten und ist im allgemeinen Teil der persönlichen Freizeit.

So wie Wünsche von Eltern, Wohngruppen und Schulmitarbeitern in konkrete Therapieaufgaben eingehen, werden wissenschaftliche Fragestellungen aus Problemen der Therapiepraxis entwickelt. Folgende Themenbereiche können hierbei verdeutlichen, wie Forschung die Therapiepraxis und den Alltag autistischer Kinder beeinflußt.

Selbstkontrolle statt Gegenkontrolle

Oft werden so z.B. Kinder und Jugendliche zur Therapie vorgeschlagen, bei denen schwere Verhaltensstörungen angemessenes Lernen verhindern.

Selbststimulationen, Echolalie, destruktives Verhalten, Selbstverletzung, Nicht-Reagieren oder bewußtes Fehlermachen sind hierbei für viele Autisten charakteristisch. In einer Untersuchung zum Gegenkontrollverhalten von 6 autistischen Kindern konnte gezeigt werden, daß oppositionelles Verhalten speziell unter Fremdkontrolle des Therapeuten auftritt. Die meisten Kinder zeigten weniger Opposition, wenn sie selbst dem Therapeuten Anweisungen geben konnten oder ohne Einmischung spielen durften. Dieser günstige Einfluß von Kontrollmöglichkeiten des Kindes trat nur in bezug auf Gegenkontrollverhalten auf, nicht bezogen auf Selbststimulationen und Echolalie (BERNARD-OPITZ, HERMANN, 1985).

Für den Alltag und die Therapie autistisch Behinderter hat ein solches Ergebnis eine wichtige Bedeutung: eine gezielte Anleitung zur Selbstkontrolle kann oft Gegenkontrollverhalten verhindern. Mitbestimmung der Aufgabenabfolge, Wahlmöglichkeit zwischen Problemverhalten und „großem Mädchen/Jungenverhalten" oder auch Selbstbeurteilungen sind für viele Autisten deutlich hilfreich.

Kommunikation statt Selbstverletzungsverhalten

Auch bei den schwerwiegenden Problemen des Selbstverletzungsverhaltens ist eine Analyse der Auslösebedingungen und Funktionen des Verhaltens entscheidend für erfolgreiche Therapieansätze. Neben organischen Auslösern und der Funktion, sich selbst zu stimulieren, stellt Selbstverletzungsverhalten oft eine deutliche Kommunikation dar: Wunsch nach Aufmerksamkeit oder auch Abwehr von bestimmten Situationen werden hierdurch mitgeteilt. In einer Reihe von Einzelfällen führte die Entwicklung angemessener Kommunikation (z.B. „Nein"-Geste, „Hilf mir"-, „fertig"-Äußerungen) zum Einstellen dieses Verhaltensproblems (BERNARD-OPITZ, 1986).

Motivationsprobleme autistisch Behinderter

Mangelndes Neugierverhalten, kurzfristige Aufmerksamkeit und fehlende Lernbereitschaft sind für viele Autisten kennzeichnend. Oft reagieren sie selektiv auf bestimmte Reize und ignorieren dabei wichtige Aufgabenmerkmale. In einer Untersuchung im KFB konnte gezeigt werden, daß autistische Kinder am schnellsten lernen, wenn der Verstärker als „aufgabeninterne" Konsequenz eingesetzt war. So wurden z.B. Wortkarten leichter gelernt, wenn das dem Wort entsprechende Bild hinter die Karte geklebt war, als wenn der Therapeut dem Kind die Lösung nannte. Verbesserte Ausrichtung auf die Aufgabe statt auf den Therapeuten oder auch Erfahrung eigener Kontrolle über die Verstärkungsmöglichkeit können zur Erklärung dieses Ergebnisses herangezogen werden (BLESCH, 1983).

Entwicklung nicht-verbaler Kommunikation

Da ca. die Hälfte aller autistisch Behinderten nicht spricht, ist die Entwicklung geeigneter nicht-verbaler Kommunikationsmöglichkeiten von erheblicher Bedeutung. Die Gebärdensprache, die Kommunikation über Bilder, Wortkarten oder andere Symbolsysteme stellen hierbei eine konkrete Hilfe dar. Die Auswahl eines geeigneten Kommunikationssystems und die Abklärung der individuellen Voraussetzungen des Behinderten wurden daher durch eine Serie von Untersuchungen erfaßt.

So wurden die Lernraten von 4 Autisten und 4 Down-Syndrom-Kindern (Entwicklungsalter: 20 bis 26 Monate) bei der Diskrimination erster Handzeichen, Bilder und Wortkarten verglichen. Es zeigte sich, daß autistische Kinder pro Sitzung doppelt soviele Bilder und Wortkarten lernten wie Down-Syndrom-Kinder. Bei dem Erwerb von Handzeichen war demgegenüber ein umgekehrter Trend zu beobachten: Hier lernten die Down-Syndrom-Kinder doppelt so schnell wie die Autisten. Auch der Vergleich visuellen Unterscheidungslernens gegenüber Imitationslernens entspricht der Erwartung. Den guten visuellen Fähigkeiten vieler autistisch Behinderter stehen oft große Defizite im Bereich der Imitation gegenüber. Es kann nach diesen Ergebnissen erwartet werden, daß Kinder, die z.B. Zuordnungsspiele und Puzzle gut beherrschen, gute Chancen haben, sich über Bilder oder ggfs. Wortkarten mitzuteilen. Kinder, die nachahmen, können demgegenüber mit großer Wahrscheinlichkeit von einem Handzeichentraining profitieren (BERNARD-OPITZ, 1983).

20

In einer Diplomarbeit, an der 20 autistisch und geistig Behinderte teilnahmen, erlernten 14 ein Handzeichen innerhalb von 20 Sitzungen (= 200 Übungsdurchgängen). 4 der Behinderten ohne Handzeichenerwerb hatten ein Entwicklungsalter unter 2 Jahren, keine Imitationsfähigkeit und kein Sprachverständnis. Das chronologische Alter der Betroffenen hatte keinen signifikanten Einfluß auf die Lernfähigkeit. Der PEP (= Psychoeducational Profile) sagte mit großer Wahrscheinlichkeit den Lernerfolg beim Handzeichentraining voraus. Eine gezielte Förderdiagnostik ist durch dieses Testverfahren für autistisch Behinderte möglich (HOLZ, 1986).

Aber auch bei Autisten ohne Imitationsfähigkeit und Sprachverständnis können durch gezielte Übungen Handzeichen entwickelt werden. So wurde bei einigen Kindern, Jugendlichen und Erwachsenen Mehrwortäußerungen (von 80 und mehr Handzeichen) aufgebaut. Hierfür war eine strukturierte Einzelförderung notwendig, in der Übungen zur Begriffsbildung, zu Spontaneität und zur Interaktion gezielt angebahnt wurden.

Derzeit lernen einige unserer Autisten über Handzeichen miteinander zu kommunizieren. Vergleiche ihrer Lernfortschritte bei verschiedenen Modellen (autistische, geistigbehinderte oder lernbehinderte Kinder) könnten einen praktischen Beitrag zur Integrationsfrage darstellen (BLESCH, 1984).

Ausführliche Falldarstellungen, theoretische und methodische Hinweise sowie ein Bildkatalog erprobter, motorisch einfacher, funktionaler Handzeichen ist jetzt veröffentlicht (BERNARD-OPITZ, BLESCH, HOLZ, 1988).

„Ein Tropfen auf den heißen Stein"

Vielleicht können die aufgeführten Erfahrungen Mut machen und Anregungen geben:

— die Zusammenarbeit zwischen Einrichtungen für Autisten und Universitäten zu verstärken,

— durch Diplom- und Doktorarbeiten Probleme autistisch Behinderter vermehrt einzubeziehen,

— eine studienbegleitende Anleitung oder eine Postgraduierten-Ausbildung in Therapieeinrichtungen zu ermöglichen.

Solange allerdings Autismusforschung in Deutschland „Abfallprodukt" sein muß von vielfältigen sonstigen Verpflichtungen, kann sie sicher nur ein Tropfen auf den heißen Stein sein. Es müssen dringend subventionierte Forschungsprojekte für Autisten ermöglicht werden, um die am Einzelfall gewonnenen Erkenntnisse anderen Betroffenen zur Verfügung zu stellen. Effektivere Therapiemaßnahmen können hierbei zu einer Reduktion von langfristigen Rehabilitationskosten führen. Nicht zuletzt können sie das Leben von autistisch Behinderten und deren Familien entscheidend beeinflussen.

Literatur

BERNARD-OPITZ, V.: Communicative Effectiveness in Nonverbal Autistic and Mentally Retarded Children. Vortrag auf dem Kongreß der American Psychology Association, Los Angeles, 1983

BERNARD-OPITZ, V., HERMANN, U.: Counter-Control Problems of Autistic Children: Analysis and Cognitive Intervention. American Psychology Association, Los Angeles, 1985

BERNARD-OPITZ, V.: Verhaltensanalyse und Interventionsmethoden bei Selbstverletzungsverhalten. Workshop: Autoaggression, Institut für Autismusforschung, Münster. Neuenkirchen, 1986

BERNARD-OPITZ, V., BLESCH, G., LEIB, D.: Sechs Jahre Kommunikationsförderbereich. Johannes-Anstalten Mosbach, 1988.

BERNARD-OPITZ, V., BLESCH, G., HOLZ, K.: Sprachlos muß keiner bleiben. Im Druck: Lambertus Verlag, Freiburg

BLESCH, G.: Aufgabeninterne und aufgabenexterne Verstärkung beim Training mit autistischen Kindern, Diplomarbeit. Universität Heidelberg, 1984

BLESCH, G.: Nichtverbale Kommunikation bei geistig Behinderten (internes Manuskript, Johannes-Anstalten Mosbach, 1987)

HOLZ, K.: Effektivität von Handzeichentraining in Abhängigkeit von Lebens- und Entwicklungsalter bei mutistischen Autisten und Geistigbehinderten. Diplomarbeit, Universität Konstanz, 1986

Verständigung über lautsprachbegleitende Gebärden

Eine Kommunikationshilfe für „nichtsprechende" Autisten?

Erika Döbel / Matthias Reich

Im Therapiezentrum für autistische Kinder in Hannover (anerkannte Tagesbildungsstätte) werden „nichtsprechende" Kinder und Jugendliche seit Oktober 86 von mir, in Zusammenarbeit mit allen Mitarbeitern, insbesondere Matthias Reich, mit lautsprachbegleitenden Gebärden vertraut gemacht. Meine Arbeit wird als AB-Maßnahme vom Arbeitsamt für zwei Jahre bewilligt und finanziert. Ziel ist die einheitliche Verständigung zwischen Erziehern und Kindern.

Wer mit „nichtsprechenden" Autisten zusammen ist, weiß, wie schwer es ist, mit ihnen in Kontakt zu treten, an sie heranzukommen. *Es ist durch Gebärden möglich,* die von allen Bezugspersonen beherrscht, unmißverständlich gesandt und empfangen werden können.

Das bedeutet genaue Absprache zwischen allen Beteiligten, Kind, Eltern und Erziehern. Ein Unternehmen, das in zwei Jahren gerade eingeleitet werden kann, was darüber hinaus aber einer fortlaufenden Betreuung des Sprach- und Kommunikationsaufbaus bedarf.

Es ist unbedingt notwendig, daß diese Maßnahme auch weiterhin gefördert und über die Einrichtung hinaus beachtet und anerkannt wird. Die bisherigen Ansätze zur Verständigung sind sehr hoffnungsvoll verlaufen.

Das gesprochene Wort ist für viele autistische Kinder zu abstrakt. Sie reagieren mit Angst oder Verwirrung, weil sie es nicht entschlüsseln, Zusammenhänge nicht begreifen können. Gebärden dagegen sind leicht erfaßbar, haben etwas Spielerisches, mit Bewegung zu tun, sind anschaulich und reizen zur Nachahmung. Man kann sie leicht erkennen, erlernen und verstehen.

Abbildung 1

23

Abbildung 2

Ich konnte feststellen, daß alle mir anvertrauten Schüler in der Lage sind, sich mit Hilfe von Gebärden zu äußern. Ihr aktiver Wortschatz (in Form von Gebärden) kann z.T. mit dem eines „sprechenden" Autisten verglichen werden. Sie übernehmen Gebärden, die ich sprachbegleitend (deutliche Mimik und entsprechendes Mundbild) vermittele. Mit diesen für sie „handlicheren" Verständigungsmitteln können sie Wünsche und Bedürfnisse verstehen und ausdrücken (Foto 1).

Wort und Gebärde laufen parallel, werden früher und sicherer verstanden und stellen eine notwendige Hilfe für Kinder mit akustischer Wahrnehmungsstörung dar. Die von mir eingeführten Zeichen stimmen überein mit den lautsprachbegleitenden Gebärden der Gehörlosen. Arbeitsgrundlage ist das blaue Gebärden-Lexikon von G. MAISCH und F.-H. WISCH, Hamburg 1987.

Lautsprachbegleitende Gebärden dürfen nicht mit der allgemein bekannten Gebärdensprache der Gehörlosen (ohne Worte, DGS) verwechselt werden. Sie sind im Gegensatz dazu ein lautsprachunterstützendes System. Da das gesprochene Wort von der Gebärde begleitet wird, ist jede Gebärde eine zusätzliche Kommunikationshilfe! Das „nichtsprechende" autistische Kind wird nicht von der verbalen Sprache abgeschnitten. Es hat theoretisch immer die Möglichkeit, sie aufzugreifen (Foto 2). Autistische Kinder und Jugendliche mit „Sprachstörungen" können, je nach „Sprachbehinderung", sowohl sprechen als auch gebärden. Oft gelingt es ihnen, über die Gebärde zum Sprechen zu kommen. „Die Forschung bestätigt eindeutig, daß diese Kommunikation auch die Aneignung der Lautsprache steigert."[1]). Der Erwerb von Gebärden ist nicht gegen den Lautsprachaufbau gerichtet, sondern kann die sprachliche Entwicklung vorantreiben und gleichzeitig eine spontane Verständigung ermöglichen.

24

Bei meiner Arbeit mit autistischen Kindern und Jugendlichen konnte ich erfahren, daß es vielen leichter fällt, mit Hilfe von Gebärden zu kommunizieren als auf rein verbale Weise. Wo Sprachtherapeuten nicht weiterkommen, dem Kind kein Laut zu entlocken ist, aber Gebärden eingesetzt werden, wird ein Zugang und damit Kommunikation möglich.

Bei der Vermittlung von Gebärden gehe ich zu Beginn immer vom realen Gegenstand aus, den das Kind vor sich hat. Ich benutze dabei Gegenstände aus der unmittelbaren Umgebung des Kindes, z.B. etwas, das es besonders gern hat. Das kann etwas zum Essen sein oder mit einer ihm angenehmen Beschäftigung zu tun haben z.B. malen, schneiden oder kleben.

Viele Gebärden weisen eine gewisse Ähnlichkeit mit dem auf, was sie bezeichnen und lassen erkennen, wovon sie abgeleitet werden. In der Gebärde ESSEN ist der Essensvorgang genauso zu erkennen wie das zum Mund Führen eines Glases bei TRINKEN.

Abbildung 3: essen   *Abbildung 4: trinken*

Besonders leicht zu merken ist eine Gebärde, wenn sie die Tätigkeit und den Gegenstand gleichzeitig darstellt. Eine „Schere" z.B. zeigt beide Klingen, gekennzeichnet durch Zeige- und Mittelfinger und was damit geschieht, durch das aufeinander zu Bewegen beider Finger.

Ein Kind, das gerne schneidet und nicht allein an die Schere herankommt, übernimmt diese Gebärde sehr schnell, wenn es erfährt, daß sie ihm auf dieses Zeichen hin ausgehändigt wird.

Sobald das Kind erfahren hat, daß es über bestimmte, einfache Handzeichen das Gewünschte erhalten kann, ist seine Bereitschaft größer, diese auszuführen. Es hat erkannt, worum es geht. Verständigung ist möglich.

Natürlich muß es motiviert sein. Es nutzt nichts, einem Kind als erstes die Gebärde Schere näherbringen zu wollen, wenn es grundsätzlich vor der Schere Angst hat. Außerdem muß es motorisch einigermaßen geschickt sein, über eine gewisse Fingerfertigkeit verfügen, um entsprechend imitieren zu können.

Ein besonders schwaches Kind, das kaum in der Lage ist zu differenzieren, wird am Anfang gerade „essen" und „trinken" auseinander halten können und sollte lernen diese Begriffe zu benutzen. Es ist schon viel erreicht, wenn dieses Kind anzeigt, daß es essen, trinken, schlafen oder zur Toilette gehen möchte. Schließlich wollen wir ihm ja eine Möglichkeit an die Hand geben, etwas von sich mitzuteilen, und nicht dazu beitragen, daß es sich noch mehr verschließt.

Ein reger kommunikativer Austausch zwischen Eltern / Erziehern und Kind, gerade in jungen Jahren, ist entscheidend für eine gute Gesamtentwicklung des Kindes, die Entwicklung seines Gefühlslebens, seines sozialen Verhaltens und seiner Intelligenz. Deshalb sollten Eltern und Erzieher „nichtsprechender" Autisten diesen auf halbem Weg entgegenkommen und die Gebärdenzeichen erlernen, mit denen sie ihre lautsprachlichen Äußerungen begleiten. Unbewußt tun wir das ja schon durch non-verbale Verhaltensweisen wie Kopfschütteln = verneinen; Kopfnicken = bejahen; erhobener Zeigefinger + böses Gesicht = drohen.

Kein Mensch reagiert nur verbal, sondern benutzt wesentliche Bestandteile der Gebärdensprache in seiner Körpersprache. Jede Mutter hat ihre individuelle Art mit ihrem Kind in Kontakt zu treten und sollte bemüht sein, im Interesse ihres Kindes, diese Verständigungsform auf „breitere Füße" zu stellen, damit es auch mit anderen Kontakt aufnehmen kann.

Deshalb ist es wichtig, sich auf eine einheitliche Sprache zu einigen. Die Gebärdensprache (lautsprachbegleitend) ist dafür besonders geeignet und kann ohne Bedenken auch bei autistischen Kindern eingesetzt werden. Über das Gebärden-Lexikon[2]) sind die Zeichen jedermann zugänglich und können bei Bedarf nachgeschlagen werden.

Autistische Kinder und Jugendliche benötigen ein tägliches Training im lebenspraktischen Bereich, um sich aktiv gebärdend zu äußern. Eine gute Übungsgelegenheit bieten gemeinsame Mahlzeiten im Gruppenverband oder in der Familie. Wenn es um die Befriedigung elementarer Bedürfnisse geht, fällt es leichter, tätig zu werden. In der Tagesbildungsstätte Hannover können Schüler sowohl beim Frühstück als auch beim Mittagessen Gelerntes praktizieren.

Sie haben im Unterricht z.B. die Gebärden der Lebensmittel kennengelernt und setzen diese ein bei der Zusammenstellung ihres Essens. Sie können Brot oder Brötchen, Wurst, Käse oder Marmelade auswählen und auf entsprechende Wünsche ihres Nachbarn reagieren und die Speisen weiterreichen. Bisher ging das zwar auch mit wortloser Selbstbedienung, war aber nur auf bekannte Situationen bezogen und nicht ausbaufähig, Mißverständnisse mit eingeschlossen. Außerdem brauchte das Kind nicht auf seinen Nachbarn zu achten, war weniger wach und nicht kommunikativ.

Auch für ein autistisches Kind ist es beruhigend, in fremder Umgebung zur Toilette gehen zu können, ohne wütend werden zu müssen, weil keiner versteht, warum es unruhig wird. Zu Hause geht es ohne Zeichen los, aber außerhalb ist es wichtig, sich unmißverständlich ausdrücken zu können, sein Bedürfnis deutlich zu gebärden, um den entsprechenden Ort gezeigt zu bekommen.

Es stärkt das Selbstvertrauen, wenn man verstanden wird, selbständig agieren kann und eine größere Handlungskompetenz erlangt.

Auch das „nichtsprechende" Kind lernt, daß alles einen Namen hat, nicht nur die Gegenstände, sondern auch die anderen Kinder und Betreuer. Jeder bekommt ein charakteristisches Zeichen (z.B. Ring am kleinen Finger oder Arm) und kann jetzt geholt, gesandt, gesucht oder auch vermißt werden. Ein Miteinander findet statt.

Ankündigungen von Unternehmungen sowie kleine Aufträge können an jedem Ort und über die Bildkarten eines Strukturplanes hinaus jederzeit getätigt, Vor- und Nachbereitungen von Ausflügen oder anderen Anlässen mit oder ohne Bildmaterial entsprechend gebärdet werden. Manuelle Kommunikationsmittel eröffnen uns die Möglichkeit zu „spontanen Gesprächen".

Wir, d.h. Eltern, Erzieher und Kinder können die Gebärdensprache am besten lernen, wenn wir nicht nur einzelne Gebärden erarbeiten, sondern möglichst gleich sinnvolle Sätze damit bilden, die einen lebendigen Gesprächszusammenhang ermöglichen, z.B.: „Ich habe Hunger. Bitte gib mir ein Brot." Oder: „Ich gehe einkaufen. Wo ist die Tasche?" „Matthias hat Geburtstag. Wir backen Kuchen." „Wir gehen schwimmen. Hol bitte Dein Handtuch." usw. (siehe Bildserie 5-12)

Im Therapiezentrum Hannover sind in jeder Altersgruppe vom Kindergarten bis zu den Jugendlichen Schüler, die auf Gebärdensprache reagieren und mit ihrer Hilfe lernen, sich zu verständigen. Auffällig ist dabei, daß die „Kleinen" zur Kommunikation weit mehr motiviert sind als z.B. Jugendliche. Letztere sind schon recht eingefahren in stereotype Verhaltensmuster, die zu durchbrechen sind. Trotzdem ist es auch ihnen möglich, kommunikativer zu werden. Besonders gut klappt es, wenn die Eltern bereit sind mitzuarbeiten. Matthias Reich, der mit den Jugendlichen zusammenarbeitet, sieht es täglich bestätigt. In seiner Gruppe ist ein 17jähriger, der bei seinen gehörlosen Eltern lebt und sich mit diesen über Gebärden verständigt. Er versteht beinahe jedes Gebärdenzeichen und ist gut zu erreichen. Für ihn ist es auch besonders wichtig, sich seinen unmittelbaren Bezugspersonen verständlich zu machen, da er sonst in An- oder Überforderungssituationen mit starken Autoaggressionen reagiert.

Bei der Vermittlung von Gebärden konnten wir feststellen, daß es keine „nichtsprechenden" Autisten gibt, sondern daß diese sogenannten „Nichtsprecher" sehr wohl in der Lage sind, sich sprachlich mitzuteilen, zwar nicht verbal aber dafür auf lebendige non-verbale Weise. Es handelt sich bei der Gebärdensprache auch um Sprache, die wie jede andere Sprache, ihre besonderen Eigenarten hat. „Ähnlich wie die Wörter der Lautsprache aus verschiedenen Lauten bzw. Buchstaben zusammengesetzt sind, so bestehen die Gebärdenzeichen aus bestimmten Handformen, Handstellungen und Bewegungsabläufen."[1]).

Abbildung 5: Ich . . .

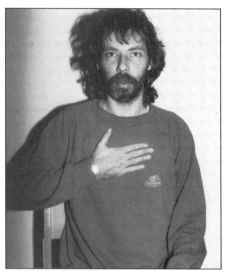

Abbildung 6: . . . habe

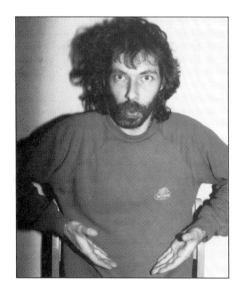

Abbildung 7: . . . Hunger

Abbildung 8: Bitte . . .

28

Abbildung 9: Gib . . .

Abbildung 10: . . . mir

Abbildung 11: ein . . .

Abbildung 12: . . . . Brot

Wir konnten beobachten, daß selbst autistische Kinder damit experimentieren und eigene Ausdrucksformen schaffen können, um sich verständlich zu machen. Es ist beeindruckend zu erleben, wie sie den Dingen zutreffende Namen geben, z.B.: Verschlüsse zum Drehen oder Ziehen kennzeichnen. Sie haben es oft gemacht und wissen wie es geht, also können sie es auch darstellen. Natürlich benötigen sie entsprechende Hinweise und Beispiele, um dazu angeregt zu werden.

Literatur

[1] Zeig mir deine Sprache, S. PRILLWITZ u.a. Hamburg 1984
[2] Gebärden-Lexikon, G. MAISCH und F.-H. WISCH, Hamburg 1987

Entwicklungen in der Therapie sensorischer Integrationsstörungen bei autistischen Kindern

Stefan Dzikowski

1. Einleitung

In den siebziger Jahren entwickelte die amerikanische Beschäftigungstherapeutin und Psychologin A. J. AYRES ihre „Therapie der sensorisch-integrativen Dysfunktionen". Das 1979 unter dem Titel: „Lernstörungen" in der Bundesrepublik veröffentlichte Hauptwerk von AYRES beschäftigt sich im wesentlichen mit der Theorie von Störungen der sensorischen Integration und der Behandlung dieser Störungen bei (nicht behinderten) Schulkindern mit Lernproblemen.
Im Jahr 1984 erschien dann ein besser verständliches Buch zum gleichen Thema unter dem Titel: „Bausteine der kindlichen Entwicklung", in dem erstmals auch eine direkte Verbindung zum autistischen Syndrom geknüpft wurde.

2. Die Theorie der sensorischen Integration

AYRES definiert Integration als *„Interaktion und Koordination von zwei oder mehr Funktionen oder Prozessen zur Verbesserung der Anpassungsfähigkeit des Gehirns".*(1)

Damit wird klar, daß es sich hierbei um eine deutlich neurologisch orientierte Theorie handelt, die die Ursachen bestimmter, beobachtbarer Symptome oder Probleme eines Kindes vor allem in einer fehlerhaften Aktivität seines Zentralnervensystems sucht. Eine zentrale Stellung in AYRES' Theorie nimmt das ‚Konzept der Entwicklungssequenzen' ein. Dieses geht davon aus, daß grundsätzlich jede Entwicklungsstufe des menschlichen Gehirns vom Reifungsgrad der vorherigen abhängig ist. Grob vereinfacht bedeutet dies, daß das Großhirn (Kortex) nur dann seine volle Funktion übernehmen kann, wenn Mittelhirn und Zwischenhirn einwandfrei funktionieren; diese sind in ihrer Entwicklungsausprägung wiederum vom Stammhirn abhängig, dessen Funktionieren ja nur dann einen Sinn ergibt, solange die Rückenmarksfunktionen wie Herzschlag und Atmung problemlos laufen. Insofern kann man den verschiedenen Hirnarealen auch unterschiedliche Funktionsniveaus zuordnen. Jedes nächst höhere Teil des Gehirns kann seine Aufgaben nur dann einwandfrei übernehmen, wenn dies auch bei den hierarchisch darunter liegenden Teilen der Fall ist.

Eine zentrale Rolle nimmt der Hirnstamm (auch: Stammhirn) ein. Über den Hirnstamm treffen zunächst die meisten und wichtigsten sensorischen Informationen aus dem Körper ein. Unter Beteiligung des Thalamus und der Formatio reticularis werden die eintreffenden Reize gesteuert und vorsortiert. In Abhängigkeit von der Bedeutung für das Überleben des Organismus werden bestimmte, vergleichsweise unbedeutende Informationen gehemmt und andere bedeutendere gebahnt, verstärkt und an andere Teile des Gehirns weitergeleitet. Nach der Weiterverarbeitung entstehen die entsprechenden Reaktionen des Organismus auf sich verändernde Umweltbedingungen.

Diese hier kurz angedeuteten Prozesse sind de facto viel komplizierter, und es würde zu weit führen, sie an dieser Stelle ausführlich zu beschreiben.

Festzuhalten bleibt, daß AYRES das menschliche Gehirn in einem hierarchischen Aufbau sieht und einzelnen Gehirnteilen bestimmte Funktionen (grob) zuordnet. Dadurch wird es möglich, Symptome eines Behinderungsbildes oder Störungen in der Lernfähigkeit nicht mehr allein auf der Ebene, auf der sie manifest werden — in der Regel auf kortikalem Niveau — zu interpretieren und zu behandeln, sondern nach ihren Ursachen in denjenigen Hirnteilen zu suchen, die die Voraussetzung für das einwandfreie Arbeiten der höheren Hirnareale herstellen.

AYRES konnte nachweisen, daß sich Lernstörungen (Lese-, Rechtschreibschwäche, Rechenprobleme, motorische Unruhe, auffälliges Sozialverhalten) bei Kindern weitgehend durch eine Behandlung ihrer neuronalen Hirnstammtätigkeit beseitigen lassen, z.B. durch starke Zufuhr von Gleichgewichtseindrücken (durch Schaukeln) oder kinästhetischen Eindrücken (durch „Massage"), deren Verarbeitung zunächst überwiegend subkortikal stattfindet.

3. Diagnose und Therapie sensorischer Integrationsstörungen nach A. J. AYRES

Zur Überprüfung, ob bei einem Kind möglicherweise Störungen der sensorischen Integration vorhanden sind oder nicht, stellte AYRES 1972 die sog. „Southern California Sensory Integration Tests" (SCSIT) vor. Diese Testbatterie, bestehend aus 17 Subtests, ist nicht für behinderte Kinder entworfen worden und weist teilweise schwerwiegende testpsychologische Mängel auf.(2)
Für Kinder mit Lernstörungen fand AYRES folgende Syndrome:

1. Störungen der Stellungs- und Bilateralintegration
2. Entwicklungsapraxie
3. Form- und Raumwahrnehmungsstörungen
4. Taktile Abwehr
5. Vernachlässigung einer Gehirnseite und Funktionen der rechten Cerebralhemisphäre
6. Hör- und Sprachstörungen
7. Einseitige Nichtbeachtung

Die Behandlung dieser und benachbarter Syndrome wird von AYRES und anderen Autoren/innen recht ausführlich beschrieben (3), daher möchte ich an dieser Stelle nicht weiter darauf eingehen.

4. Störungen der sensorischen Integration bei autistischen Kindern

Sensorische Integration, verstanden als korrekte Verarbeitung von Wahrnehmungseindrücken soll an zwei Zitaten noch einmal verdeutlicht werden:

„Die Integration ist ein Vorgang, durch den ein Reflex derart mit einem zweiten verknüpft wird, daß ein einziger Stimulus zwei oder mehr reflexhafte Reaktionen auslöst . . . Nervenbahnen, die die Gebiete von zwei oder mehreren reflektorischen Bereichen verbinden, werden aktiviert, so daß sich ein Komplex entwickelt. . . Erst die Lernerfahrungen des Kindes bewirken, daß diese Bahnen zur Integration von Reflexen zu einem Reflexkomplex verwendet werden." (4)

„Ein Beispiel dafür ist das System des Gleichgewichtsreflexes. Ist das Gleichgewicht gestört, so erfolgen eine Anzahl reflektorischer Reaktionen, die dazu dienen, das Gleichgewicht wieder herzustellen. Viele Körperteile werden dabei in koordinierten Ausgleichsbewegungen zur selben Zeit bewegt. Einer dieser Komplexe folgt dem anderen, bis das Gleichgewicht wieder erlangt ist. Der Gesamtvorgang besteht aus einer sehr komplizierten Auswahl von Bewegungen. Die meisten davon laufen reflektorisch ab. Alle sind zu einem organisierten Ganzen integriert." (5)

Autistische Kinder sind in der Verarbeitung von Wahrnehmungseindrücken gestört; dieses ist an anderer Stelle von zahlreichen Autoren nachgewiesen worden. Daher schlußfolgert AYRES (6), daß auch autistische Kinder Störungen in der sensorischen Integration aufweisen müssen.

1985 untersuchten wir (7) in Bremen diesen Zusammenhang systematisch und konsequent. Die Frage war: Weisen autistische Kinder sensorisch — integrative Dysfunktionen (nach AYRES) auf? Ein Jahr später wurde klar: Die meisten autistischen Kinder sind in einer ganz bestimmten, individuell beschreibbaren Ausprägung sensorisch desintegriert (z.B. waren mehrere extrem überempfindlich gegenüber Berührungen oder Bewegtwerden, andere nahmen Berührungen, unterschiedliche Untergründe, ihre eigenen Füße oder Beine überhaupt nicht wahr).

Während der Beobachtungs- und Diagnosephase stellte sich allerdings heraus, daß die sog. SCSIT in keinem Fall anwendbar waren. Die autistischen Kinder ließen sich nicht testen; die Tests waren für nicht-behinderte Kinder mit gutem Sprachverständnis konzipiert. In der folgenden klinischen Beobachtung machte sich besonders der Mangel geeigneter Beobachtungskriterien bemerkbar. Ein selbstentworfener Frage- und Beobachtungsbogen sowie ein „Sammelsurium" von Anregungen aus der vorliegenden Literatur führten schließlich zu ein wenig mehr Systematik; letztendlich konnte aber bis heute kein wirklich praxisnaher und zufriedenstellender Kriterienkatalog entwickelt werden. Insofern bleibt bei der Diagnosestellung sensorischer Integrationsstörungen ein relativer Interpretationsspielraum in Abhängigkeit von den Erfahrungen und Kenntnissen des Beobachters. In bezug auf die exakte Indikationsstellung einer therapeutischen Behandlung der Störungen läßt dies freilich manchen Wunsch offen.

4.1. Die Therapie

Fallbeschreibungen und / oder kritische Berichte über erfolgreiche und / oder erfolglose Therapien von sensorischen Integrationsstörungen sind äußerst selten, obwohl diese Therapie in den vergangenen Jahren große Verbreitung gefunden hat. Eine Ausnahme bilden dazu die Berichte von ARENS (8) und DZIKOWSKI/ VOGEL (9), die einerseits detaillierte Beobachtungs- und Diagnoseverläufe und andererseits die therapeutische Vorgehensweise beschreiben und dabei deutlich machen, welche Erfolge in der Behandlung autistischer Kinder bei einer konsequenten Anwendung der sensorischen Integrationstherapie möglich oder auch nicht möglich sind.

Es überrascht daher auch nicht, daß DZIKOWSKI / VOGEL in der erwähnten Untersuchung zu dem Schluß kommen, daß die Behandlung sensorischer Intergrationsstörungen heute als notwendiger und sinnvoller Teil der Autismustherapie anzusehen sind.

5. Die Folgen

Es wäre allerdings fatal, würde man daraus den Schluß ziehen, sensorische Integrationstherapie sei das „Allheilmittel" für autistische Kinder. Tatsächlich ist es so, daß es nun erstmals eine Theorie gibt, die manche der autistischen Symptome besser als alle bisherigen zu erklären vermag, und daß es eine Therapie gibt, die sozusagen den Autismus „an der Wurzel packt" — dort, wo er beginnt — und daß es eine neue Behandlungsmethode gibt, die geradezu erstaunliche Erfolge zeitigt. Dieses mag manchen zunächst dazu verleiten, jedes autistische Kind „quasi ab ovo" gehörig zu schaukeln, über Parcours aus Fellen, Gummimatten, Matratzen usw. zu hetzen oder von oben bis unten mit Rasierschaum oder Cremes einzureiben.

Die „traditionelle" Autismustherapie ist weitgehend geprägt vom „Schulendenken": Wie SANUA (10) nachweisen konnte, erklärt jeder Autor/Therapeut entsprechend seinem persönlichen psychologischen, pädagogischen oder philosophischen Menschenbild und der daraus abgeleiteten Zugehörigkeit zu einer mehr oder minder deutlich definierten „Schule" den Autismus unterschiedlich. Begriffe wie Isolation, Abkapselung, bewußt-unbewußter Rückzug, Beziehungsstörung, Kommunikationsstörung, Wahrnehmungsverarbeitungsstörung, sensorische Integrationsstörung tauchen auf.

Jeder hinter diesen Begriffen stehender Erklärungs- und Therapieansatz vermag den Autismus nur unvollkommen zu erklären und reduziert das autistische Kind auf die eingeschränkte Sichtweise seines Therapeuten.

Auch die eingangs dargestellte AYRESsche Theorie der sensorischen Integrationsprozesse macht hier keine Ausnahme: Sie sieht das Kind vor allem als einen Mechanismus von sensorischem Input und motorischem Output, von Stellungsreflexen und Vestibularkontrolle; das soziale Gefüge eines Kindes, das Sinnliche seiner Wahrnehmung, seine Gefühle und Ängste bleiben weitgehend unberücksichtigt.

6. Konsequenzen

Ausgehend von der Theorie A. J. AYRES' und den Erfahrungen die ich im Laufe der letzten 12 Jahre mit autistischen Kindern sammeln konnte, möchte ich im folgenden eine Entwicklungsrichtung für die Fortführung der oben beschriebenen — unzweifelhaft erfolgreichen — Therapie andeuten:

Der Mensch verfügt über einen bestimmten, phylogenetisch determinierten Wahrnehmungsapparat. Dieser soll dem Individuum ein Überleben in der Realität garantieren und es darüber hinaus in die Lage versetzen, die Umwelt soweit zu verändern, daß sie lebenswert wird oder bleibt. Der gesamte Wahrnehmungsapparat besteht aus einer bislang unbekannten Summe von Einzelsinnen. Gehen wir beim Autismus von einer Störung der Wahrnehmungsverarbeitung aus — und daß man dieses kann, wird heute nicht mehr bestritten —, so erscheint es mir erforderlich bei jedem einzelnen Kind, das zu diagnostizieren ist, insbesondere wenn es sich dabei um eine „Förderdiagnose" handelt, alle Sinnesbereiche gesondert zu überprüfen. Dazu können gehören: (11)

1. Gesichtssinn (Sehen)
2. Gehör
3. Tastsinn (aktives Erfühlen von Größe, Form, Oberflächen- und Konsistenzeigenschaften von Objekten durch die Lippen, Zunge, Finger, Hände und Arme.)
4. Geruchssinn
5. Geschmackssinn
6. Druck- und Berührungssinn (Kontakt des Körpers mit Objekten durch mechanische Deformation und Bewegung der Haut)
7. Temperatursinn
8. Schmerzsinn
9. Organempfindungssinn (sog. viscerale Wahrnehmung nach SCHMIDT (1976))
10. Stellungssinn (Stellung, Ort und Bewegung der Glieder des eigenen Körpers)
11. Spannungs- und Kraftsinn (Muskelspannung, Kraft des eigenen Körpers, Gewicht von Objekten)
12. Lage- und Bewegungssinn (zeigt die lineare Beschleunigung und Lage im Raum an)
13. Drehbewegungssinn (zeigt Winkelbeschleunigung des Körpers, kennzeichnet Kopf- und Körperbewegungen)
14. Vibrationssinn, Zeitsinn, Über-Sinn (Muten), Magnetismussinn und andere...

Jeder dieser Sinnesbereiche wird in der Beobachtungsphase für sich betrachtet und überprüft. Diese Überprüfung dient nicht mehr der Diagnosefindung „Frühkindlicher Autismus" (diese ist zu diesem Zeitpunkt meist abgeschlossen; dafür reichen die bisherigen Kriterien und Check-Listen aus), sondern der Feststellung eines *individuellen Sinnesprofils.* Dieses soll anzeigen, in welchen Wahrnehmungsbereichen sich das autistische Kind auffällig oder unauffällig verhält, ob es auf bestimmte Reize ungewöhnlich, gar nicht oder völlig normal reagiert. Wir verwenden zur Überprüfung der genannten Bereiche 1 bis 13 in der Regel „selbstgebastelte" Merkmalskataloge, je nach Alter des Kindes und Ausprägung des Autismus unterschiedliche. Ein Beispiel für den Frühförderbereich liefert der Artikel von ARENS in diesem Band. Er zeigt auch, wie schwierig die Aufgabe, die wir uns gestellt haben, werden kann.

Das *individuelle Sinnesprofil* dient uns als Grundlage für die Therapieplanung, als Richtungsgeber für die tägliche Arbeit mit dem autistischen Kind und als Daten- und Kontrollgrundlage für die Fortschritte oder Rückschritte in der Entwicklung des Kindes.

Die oben dargestellten Sinnesbereiche bergen die Gefahr der „Zersplitterung und Zerlegung" in sich. Wir dürfen uns nicht dazu verleiten lassen, das autistische Kind nicht mehr in seiner Gesamtheit, der Summation all' seiner Sinne zu erleben. Das Zusammenspiel aller Sinne ist weit mehr als die Summe aller Einzelsinne. Alle möglichen gedanklichen Anstöße (z.B. FELDENKRAIS (1978, 1981), KÜKEL-HAUS / ZUR LIPPE (1982)) können einbezogen werden und bieten eine überraschende philosophische Basis.

7. Zusammenfassung und Schlußbemerkung

Der vorliegende Artikel stellt in einer kurzen Zusammenfassung die grundlegenden Ausgangshypothesen der sensorischen Integration nach A. J. AYRES dar und schildert die bisherigen Möglichkeiten der Diagnose und Therapie einer „sensorischen Integrationsmethode" bei autistischen Kindern. Diese Therapieform unterliegt, wie viele andere, relativ neue Behandlungsverfahren bei Autismus, gewissen Phasen der Perzeption durch die in der Praxis Tätigen. Es wird der Versuch gemacht, Tendenzen anzudeuten, in die sich eine autismusspezifische sensorische Integrationstherapie weiterentwickeln könnte.

Abschließend möchte ich noch einmal betonen, daß die Einbeziehung der AYRESschen Ideen in die Therapie autistischer Kinder für mich und meine Kollegen neue Dimensionen der Autismusbehandlung eröffnet hat. Wir wichen ab von der klassischen Therapie in den Bereichen: Sprachtherapie, Motorik, Visuelle Wahrnehmung (Farben, Formen etc.), Kulturtechniken usw. Das autistische Kind stand mehr als je zuvor im Mittelpunkt; Blickkontakt brauchte nicht mehr „trainiert" zu werden, er war einfach da; eine unmittelbare Auseinandersetzung mit den Wahrnehmungs-Verarbeitungs-Problemen des Kindes konnte stattfinden.

Es zeigte sich immer wieder, daß autistische Kinder nicht nur in den Bereichen des Sehens, Hörens, Tastens, Riechens, Schmeckens usw. eine Wahrnehmungsverarbeitungsstörung aufwiesen, sondern ebenso in den Bereichen, die die Stabilität des gesamten Organismus gewährleisten.
So hatten wir das Gefühl, einen ganz kleinen Schritt auf dem Weg zu einer ganzheitlich orientierten Autismustherapie, deren Ziel es ist, dem Kind ein adäquates Teilnehmen-Können am Leben in Familie und Gesellschaft zu ermöglichen, vorangekommen zu sein.

8. Anmerkungen

(1) AYRES (1979), S. 19
(2) siehe dazu EMRICH (1984a und 1984b), KNORN (1985), BRAND et al. (1986)
(3) AYRES (1979, 1984), MISKE-FLEMMING (1978), FLEHMIG (1985), BRAND et al. (1986), ALBRECHT (1980), AUGUSTIN (1983, 1985)
(4) KEPHART (1977), S. 21
(5) ebd., S. 22
(6) AYRES (1984), S. 173 ff.
(7) siehe DZIKOWSKI/VOGEL (1988)
(8) siehe ARENS in diesem Band
(9) DZIKOWSKI/VOGEL (1988), S. 38-105
(10) SANUA (1984)
(11) nach STADLER et al. (1975)

9. Verwendete Literatur

ALBRECHT, Patricia: Diagnose und Therapie von Wahrnehmungsstörungen. Nach Jean Ayres. Dortmund 1980[2]

AUGUSTIN, Anneliese: Beschäftigungstherapie bei Wahrnehmungsstörungen. Dortmund 1983[3]

dies.: Ergotherapeutische Frühbehandlung beim autistischen Kind. In: Beschäftigungstherapie und Rehabilitation, Heft 2, 1985, S. 91-98

AYRES, A. Jean: Lernstörungen. Sensorisch-integrative Dysfunktionen. Berlin/Heidelberg/New York 1979

dies.: Bausteine der kindlichen Entwicklung. Berlin usw. 1984

BRAND, Ingelid, BREITENBACH, Erwin und MAISEL, Vera: Integrationsstörungen. Diagnose und Therapie im Erstunterricht. Würzburg 1986

DZIKOWSKI, Stefan und VOGEL, Cordula: Störungen der sensorischen Integration bei autistischen Kindern. Probleme von Diagnose, Therapie und Erfolgskontrolle. Weinheim 1988

EMRICH, Ruth: Vergleich des neuropsychologischen Diagnostikprogramms nach Ayres mit dem „Körperkoordinationstest für Kinder", dem „Göttinger Formreproduktionstest" und Daten aus der „Münchener Pädiatrischen Längsschnittstudie". Unveröffentlichte Diplomarbeit. Freiburg/Br. 1984a

dies.: Die „Southern California Sensory Integration Tests" von A. J. Ayres. In: Der Kinderarzt, 5. Jg., Nr. 8, 1984b, S. 1059 - 1063

FELDENKRAIS, Moshe: Bewußtheit durch Bewegung. Der aufrechte Gang. Frankfurt 1978

ders.: Abenteuer im Dschungel des Gehirns. Frankfurt 1981

FLEHMIG, Inge: Sensorische Integration bei autistischen Verhaltensweisen. In: Beschäftigungstherapie und Rehabilitation, 24. Jg., 1985, Heft 2, S. 69 - 74

KEPHART, Newell C.: Das lernbehinderte Kind im Unterricht. München/Basel 1977

KNORN, Peter: Übersetzung der Southern California Sensory Integration Tests und empirische Untersuchung der Auswertungsobjektivität und der sensorischen Integrationsleistung bei 5 - 5 1/2 jährigen deutschen Kindern. Unveröffentliche Diplomarbeit. Bielefeld 1985

KÜKELHAUS, Hugo und ZUR LIPPE, Rudolf: Entfaltung der Sinne. Ein „Erfahrungsfeld" zur Bewegung und Besinnung. Frankfurt 1982/87

MISKE-FLEMMING, Dorothee: Theorie und Methode zur Behandlung von perzeptionsgestörten Kindern. Berlin 1978[3]

SANUA, Victor D.: An International Survey of Mental Health. Professionals on the Etiology of Infantile Autism. In: CALL, Justin D. u.a. (Hrsg.): Frontiers of Infant Psychiatry. Vol. II, New York 1984, S. 428-432

SCHMIDT, Robert F.: Somato-viscerale Sensibilität. In: ders. (Hrsg.): Grundriß der Sinnesphysiologie. Berlin 1976[3]

STADLER, Michael u.a.: Psychologie der Wahrnehmung. München 1975

Kann denn Zwang Liebe sein?

Anmerkungen zum Thema „Festhalten" als Therapie

Joachim Heilmann

Die Arbeitsweisen und -methoden in der therapeutischen Arbeit mit autistischen Menschen haben sich in den letzten Jahren erfreulicherweise von einem rein verhaltenstherapeutischen Vorgehen immer mehr wegentwickelt (vgl. MILLER, B. und WIENER, G.). Dagegen haben eine Reihe von anderen Therapieansätzen an Bedeutung gewonnen. Hierzu gehören nicht zuletzt körperorientierte Verfahren wie die „Sensorische Integration" (AYRES, J. 1984; FLEHMIG, I. 1985) und die „Basale Kommunikation" (MALL, W. 1984). Parallel zu dieser Öffnung der therapeutischen Arbeit werden zunehmend ernährungswissenschaftliche Aspekte in der Behandlung des frühkindlichen Autismus diskutiert und — als therapeutischer Prozeß verstanden — angewendet; z.B. phosphatarme Ernährung und RIMLANDS Megavitamintherapie.

Am meisten ist allerdings seit einigen Jahren die sogenannte „Festhalte-Therapie" im Gespräch. Besonders an diesen „therapeutischen" Ansätzen läßt sich deutlich aufzeigen, wieviel Verwirrung, Unklarheit und Unsicherheit die Arbeit und das Zusammenleben mit autistischen Menschen immer noch belastet. Es ist deshalb wenig verwunderlich, daß die Diskussion über das Festhalten als „Therapie" in zum Teil sehr kontroverser Form geführt wird.

Im Rahmen meiner therapeutischen Arbeit mit autistischen Menschen und den Fragen von Eltern, Erziehern, Lehrern u.a. zur „Festhalte-Therapie", kristallisierten sich für mich zunehmend Unklarheiten bezüglich der Anwendung, dem theoretischen Hintergrund des „Festhaltens" sowie übergeordneten Fragen — besonders hinsichtlich des zugrunde liegenden Menschenbildes — heraus.

Ich werde deshalb die historische Entwicklung der durchaus unterschiedlichen Festhalte-Therapieansätze und der darauf erfolgten Reaktionen skizzieren, um dann in kritischen Gedanken, Fragen und Anmerkungen auf der Basis meiner praktischen Arbeit mit autistischen Menschen hierzu Stellung zu beziehen.

Überblick über die historische Entwicklung und die verschiedenen Ansätze des „Festhaltens" als Therapie

Die erste Variante der sogenannten Festhalte-Therapie wurde von ZASLOW und BREGER (1969) beschrieben. Sie sehen als Ursache des frühkindlichen Autismus eine gestörte Mutter-Kind-Bindung. Autismus ist demnach das Ergebnis eines mißlungenen Versuches des Kindes, ein gesundes Gleichgewicht zwischen positiver Zuneigung und aggressiver Unabhängigkeit zu errichten. Die zentrale These in der ‚Z-Prozeß-Theorie und Therapie' (1) ist, daß die früheste und wichtigste Interaktion zwischen Mutter und Kind im Halten besteht. ZASLOW und BREGER betonen die Bedeutung von sensomotorischen Interaktionen, durch die die Bindung von emotionaler und sozialer Zuneigung zwischen dem Säugling und der Mutter durch ein ‚taktil-kinästhetisches Zusammenspiel' entstehe. Im Lächeln sehen sie die zweitfrüheste From von sozialaffektiver Kommunikation zwischen Mutter und

Kind. Aus einem zunächst reflexiven Lächeln entwickle sich demnach rasch ein soziales Lächeln, verursacht durch den Anblick eines menschlichen Gesichts und unter der Voraussetzung von lustvollen sensomotorischen Bedingungen. Diese Annahmen sehen ZASLOW und BREGER auch in der Tatsache bestätigt, daß das Kind, wenn es sich im Zustand von negativen Affekten wie Zorn, Ärger und Wut befindet, mit dem Abwenden des Kopfes und einem dafür typischen Gesichtsausdruck reagiert. ZASLOW (1982) sieht in diesem Vorgang einen Hinweis auf den ‚Medusa-Komplex' (2). In der Aggression sehen ZASLOW und BREGER einen der Liebe ebenbürtigen Faktor hinsichtlich der Entstehung einer Bindung. Sie betonen die Bedeutung, die die Aggression sowohl im Hinblick auf die Anpassungsfähigkeit als auch auf die Autonomieentwicklung des Kindes spiele.

Die Behandlungstechnik von ZASLOW und BREGER, die ‚Wutreduktionsmethode', beginnt mit der Anwendung der horizontalen Halteposition. Wenn das Kind größer ist, arbeiten zwei Therapeuten zusammen, wobei der eine den Oberkörper und der andere den Unterkörper kontrolliert. Mögliche Reaktionen des Kindes sind Schreien, Strampeln, Aufbäumen des Oberkörpers, vollständige Versteifung des Körpers. Dreht ein Kind den Kopf vom Therapeuten ab, versucht dieser dem entgegenzuwirken und gleichzeitig sanfte Worte zu sprechen. Diese Prozedur muß solange wiederholt werden, bis der Widerstand des Kindes erlahmt und es erschöpft und entspannt in der Halteposition liegt. Läßt sich ein Kind nicht so leicht in Wut bringen, muß die Wutreaktion durch den Therapeuten forciert werden.

ZASLOW und BREGER messen der Persönlichkeit des Therapeuten eine große Bedeutung bei. Bei der Ausführung der Therapie sei es unerläßlich, daß er sich nicht von dem intensiven Zorn des Kindes bedroht fühle, er müsse den Widerstand meistern und beherrschen können und sich vor allem seiner eigenen Aggressionen bewußt sein.

Das Ziel dieser Behandlung besteht darin, über die sensomotorische Überlegenheit des Therapeuten das Kind empfindlicher für menschliche Interaktionen und für die Sozialisation zu machen. Sind Ärger, Wut, Ablehnung und Aggression durch die Wutreduktionstechnik erst einmal überwunden, können später in kognitiver und symbolischer Form auftretende Widerstände mit üblicher Gesprächs- bzw. Spieltherapie behandelt werden.

Für WELCH (1984) wird der frühkindliche Autismus ebenfalls durch eine Bindungsstörung zwischen Mutter und Kind verursacht. In der ‚Mutter-Kind-Haltetherapie' soll diese Bindung im Nachhinein hergestellt werden. Nach WELCH sollte sich der Therapeut bei diesem Prozeß möglichst weit heraushalten, er soll nicht die Familie ersetzen wollen, aber andererseits sehr darauf bedacht sein, andere Familienmitglieder, z.B. den Vater und die Großmutter (!) in die Therapie mit einzubeziehen. Zudem komme dem Therapeuten eine wichtige Funktion zu, bei der Unterstützung der Mutter, ihre Bemühungen nicht aufgrund der zurückweisenden Haltung des Kindes frühzeitig aufzugeben.

In der BRD wurde die Diskussion über die Festhalte-Therapie durch einen Vortrag von TINBERGEN (1981) ausgelöst.

TINBERGEN / TINBERGEN (1984) sehen im frühkindlichen Autismus eine ‚Angstdominierte Störung des emotionellen Gleichgewichts'. Ihnen zufolge wird

40

menschliches Zusammenleben von zwei Verhaltenssystemen geprägt: Annäherung und Vermeidung. Autismus sei nicht auf organische oder genetische Ursachen zurückzuführen, sondern ihm liege eine psychogene Verursachung zugrunde. Hierfür seien diverse ‚autismogene Faktoren' verantwortlich, die sich sowohl mit pränatalen Einflüssen, als auch mit Ereignissen während und nach der Geburt erklären ließen. Sie halten Autismus für heilbar; das Zentrum der Heilung bestehe in der Wiederherstellung des emotionellen Gleichgewichts. Sie favorisieren die WELCH-Methode, da diese darauf abziele, die Bindung zwischen Mutter und Kind wiederherzustellen.

PREKOP ist die bekannteste Vertreterin der Festhalte-Therapie in der BRD. Sie wendet die Festhalte-Therapie seit 1981 bei autistischen Kindern an und orientiert sich dabei sehr stark an der WELCH-Methode. Besonders begründet erscheint ihr das Festhalten in Situationen, in denen ein echter Anlaß bestehe, d.h. bei Ausübung von Stereotypien und beim Auftreten von Veränderungsängsten. Auch wenn kein echter Anlaß bestehe, könne Unzufriedenheit beim Kind provoziert werden. Eine Kernthese von PREKOP ist, daß nur der wirklich Trost erfahren kann, der sich in einer unerträglichen Situation befindet. Vom *Instinkt* her hätte die Mutter selber die Kompetenz, mit *liebevoller Autorität* zu entscheiden, ob das Kind immer noch trostbedürftig sei oder nicht. Indem das Kind die körperliche Überlegenheit der beharrlich tröstenden Mutter spüre, würde sie ihm *glaubwürdig* als Beschützerin, bei dem es sich geborgen fühlen könne, erscheinen (3). PREKOP vertraut auf die ‚Logik der Herzen' aller Mütter, die unter Anleitung erfahrener Therapeuten nur entsprechend aktiviert werden müsse.

Sie hat sich in den vergangenen Jahren mit einer Reihe von Vorträgen und einer Vielzahl von Publikationen nicht nur als die Hauptpropagandistin der Festhalte-Therapie „verdient" gemacht, sie erklärt vielmehr die Festhalte-Therapie mittlerweile als Lebensform, dienlich für alle Lebenslagen, inklusive der Prophylaxe allen Unbills, und hat kürzlich für 1988 ein Buch mit dem treffenden Titel „Der kleine Tyrann der Familie" angedroht.

ROHMANN und HARTMANN (1984) beschreiben eine ‚modifizierte Form der Festhalte-Therapie'. Sie sehen den frühkindlichen Autismus als Folge einer von Geburt an bestehenden Insuffizienz der Steuermechanismen von Informationsverarbeitungsprozessen. Daraus resultiere das Unvermögen, neue Informationen auf bekannte Informationen — erinnerte Erfahrung — zu beziehen (vgl. HARTMANN / ROHMANN, 1984). Wesentliche Unterschiede zu anderen Ansätzen der Festhalte-Therapie bestehen darin, daß nur bei gebotenen Anlässen — *also ohne Provokation* —, z.B. bei stereotypen Verhaltensweisen, festgehalten wird; Trost wird nur nach Prinzipien der Verhaltensmodifikation gezielt als Verstärkung eingesetzt. Auch die Dauer der Durchführung ist wesentlich kürzer, zwischen 20 und 45 Minuten.

Darstellung einiger kritischer Reaktionen

BIERMANN (1985) beurteilt die Festhalte-Therapie aus seiner Sicht als Kinderanalytiker. Er fordert zunächst eine Klärung der Haltung der Mutter zu ihrem Kind, besonders hinsichtlich eigener unbewältigter Kindheitskonflikte ihrer eigenen Mutter gegenüber. Desweiteren bemängelt er, daß das durch den Halteprozeß zu erwerbende Urvertrauen nicht mit ‚technischen Manipulationen' erzwungen werden könne. BIERMANN zählt die Festhalte-Therapie zur Aversionstherapie, bei der eine Art ‚Douple-bind-Beziehung' entstehe, wenn das Kind in seinem Empfinden widersprüchliche Haltungen und Zuwendungen erleben muß. Er vermutet, daß auf Dauer nur emotional gestörte, besonders perfektionistische Mütter dies durchhalten könnten.

KANE / KANE (1986) liefern eine ausführliche vergleichende Beschreibung der verschiedenen Ansätze. Aufgrund eigener Erfahrung halten sie die Festhalte-Therapie für eine Möglichkeit, autistischen Kindern helfen zu können, wenngleich sie das Festhalten als ‚Lebensform' kategorisch ablehnen. Desweitern verweisen sie auf bislang ungeklärte Probleme, die durch unerwünschte Nebeneffekte, Stagnationen im Therapieverlauf sowie einer leichtsinnigen Ausweitung der Durchführung der Festhalte-Therapie, entstehen könnten.

JANTZEN (1986) kritisiert die dominierende ‚Milieutheorie' der verschiedenen Ansätze und verweist darauf, daß organische Läsionen durchaus zu vergleichbaren Folgen führen könnten, wie emotionale Deprivationserscheinungen. Die Festhalte-Therapie wirke eher destabilisierend, indem sie massiv auf die jeweiligen Persönlichkeitsstrukturen einwirke und alte Stereotypien lediglich durch neue ersetze. Die Festhalte-Therapie biete aber sehr wohl Halt: für festhaltende Pädagogen und Psychologen! Aufgrund seiner Untersuchungen (vgl. JANTZEN, 1986) kommt JANTZEN zu dem Fazit, daß die Festhalte-Therapie Folter sei.

DIRLICH-WILHELM (4) sieht im Prozeß der Festhalte-Therapie eine eindeutig strukturierte Reizsituation, die mit ebenso eindeutigen Strafreizen gekoppelt sei.

Es kommt erst dann zu einer Beendigung der Prozedur, wenn die Körperspannung nachläßt. Dadurch würde die Therapie positiv assoziiert, das Kind lerne sich angepaßt zu verhalten, um den aversiven Reizen zu entkommen. Somit komme es zu einer Verstärkung von Flucht- und Vermeidungstendenzen. DIRLICH-WILHELM setzt die Wirkweise der Festhalte-Therapie gleich mit der der Elektroreizaversionstherapie (5).

FEUSER (1987) weist darauf hin, daß es sich bei der Festhalte-Therapie um ein erzwungenes, d.h. gegen den Willen einer anderen Person mit Gewalt durchgeführtes Halten handele.

Die Elemente dieser Behandlungsform seien zwar generell wirksam, könnten aber den Erziehungs- und Bildungsbedürfnissen autistischer Kinder und Jugendlicher in keiner Weise gerecht werden.

Er wirft den Vertretern der Festhalte-Therapie vor, ihre Begründungen für das erzwungene Festhalten entbehrten jeder wissenschaftlichen Grundlage bezüglich lerntheoretischer, entwicklungspsychologischer sowie interaktions- und kommunikationstheoretischer Aspekte. Stattdessen stützen sich diese Begründungen auf irrationale Annahmen und persönliche Erfahrungen der jeweiligen Vertreter. Auch FEUSER betont, daß mit den Zwangsmaßnahmen der Festhalte-Therapie lediglich neue Stereotypien entwickelt würden und somit weder als pädagogische noch als therapeutische Verfahrensweisen anzusehen seien. Diese Zwangsmaßnahmen, die alle Elemente einer Folter beinhalteten, bewirkten vielmehr die Zerstörung der integrativen psychischen Funktionen der Betroffenen.

Kritische Gedanken, Fragen und Anmerkungen aus der Sicht meiner praktischen Arbeit mit autistischen Menschen und deren Familien

Selbst- bzw. Persönlichkeitsentwicklung ist ein Prozeß, der normalerweise im aktiven Austausch des Menschen mit seiner Umwelt stattfindet, indem der Einzelne sich selbst erfährt und Kompetenzen zur Lebensbewältigung entwickelt und erweitert.

Bei autistischen Menschen ist die Kommunikation, der Austausch mit der Umwelt, stark gestört oder doch so sehr eingeschränkt, daß wir immer wieder äußerst irritiert darauf reagieren. Bei genauerer Betrachtung läßt sich aber leicht feststellen, daß „die Autisten" keineswegs nur in ihren ‚Traumwelten' und ‚Schneckenhäusern' leben, auch sind sie weder ‚krankhaft egoistisch' noch ‚Gefangene in ihrer eigenen Welt'. Ich habe bisher jedenfalls noch keinen „Autisten" kennengelernt, der nur autistisch war. Was bei ihnen allerdings so befremdlich, bizarr und grotesk wirken mag, sind ihre starren ritualisierten, scheinbar jeden Kontakt vermeidenden Verhaltensweisen, die aber in mehr oder weniger abgeschwächter Form zum Verhaltensrepertoire von uns allen gehören.

Ich will damit nicht behaupten, wir wären alle potentielle Autisten, ich versuche lediglich einen persönlichen Zugang zu finden, eine Ahnung davon zu bekommen, welche Bedeutung ein noch so merkwürdig anmutendes, langweilig bis bedrohlich wirkendes Verhalten für diese Menschen haben mag.

* Beziehungsangebote statt Zwangsmaßnahmen

Aus diesem Verständnis heraus kann ich keinen Sinn in Maßnahmen sehen, die auf bloße Verhaltenskorrekturen ausgerichtet sind. Vielmehr bilden die Verhaltensweisen den Ausgangspunkt für mich, auf dem ich meinerseits nur versuchen kann, mittels *Beziehungsangeboten* Kontakte zu ermöglichen.

Ob ich zunächst eine mehr abwartende Haltung einnehme oder versuche, in eine Stereotypie ‚mit-hinein-zu-gehen', z.B. indem ich die schaukelnde Oberkörperbewegung eines Kindes rhythmisch begleite, hängt ab von der jeweiligen Situation und der bereits bestehenden Beziehung zwischen dem Kind bzw. Jugendlichen und mir.

Ich halte therapeutische Situationen nicht für den geeigneten Ort, Lernprogramme durchziehen zu wollen — dies sollte dem Schulbereich überlassen bleiben. Die Therapie — die therapeutische Situation — sollte ein Freiraum sein und als solcher für das Kind bzw. den Jugendlichen möglichst lustvoll erfahrbar gemacht werden.

Erst wenn sich auf der Basis einer tragfähigen, kontinuierlichen Beziehung zwischen dem Kind und mir, der ‚gemeinsam gelebten Zeit' (RÖDLER, 1984) die Kommunikationsstrukturen und Handlungsmöglichkeiten erweitert haben, kann es durchaus sinnvoll und angezeigt sein, *an* den Widerständen des Kindes in Einzelbereichen zu arbeiten. Dies kann unter Einbeziehung ‚erlebnisaktivierender Methoden' (HEINERTH, 1976) mit vorsichtigen und spielerischen Provokationen angegangen werden, die aber nie aus Selbstzweck angewendet werden sollten. So kann es z.B. nicht Ziel sein, Blickkontakt zu erzwingen, sondern es kann lediglich versucht werden, Bedingungen zu schaffen, die einen *freiwilligen Blickkontakt* zur Folge haben. Dagegen lassen sich die als „Therapeuten" maskierten Propagandisten und Praktizierer der Festhalte-Therapie sehr leicht als knallharte Erziehungsstrategen schwarz-pädagogischer Prägung entlarven: das autistische Kind ist ein ,kräftiger Kämpfer' (PREKOP), dessen ,autistische Schranke zu *durchbrechen* ist' (WELCH); ,erfrorene und scheinbar nicht mehr vorhandene Gefühle (der Mutter) für ihr Kind kommen langsam zum Vorschein', dem folgt ,ein Gefühl des Triumphes' (WELCH); ,dem Kind ist keine Entscheidungsfreiheit zu gönnen . . . die Anlehnung an diese primäre Autorität gibt dem Kind Sicherheit' (PREKOP); ,die Dynamik des Erlebens, der *Kampf* wird durch Verschnaufpausen des Kindes gestört' (PREKOP); ,hoffnungslos verwöhnte Autisten *zwingen* ihren Familien völlig festgelegte Lebensweisen auf' (TINBERGEN); PREKOP fordert einen ,*Regierungswechsel*' in der Mutter-Kind-Interaktion; ,das Festhalten läßt sich als ein *autoritär gewaltsames,* jedoch *liebevolles Hindern* am autistischen Verhalten verstehen' (PREKOP) usw. usw.

Wenngleich diese Sprache und ihre Begrifflichkeiten eigentlich keiner Kommentierung bedürfen, sollten wir dennoch nicht vergessen, daß wir alle in dieser Tradition der „schwarzen Pädagogik" (vgl. RUTSCHKY, 1977) aufgewachsen sind. Wie mit dem ,Milgram-Experiment' (vgl. MILGRAM, 1974) eindrucksvoll dokumentiert wurde, ist letzlich niemand wirklich davor gefeit, seiner eigenen Gehorsamsbereitschaft gegenüber Autoritäten widerstehen zu können.

Es ist nicht verwunderlich, wenn Eltern von autistischen Kinder in ihrer Not auch die Festhalte-Therapie ausprobieren, sich daran festklammern, zumal PREKOP immer wieder darauf hingewiesen hat, daß Autisten ,nicht nachtragend' seien. Dabei wird überhaupt nicht bedacht, daß bei der Festhalte-Therapie nicht nur ,*terroristische Methoden*' (JANTZEN) angewendet werden, daß es sich hierbei um einen Willkürakt handelt, ,dem nur noch die Qualität von *Hirnwäsche* und *Folter* zuerkannt werden kann' (FEUSER), sondern daß in manchen Fällen die Festhalte-„Therapie" einer *Hinrichtung* gleichkommt; dann nämlich, wenn es durch diese Prozedur zu endgültigen und irreversiblen Schäden bezüglich der Persönlichkeitsentwicklung eines Kindes gekommen ist.

Aus Gesprächen mit betroffenen Müttern, Therapeuten und Erziehern ist mir bekannt, daß es bei Kindern nach anfänglichen Fortschritten bzw. Verhaltensänderungen — z.B. mehr Blickkontakt, Verminderung von Stereotypien, Sprachentwicklung — zu eklatanten Rückschlägen bis hin zu massivstem selbstverletzendem Verhalten gekommen ist. In diesen Fällen können sich die Anstifter und Anleiter nicht einfach aus der Affäre ziehen, indem sie die Folgen mit Mängeln und Inkonsequenzen bei der Durchführung erklären. Wer einem Anderen ein Gewehr in die Hand gibt, ist immer mitverantwortlich, wenn dieser Andere damit einen Menschen verletzt oder umbringt.

* Mutterliebe und Schuldzuweisung

Fragwürdig werden die Anleitungen zudem, weil sie — immer verbunden mit dem Hinweis auf eine angeblich instinktbedingte Mutterliebe (6) — die Schuldfrage für die Mütter in unangemessener Form zum zentralen Thema machen. An die Mütter wird appelliert, sie sollten versuchen, ihre verborgenen ‚positiven Gefühle' (7) für ihr Kind zu entdecken. Mit Hilfe der dadurch ‚neugewonnenen' liebevollen Einstellung zum Kind soll dieses durch den Festhalte-Prozeß in die Lage versetzt werden, fehlende Entwicklungsschritte im Nachhinein zu vollziehen.

Jedes echte und unverstellte Gefühl einem anderen Menschen gegenüber — und dies schließt die Beziehung und Bindung zum eigenen Kind ein — setzt sich immer aus positiven *und* negativen Empfindungen zusammen. Je intensiver und damit je wichtiger die Beziehung zu einem geliebten Menschen ist, um so größer ist jedoch die Gefahr einer Kränkung oder Enttäuschung, gerade durch diesen geliebten Menschen ausgesetzt zu sein. Dies kann dazu führen, daß massive negative Gefühle entstehen, die aber nicht ignoriert werden sollten, sondern deren Berücksichtigung bzw. Integration wesentlich zu einer wirklichen Annahme und Akzeptanz des Gegenübers führen können. Findet aber keine Integration, sondern eine Verleugnung dieser wichtigen Aspekte einer Gefühlsbeziehung statt, besteht eine umso größere Gefahr, daß die negativen Anteile ein Eigenleben in abgewandelter Form führen, z.B. im Erleben eigenen Versagens, in Form von besonderer Aktivität, besonders hohen Leistungsansprüchen und -anforderungen an sich, das Kind und an alle, die mit dem Kind zu tun haben (vgl. MÜLLER-HOHAGEN, 1987).

Die Überbetonung einer liebevollen Einstellung von Müttern zu ihrem autistischen Kind ist eine fatale Forderung, da sie die Tendenz zu Aufopferung und Hingabe fördert. Mütter autistischer Kinder stehen dadurch unter einem zusätzlichen Leistungsdruck, statt daß ihnen entlastendes Verständnis und die *Zubilligung auch negativer Gefühle* ihrem Kind gegenüber zugestanden werden. Die damit einhergehende Verleugnung ambivalenter Gefühle entlarvt die Festhalte-Therapie auch für diejenigen, die sie durchführen als trügerische Hoffnung, mit dem Kind eine besondere Kommunikation zu erlangen.

* Therapeuten zwischen Liebe und Zwang, Macht und Ohnmacht

Das Ziel, mit dem autistischen Kind bzw. Jugendlichen eine Beziehung zu entwickeln und Kommunikation zu ermöglichen, ist auch das Anliegen der mit ihnen therapeutisch zusammen Arbeitenden. Auch hier wirkt die ganze Bandbreite ambivalenter Gefühle.

Der Auftrag des Therapeuten ist aber nicht das Kind zu lieben, sondern er kann lediglich versuchen, indem er sich dem Kind bzw. Jugendlichen *zur Verfügung stellt,* diesem Halt zu vermitteln. Selbstverständlich wird sich niemand von Sympathie und Antipathie völlig frei machen können. Aber die für jede therapeutische Beziehung notwendige *Empathie,* bedarf einer begleitenden kritischen Selbstreflexion. Erst wenn es gelingt eine *innere Distanz* herzustellen, wird Nähe wirklich möglich.

Die Ausweitung des Begriffes der Liebe hinein in den therapeutischen Prozeß, birgt nicht nur eine uneinlösbare Forderung in sich, sie dient vielmehr der Verschleierung der Tatsache, daß es sich bei (therapeutischen) Beziehungen immer auch um Machtverhältnisse handelt. Entgegen der Ideologie der Verfechter der Festhalte-Therapie ist aber das Kind letztendlich der Schwächere, auch wenn wir - konfrontiert mit der eigenen Ohnmacht - ihm manchmal *Autokratie* unterstellen.

Die Auseinandersetzung mit der Festhalte-Therapie bietet somit eine Gelegenheit, Anwandlungen von Omnipotenz besser in den Griff zu bekommen und sich nicht zu sehr von eigenen Gefühlen der Ohnmacht beherrschen zu lassen.

„Die Konditionierung und Manipulation des Anderen ist immer eine Waffe und ein Instrument der Machtausübung, auch wenn diese mit Worten wie "Erziehung" oder "therapeutische Behandlung" getarnt wird. Da die Ausübung der Macht über andere Menschen und deren Mißbrauch meistens die Funktion haben, das Aufbrechen von Gefühlen eigener Ohnmacht zu verhindern, also oft unbewußt gesteuert werden, können ethische Argumente diesen Prozeß nicht aufhalten" (A. MILLER, 1980 S. 318).

Anmerkungen:

1. Das „Z" in der ,Z-Prozeß-Theorie' ist kein Kürzel für ZASLOW, sondern ein altes griechisches Symbol für „er ist am Leben" (vgl. ZASLOW, 1982, S. 162)

2. „Der Medusa-Komplex bezieht sich auf das Vermeidungsverhalten zum menschlichen Gesicht, besonders den Augenkontakt, und die auf das Gesicht eines anderen gerichtete Dynamik von Haß, Furcht und Wut . . . Unter dem Medusa-Komplex verstehen wir die Vermeidung von Augen- und Gesichtskontakt, die auf unterdrückte Wut und destruktive Impulse zurückgeht und in einer aufgrund innerer Selbstzerstörungstendenzen in das Gesicht anderer projizierten Furcht endet." (ZASLOW, 1982, S. 162/163)

3. Eventuellen Zweifeln einer Mutter, die während des Festhaltens auftreten können, z.B. wenn sie spürt, daß ihr Kind leidet, daß sie es vieleicht sogar quält, kann damit begegnet werden, daß sie sich daran erinnert, wie sehr der Erfolg der Therapie von der konsequenten Durchführung des Halteprozesses abhängig ist. So kann der Widerstand des Kindes als ein zwar unangenehmer, aber nicht zu umgehender Vorgang intellektualisiert werden.

4. DIRLICH-WILHELM: „Die Festhalte-Therapie aus der Sicht der Lernpsychologie." Vortrag bei einer Veranstaltung des Regionalverbandes Heidelberg e.V. „Hilfe für das autistische Kind", am 14.05.1986 in Heidelberg

5. Nicht zu verwechseln mit Elektroschock; im Gegensatz dazu handelt es sich bei der Elektroreizaversionstherapie um die Verabreichung von Stromschlägen mit minimalen Stromstärken, die keine Verletzungen des Gehrins zur Folge haben.

6. „Die Mutterliebe ist nur ein menschliches Gefühl. Sie ist, wie jedes Gefühl, ungewiß, vergänglich und unvollkommen. Sie ist möglicherweise — im Gegensatz zur verbreiteten Auffassung — kein Grundbestandteil der weiblichen Natur. Wenn man verfolgt, wie sich die Einstellungen von Müttern gewandelt haben, stellt man fest, daß das Interesse und die Hingabe für das Kind da sind oder auch nicht da sind. Mal gibt es Zärtlichkeit, mal nicht. Die Mutterliebe drückt sich in unterschiedlichster Weise aus — mal stärker, mal schwächer, mal gar nicht oder fast nicht." (BADINTER, 1981, S. 12)

7. Die Betonung der Wichtigkeit von „richtigem" mütterlichen Verhalten, suggeriert gleichzeitig das Vorhandensein von quasi Autismus-spezifischen mütterlichen Verhaltensmustern, womit die Annahme eines typischen Mutterbildes für das Zustandekommen des Autismus neu belebt wird. Dagegen zeigt eine Untersuchung von SARIMSKI/DESCHLER et. al., 1987, daß es diese behinderungsspezifischen Interaktionsmuster eben nicht gibt. Gleichwohl reagieren Mütter in einer für sie sehr spezifischen Weise, aber individuell ganz unterschiedlich auf die Konfrontation mit ihrem behinderten Kind.

Literaturverzeichnis

AYRES, J.: Bausteine der kindlichen Entwicklung. Berlin, Heidelberg, New York, Tokio 1984

BADINTER, E.: Die Mutterliebe. München, Zürich 1981

BIERMANN, G.: Macht und Ohnmacht im Umgang mit Kindern. In: Prax. Kinderpsych. u. Kinderpsychiat. 33 (1984), S. 206-213

BIERMANN, G.: Stellungnahme eines Kinderanalytikers zur Festhalte-Therapie. In: Prax. Kinderpsych. u. Kinderpsychiat. 34 (1985), S. 73-75

BURCHARD, F.: Praktische Anwendung und theoretische Überlegungen zur Festhalte-Therapie bei Kindern mit frühkindlichem autistischen Syndrom. In: Prax. Kinderpsych. u. Kinderpsychiat. 33 (1984), S. 282-290

BURCHARD, F.: Festhalte-Therapie bei Kindern mit autistischen Verhaltensweisen. In: Geistige Behinderung 2/1985, S. 103-113

BURCHARD, F.: Die Kontroverse zur Haltetherapie. In: autismus 24/1987, S. 11-16

DIRLICH-WILHELM, H.: Therapie autistischer Kinder. In: Frühförderung interdisziplinär, 3.Jg., (1984), S. 172-176

FEUSER, G.: Autismus heute-Forderung an morgen. In: Behinderte, Heft 3/ 1984, S. 29-36

FEUSER, G.: Festhalte-Therapie? Theoretische Grundlagen und praktische Implikationen aus der Sicht eines Skeptikers. In: Schweizerischer Berufsverband der Heilpädagogen, (Hrsg.) 1987, S. 27-49

FLEHMIG, I.: Sensorische Integration bei autistischen Verhaltensweisen. In: Beschäftigungstherapie und Rehabilitation, Heft 2/1985, S. 69-74

HARTMANN/ROHMANN: Eine Zwei-System-Theorie der Informationsverarbeitung und ihre Bedeutung für das autistische Syndrom und andere Psychosen. In: Prax. Kinderpsych. u. Kinderpsychiat. 33 (1984), S. 272-281

HEILMANN, J.: Die Festhalte-Therapie bei autistischen Kindern. Diplomarbeit (unveröffentlicht) Frankfurt/M. 1984

HEINERTH, K.: Erlebnisaktivierende Methoden in der klientenzentrierten Gesprächspsychotherapie. In: Klientenzentrierte Gesprächspsychotherapie heute, Göttingen 1976, S. 135-140

JACOBS, K.: Autismus-Schulische Förderung und ambulante Therapie. Bonn-Bad Godesberg 1984

JANTZEN, W.: Halte-„Therapie": Für wen Halt und für wen Therapie? In: Jantzen/von Salzen: Autoaggressivität und selbstverletzendes Verhalten, S. 116-158, Berlin 1986

KANE/KANE: Möglichkeiten und Grenzen der Festhalte-Therapie. In: Geistige Behinderung 2/1986, S. 113-123

KISCHKEL/STÖRMER: Kritische Überlegungen zur Festhalte-Therapie. In: Zur Orientierung 10 (1986) 3, S. 309-323

MALL, W.: Basale Kommunikation-ein Weg zum anderen. In: Geistige Behinderung 1/1984, Heftmitte

MILGRAM, S.: Das Milgram-Experiment. Hamburg 1974

MILLER, A.: Am Anfang war Erziehung. Frankfurt/M. 1980

MILLER, B.: „Autistische" Menschen im Hamburger Institut für Therapie autistischer Verhaltensstörungen. autismus 17/1984, S. 2-10

MÜLLER-HOHAGEN, J.: Psychotherapie mit behinderten Kindern. München 1987

PREKOP, J.: Festhalten-Erste Erfahrungen nach Tinbergen und Welch. In: autismus 13/1982, S. 12-15

PREKOP, J.: Anleitung der Therapie durch das Festhalten nach Welch/Tinbergen. In: autismus 15/1983, S. 2-8

PREKOP, J.: „Festhalten"-eine neue Therapie und Lebensform. In: Deutsche Krankenpflegezeitschrift 6/1985, S. 398-404

ROHMANN/HARTMANN/KEHRER: Erste Ergebnisse einer modifizierten Form der Festhalte-Therapie. In: autismus 17/1984, S. 10-13

RÖDLER, P.: Paradox? Dialogische Pädagogik mit "Autisten". In: Behinderte, Heft 3/1984, S. 37-42

RÖDLER, P.: Sisyphos — Gedanken zur Reflexion des Autismus. In: Behindertenpädagogik, Heft 3/1985, S. 248-262

RUTSCHKY, K.: Schwarze Pädagogik. Berlin 1977

SARIMSKI/DESCHLER et.al.: Mütter mit geistigbehinderten Kindern: Erfahrungen bei der Interaktionsbeurteilung. In: Frühförderung interdisziplinär, 6. Jg. (1987), S. 112-118

STOSCH von, T.: Möglichkeiten und Grenzen der Festhalte-Therapie für autistische Kinder im Rahmen teilstationärer Behandlungen. In: Frühförderung interdisziplinär, 5.Jg. (1986), S. 126-131

TINBERGEN, N.: Eine wirksame Therapie für kindlichen Autismus (unveröffentl. Manuskript, 31. Tagung der Nobelpreisträger in Lindau/Bodensee v. 29.06.-03.07.81) 1981

TINBERGEN/TINBERGEN: Autismus bei Kindern. Berlin, Hamburg 1984

WELCH, M.: Heilung vom Autismus durch die Mutter-Kind-Halte-Therapie. In: Tinbergen/Tinbergen: Autismus bei Kindern, Berlin, Hamburg 1984, S. 297-310

WIENER, G.: „Das ‚Autismus-Therapieinstitut' in Langen". In: autismus, Heft 20/1985, S. 2-8

ZASLOW/BREGER: A theory and treatment of autism. In: Breger, L. (Hrsg.): Clinical-cognitive psychology. New York 1969

ZASLOW, R. W.: Der Medusa-Komplex. Die Psychopathologie der menschlichen Aggression im Rahmen der Attachment-Theorie. In: Z.f. Klin. Psych. Psychother. 30/1982, Heft 2, S. 162-180

48

Kommunikative Sprachtherapie

Volker Helbig

Vorgeschichte

1981 begann ich mit der Therapie eines 7-jährigen autistischen Mädchens. Inhaltlicher Schwerpunkt war Stimmbildung und Sprachanbahnung. Das Sprachverständnis war recht gut entwickelt.

Nach etwa einem Jahr stellte ich fest, daß das bisherige verhaltenstherapeutische Herangehen zwar gewisse Fortschritte gebracht hatte, das Kind aber zunehmend jede Mitarbeit bei gezielten, systematischen Sprechübungen verweigerte. Nachdem auch Lockungen, Drohungen und Strafe nichts bewirkten, mußte ich mein Vorgehen notgedrungen abändern. Ich überließ dem Kind mehr die Initiative während der Therapiestunden und schaltete mich sprachlich vorsichtig ein. Dies führte allmählich zu einer spielerischen Interaktion zwischen Therapeut und Kind, in deren Verlauf die Kommunikationsbereitschaft und die Häufigkeit spontaner Laute und auch einfacher Worte systematisch anstieg.

Das Ergebnis blieb insgesamt aber unzureichend, da der sprachliche Übungseffekt während der Spiele minimal war.

Im Sommer 1984 nahm ich an einem Kongreß für Sozialpädiatrie in Brixen teil und besuchte u.a. ein Seminar über die „Frühe Hör- und Spracherziehung des hörgeschädigten Kindes",durchgeführt von Frau SCHMIDT-GIOVANNINI.

Ich war zutiefst beeindruckt davon, wie sie spontane Interessen der Kinder nutzte, um sie zu sprachlichen Äußerungen anzuregen.

Mir kam damals der Gedanke, dies in ähnlicher Weise für meine Sprachtherapie zu übernehmen. Die Ergebnisse waren beeindruckend. Sie geben zu der Hoffnung Anlaß, daß mit dieser therapeutischen Vorgehensweise bei einer bestimmten Gruppe autistischer Kinder spontanes kommunikatives Sprechen erreicht werden kann. Die Methode ist nicht bei allen autistischen Kindern anwendbar. Sie setzt folgende vorhandene oder in der bisherigen Therapie erworbene Fähigkeiten voraus:

— ein (eingeschränktes) Sprachverständnis für Worte und Sätze aus dem täglichen Gebrauch,
— zumindest in Ansätzen die Bildung einfacher Laute und Silben,
— die Imitation vorgesprochener Laute und Silben (zumindest versuchsweise),
— ein gewisses Interesse an der Auseinandersetzung mit der unmittelbaren Umwelt (sei es auch stereotyp).

Sind diese Voraussetzungen nicht gegeben, müssen sie erst geschaffen werden.

Silvia

Ich lernte Silvia 1979 anläßlich des Diagnosegesprächs kennen. Sie war damals 5 Jahre alt. Aufgrund von bürokratischen Hürden konnte die Therapie erst 2 Jahre später im Sommer 1981 beginnen.

Das Gespräch mit Silvias Eltern ergab folgendes Bild:

Sie war ein sehr ruhiges Baby, das am zufriedensten schien, wenn es alleine gelassen wurde. Sie war und ist oft gedankenverloren, stiert vor sich hin, und man hat das Gefühl, daß sie nichts um sich herum wahrnimmt. Im Bett schaukelt sie häufig mit dem Oberkörper. Durch Personen schaut sie oft hindurch, vermeidet den Blickkontakt, verdeckt manchmal die Augen mit den Händen, wenn man sie anspricht.

Die Eltern hatten den Verdacht, sie sei schwerhörig. Eine entsprechende — falsche — Diagnose wurde gestellt. Sie interessiert sich sehr für plätscherndes Wasser und klopft oft mit Gegenständen im bestimmten Rhythmus. Auf helles Licht reagiert sie abweisend und ängstlich, hält sich die Augen zu.

In ihren Eßgewohnheiten ist sie auffällig: sie kaut nicht richtig, trinkt sehr viel, ißt nur Breiartiges. Sie beschäftigt sich über lange Zeit mit ein und demselben Gegenstand. Mit Vorliebe dreht sie stereotyp mit Rädern.

Sie legt Wert auf eine bestimmte Ordnung und reagiert zornig oder ängstlich, wenn gewohnte zeitliche Abläufe geändert werden.

Sie ist ängstlich, abweisend bei Unbekanntem und wehrt sich, neue Dinge zu lernen. Die Eltern erzählen von „unbegründeten" Wutausbrüchen und Autoaggressionen (schlagen, blutig kratzen). Silvia ist sehr unruhig, läuft viel hin und her. Laufen hat sie erst mit $2^1/_2$ — 3 Jahren gelernt. Seit kurzem kann sie sich ausziehen. Ihr Sprachverständnis ist recht gut. Mit $2^1/_2$ Jahren sprach sie etwa 5 Worte. Die Sprachentwicklung stagnierte aber bald. Heute spricht sie nicht mehr. Zur Verständigung benutzt sie Gesten und Mimik, bzw. „zieht" Erwachsene, wenn sie etwas möchte.

Als die Therapie im Sommer 1981 begann, bestätigte sich dieses Bild von Silvia. Ihr Sprachverständnis hatte sich weiter entwickelt. Sprechen konnte sie nicht, sie „tönte" aber viel und gab Stimmungslaute von sich.

Die Förderung in einem Kindergarten für Gehörlose, in dem sie untergebracht war, hatte für ihre kognitive Entwicklung viel gebracht. Sie war auch nicht mehr so abgekapselt und versuchte, Erwachsene häufiger für ihre meist stereotypen „Spiele" zu manipulieren, während sie Kindern weiterhin aus dem Weg ging.

Zu Beginn der Therapie arbeitete ich konsequent verhaltenstherapeutisch. Es ging mir zunächst um den Aufbau einer Arbeitshaltung, einer gesicherten Mitarbeit während der Therapiestunden. Dies war nicht Selbstzweck, sondern Voraussetzung für erfolgreiches Arbeiten. Silvia kam einmal in der Woche für 2 Stunden zur Therapie, ihr Anfahrtsweg betrug 1 Stunde.

Allein diese Rahmenbedingungen erforderten es sicherzustellen, daß die Therapiezeit auch genutzt wurde.

Nach einer Beobachtungsphase kristallisierten sich Stimmbildung und Sprachanbahnung deutlich als Therapieschwerpunkt heraus. Anfang 1982 begann ich mit einem systematischen Sprachaufbautraining. Ich hatte damals in der Sprachtherapie mit Autisten ca. 4 Jahre Erfahrung und arbeitete in Anlehnung an die Programme von LOVAAS, KEHRER, OTT und CORDES/WILKER[1].

Ich verstärkte Silvias Töne und Silben, übte gezielt die Imitation bestimmter Laute und versuchte, einzelne Laute und Silben zu Wörtern zusammenzusetzen, die sie dann in ihrem semantischen Gehalt erkennen und Abbildungen oder Gegenständen zuordnen sollte. Unterstützt wurde dies durch Übungen im Bereich der Mundmotorik (Mund auf, Zunge kreisen, blasen etc)[2]. So gelang es innerhalb eines Jahres, über einfache Laute wie a, m, pa zu Silben wie ma, mama, papa, oma etc. zu kommen, die Silvia schließlich auch als Begriffe erkannte und Fotos ihrer Familie zuordnete.

Ende des Jahres konnte sie ca. 20 Silben, bzw. ein- bis zweisilbige Worte verbal imitieren, ca. die Hälfte davon benannte sie nach Aufforderung, auch ohne daß man sie vorsprechen mußte. Zwei Äußerungen brachte sie spontan: „ör auf" (hör auf) und „nein". Bereits im Herbst dieses Jahres zeigte sich aber eine immer deutlichere Abwehr gegen die Sprachprogramme: Sie gab Unmutslaute von sich, wandte sich ab, verschloß demonstrativ den Mund. Dieses Problem wurde Anfang '83 noch größer. Silvia lautierte zwar weiterhin bei spielerischen Handlungen, verstummte aber sofort bei gezielten Sprechübungen. Als auch Bestechungsversuche, Drohungen und Strafaktionen nichts bewirkten, stand ich vor der Notwendigkeit umzudenken. Wenn ein Kind sich weigerte, ein Puzzleteil in die Vorlage zu legen, kann man durch Handführung eine Mitarbeit erzwingen, wenn es sich aber weigert, eine Silbe oder ein Wort nachzusprechen, ist man hilflos.

Mir war klar geworden, daß ich Silvias Sprachentwicklung nur fördern könnte, wenn sie halbwegs motiviert, aber zumindest bereitwillig mitmachte. Laute, Silben etc. brachte sie aber nur in ihren spielerischen, z.T. stereotypen, ritualisierten Handlungen.

Notgedrungen ließ ich ihr nun einen weitgehenden Freiraum bei der inhaltlichen Gestaltung der Stunde, versuchte mich in ihr „Spiel" einzuklinken und sie im Rahmen ihres „Spieles" zu verbalen Imitationen anzuregen. So malte sie z.B. gerne ihre Familie und ich ließ sie dabei (gemäß dem von mir gesetzten Therapieziel „Familienmitglieder und Körperteile benennen") Mama, Oma, Kai oder Haar, Auge, Nase nachsprechen.

Ihre Motivation und Bereitschaft in diesem Zusammenhang zu sprechen war recht groß. Auch ihre Bereitschaft zur „spontanen Kommunikation", meist in der Form unverständlicher Stimmungslaute, nahm zu.

Ich überließ Silvia in dieser Phase im wesentlichen die Gestaltung der Stunde; aufgrund ihres stereotypen, ritualisierten Verhaltens wiederholten sich aber die meisten Inhalte über längere Zeit, so daß ich ein bestimmtes Lernziel (wie z.B.

---

[1]) vgl. Cordes/Wilker: Sprachtherapie bei autistischen Kindern. Bremen/Hamburg 1977
[2]) vgl.: Weinert, H. 1977; Hoven, M. und Speth, L. 1974

‚Körperteile benennen') in gewissem Umfang fortführen konnte. Neben dem Malen spielten wir mit dem Puppenhaus, d.h. der Hund biß Mama („Mama", „wauwau", „aua"), das Kind geht zur Toilette („aa", „pipi", „po") oder wir tranken Tee, der auf einem Stövchen stand („bitte Tee", „heiß", „Feuer an, aus") etc.

Zu all diesen Handlungen war sie hoch motiviert, was sich positiv auf ihre Kommunikationsbereitschaft auswirkte. Ihre sprachlichen Fertigkeiten entwickelten sich dagegen nur geringfügig, da ich nur in bestimmten Abständen meine Nachsprechübungen ins Spiel einbringen konnte, ohne ihre Motivation und Bereitschaft nachzusprechen zu ersticken. Sobald sie „Sprachübungen" witterte, wurde sie ärgerlich und zog sich zurück.

Mitte des Jahres 1984 benutzte sie während unserer gemeinsamen Spiele ca. 20 Worte spontan oder im Gespräch (z.B. was macht die Puppe? „pipi"). Es handelte sich dabei in der Regel um ein- bis zweisilbige Einwortsätze, wie z.B. „auf, doch, nein Du, alle, oh, bitte, weg, Feuer, aus, hör auf." Darüberhinaus konnte sie eine Reihe von Dingen, wie z.B. Körperteile auf Aufforderung hin benennen. Auch außerhalb der Therapie, z.B. mit ihrer Mutter, verwendete sie — neben Gestik und Mimik, die den größten Teil ihrer Kommunikation ausmachen — jetzt häufiger einige Worte: nein, da, du, meiner (= gehört mir) etc.

Der bisherige Verlauf unserer Therapie stellte mich nicht zufrieden. Zwar war es gelungen, Silvias Interesse an der Sprache zu beleben, ihre verbalen Kommunikationsversuche zu fördern. Aufgrund der eingeschränkten Übungsmöglichkeiten hatte sie aber praktisch kaum verbale Ausdrucksmöglichkeiten. Dies würde ein häufigeres systematisches Üben voraussetzen, dem sich Silvia aber nach wie vor verweigerte.

Während der Sommerferien 1984 nahm ich in Brixen am Sozialpädagogischen Herbstseminar teil und besuchte u.a. eine Veranstaltung von Frau SCHMIDT-GIOVANNINI über die Arbeit mit gehörlosen Kindern.

Ich war beeindruckt wie stark Frau SCHMIDT-GIONANNINI auf die anwesenden gehörlosen, wenig sprechenden Kindern einging. Alles, was diese interessierte, griff sie auf, verbalisierte es und ließ die Kinder nachsprechen. Dies störte die Kommunikation überhaupt nicht, im Gegenteil, den Kindern machte es sichtlich Spaß, sich ausdrücken zu können[3]).

Obwohl es zwischen gehörlosen und autistischen Kindern sicher gravierende Unterschiede gibt, wollte ich versuchen, das Erlebte in Silvias Therapie mit einzubauen.

Im Grunde konnte und mußte ich dabei den bisherigen Therapieablauf beibehalten. Mein verbales Eingreifen würde sich ändern müssen. Bislang hatte ich mich auf rund ein Dutzend Worte konzentriert, die ich in Silvias spielerischen Handlungen an passender Stelle einbrachte und die sie dann nachsprach. Dadurch wurde die Aktivität und Motivation Silvias nicht beeinträchtigt, weil die „Sprachübungen" ja in ihren Spielrahmen paßten. Durch die von mir jeweils festgelegten Begriffe

---

[3]) vgl. Schmidt-Giovannini, S.; 1976

(z.B. Kleidungsstücke) wurden aber nur bestimmte Worte geübt und auch die nur relativ selten.

Nun erschlossen sich ganz andere Möglichkeiten.
Wenn es gelingen würde, alle Gedanken, Überlegungen, Bedürfnisse und Emotionen, die in Silvias Bewußtsein jeweils im Vordergrund standen, zu verbalisieren und sie zum Nachsprechen zu bewegen, so könnte unser gemeinsames Spiel zu einer intensiven sprachlichen Übung werden.

Nach den Ferien besprach ich meine Überlegungen mit der Mutter und wir legten u.a. folgendes fest:

Immer mit ihr reden; ihr die *ganzen Sätze* in den „Mund legen", die sie sagen will, aber nicht herausbringen kann. Dabei erst einmal alles vorsprechen und dann einzelne Silben nach und nach vorsprechen und nachsprechen lassen. Soweit möglich allmählich zwei bis drei Silben vorsprechen.

Wichtig: Hierbei keine oder nur geringfügige Korrekturen der Aussprache. (Zitat aus dem Therapieplan ‚Sommer bis Weihnachten '84')

Zur Veranschaulichung einige Beispiele aus den ersten Stunden:

Silvia kommt in den Raum und sieht erstaunt einen fußballgroßen Tintenfleck auf dem Teppich:

Ich verbalisiere „Oh, ein blauer Fleck". Sie spricht silbenweise nach. Sie beschaut sich den Fleck und legt sich plötzlich lachend darauf. Ich frage: „Wo ist der Fleck?" und verbalisiere für sie „Der Fleck ist weg." Sie spricht freudig nach. Dann rollt sie sich zur Seite und zeigt auf den Fleck. Ich verbalisiere „Da ist der Fleck wieder." Silvia spricht nach. Daraus wird schließlich ein 10-minütiges Spiel, das einige Therapiestunden lang wiederholt wird.

Gerne spielt sie auch mit dem Musik-Peter, einem Clown in einer Kiste, der nach einigen Drehungen an einer Kurbel herausgesprungen kommt. Als sie vor den Sommerferien damit spielte, habe ich lediglich Haare, Nase, Augen etc. benennen lassen.

Jetzt drehe ich vorsichtig bis zum „Anschlag" und spreche Silvia vor „Peter, komm raus", sobald sie das nachgesagt hat, drehe ich weiter und der Clown springt heraus. Dies geht eine Zeitlang, bis sie den Clown mit der Hand wegschiebt. Ich verbalisiere „Ich hab keine Lust mehr" (was sie nachspricht).

Silvias Motivation bei diesem Vorgehen ist sehr hoch, bereitwillig spricht sie längere Sätze nach. Geringen Widerstand gibt es eigentlich nur, wenn durch zu häufiges Vor- und Nachsprechen der Spielverlauf massiv gestört wird. Silvias Sprachentwicklung geht jetzt erheblich schneller voran.

Nach einem Jahr, im Sommer '85, konnten wir bereits feststellen:

— Sie spricht 5 bis 6 Silben auf einmal nach (z.B. „alle Bälle raus").
— Sie spricht in der Regel in Mehrwortsätzen (4 bis 5 Worte) am laufenden Band. Die Wörter, die sie verwendet, sind für andere unverständlich, haben aber für sie eine Bedeutung. Sie kann sie anscheinend nicht richtig aussprechen.

— In „kommunikativen" Situationen spricht sie jetzt immer. Sprache ist zum vorrangigen Kommunikationsmittel geworden. Gestik und Mimik sind nur noch Hilfsmittel.

Diese Entwicklung setzte sich auch in der folgenden Zeit fort. Sie verwendete komplizierte Worte wie „vorhichtich" (vorsichtig), spricht in Mehrwortsätzen wie „hole Sprudel, bitte", oder „bitte, ich muß pipi". Da sie sehr schnell und auch verwaschen spricht, g, k und d, t etc. vertauscht, sind manche Worte schlecht zu verstehen. Ihr aktiver Wortschatz ist aber gewaltig gewachsen.

Ein im Juni '86 dokumentiertes Beispiel mag dies verdeutlichen:

19. 6. 1986

viel gesprochen; meist in 3 bis 4-Wort-Sätzen:

— Du malen Papa
— bitte Auge zumachen
— da Motorsäge drauf — ich Papa
— ist das Scheiße
— Nase zieh' ich hoch
— Papa Baum absäge
— da neuer Baum
— ich Angst
— ja wegen Blitz
— Angst vor Blitz
— Du Baum, dicke Wolken, ich Blitz
— Mama ist draußen
— Blitz Baum kaputt
— ich schnell weg
— Du paß auf
— Mama raus draußen — ist Blitz
— da neuer Baum raus

einen vollständigen Satz gesprochen:

— Papa soll den Baum nicht absägen

Silvia verschluckt viele Endungen, z.B. „n" bei male(n), Auge(n), usw. „t" bei nich(t)

Ihre Kommunikationsbereitschaft ist heute völlig normal.

Sie hat keine Wortfindungsschwierigkeiten. Begriffe, die sie kennt, kann sie auch sprechen. Schwierigkeiten hat sie noch mit Artikulation und Syntax. Aber auch dies wird durch die dauernde Übung immer besser. Inzwischen läßt sie sich auch leichter korrigieren und macht systematische Artikulationsübungen bereitwilliger mit.

Probleme bei der Sprachtherapie mit autistischen Menschen

Eine sicherlich allen Therapeuten autistischer Kindern gemeinsame Erfahrung ist es, daß ein wesentliches Hindernis in der Therapie darin besteht, das Interesse des Kindes am Therapieinhalt zu wecken. Die Kinder bleiben in ihrer Entwicklung retardiert, weil sie nicht in der Lage sind, ohne Hilfe ihre dingliche und menschliche Umwelt und die darin herrschenden Gesetzmäßigkeiten zu erkennen, im Einklang mit diesen zu handeln und diese Umwelt dadurch nach ihren Vorstellungen und Wünschen zu verändern.

Sie ziehen sich deshalb von diesen, für sie nicht durchschaubaren Zusammenhängen zurück und konzentrieren sich auf solche, die sie aufgrund ihrer direkten Wirksamkeit (einfache Ursachen-Wirkungszusammenhänge) verstehen können - stereotype, rituelle, zum Teil zwanghafte Verhaltensweisen entstehen.

Die Motivation bei solchen stereotypen Handlungen ist hoch, die Aktivität enorm, der Gewinn für die Entwicklung des Kindes — abgesehen von z.T. unglaublicher Geschicklichkeit — ist gleich Null.

Bei den Handlungen, die wir als Therapeuten oder Eltern den Kindern gerne beibringen würden, weil wir sie als sinnvoll ansehen, sind Motivation und Aktivität meist gering. Das Kind ist bestenfalls desinteressiert, oft auch ablehnend, abwehrend.

Die Verhaltenstherapie versucht diesem Problem von zwei Seiten beizukommen:

Durch stark struktuierte, in einfachste Lernschritte zerlegte Programme soll dem autistischen Kind das Verständnis des zu Lernenden erleichtert werden, durch die nach richtiger Handlung (Reaktion) erfolgte Verstärkung (durch Nahrungsmittel oder auch Lob etc.) wird die Bereitschaft zur Mitarbeit erhöht. Dieses Verfahren, das in den letzten Jahren immer mehr verfeinert wurde[4]), ist zwar nicht die Lösung des Problems, hat aber in vielen Förderbereichen gute Fortschritte bewirkt. Ein Manko dabei ist, daß die Motivation von außen herangetragen wird, die Handlung deshalb auch von außen aufrechterhalten wird, sie vom autistischen Kind nicht in sein spontanes Verhaltensrepertoire übernommen wird.

In der Sprachtherapie autistischer Kinder werden wir mit diesem Problem deutlich konfrontiert. Selbst wenn ein autistisches Kind aufgrund seiner individuellen Voraussetzungen dazu in der Lage ist, über ein verhaltenstherapeutisches Sprachprogramm[5]) zunächst Wörter und später ganze Sätze sinnvoll sprechen zu lernen, so stehen wir doch meistens vor folgenden Problemen:

— es besteht ein Desinteresse an den Sprachübungen,
— allein die gezielte Therapiesituation erbringt sprachliche Fortschritte,
— das Gelernte wird nicht spontan variiert,
— das Erlernte wird nicht spontan eingesetzt, kommunikativ genutzt.

---

[4]) vgl. Bernard-Opitz, Vera 2/85
[5]) vgl. z.B. Kehrer, Ott, Cordes und Wilker, Bremen/Hamburg 1977

Andererseits gibt es autistische Kinder, mit all ihren Zwängen, Wahrnehmungsstörungen, Kontaktstörungen, Stereotypien, die zu einer einfachen, aber variablen Spontansprache fähig sind.

Fehlende Spontansprache muß also kein unabänderliches Merkmal autistischer Kinder sein.

Methode der kommunikativen Sprachtherapie

Ein entscheidender Unterschied zwischen verhaltenstherapeutisch orientierter Sprachtherapie und der kommunikativen Sprachtherapie besteht darin, daß der Inhalt der Therapiestunden nicht mehr detailliert vom Therapeuten vorgegeben wird, sondern im wesentlichen vom Kind. Auch der Ablauf, das Vorgehen orientiert sich in erster Linie an den Bedürfnissen und Interessen des Kindes.

Dies scheint zunächst im Widerspruch zur oben angeführten Feststellung zu stehen, daß autistische Kinder eindeutig strukturierte Lernsituationen benötigen, um etwas verstehen zu können, um Fortschritte zu machen.

Dies gilt nur insoweit, wie wir das Kind in *von uns* ausgesuchte Situationen bringen, es mit *von uns* vorgegebenen Handlungen konfrontieren.

Bestimmt *es selbst* im wesentlichen den Lauf der Dinge, behält es seine Sicherheit, seine Motivation und seine Aktivität.

Der Therapeut tritt dann in sein System, seine Ordnung ein, wird vom Kind darin eingebaut. Dies ist nicht immer leicht, da das Kind zunächst darauf beharren wird, ungestört „seine Kreise zu ziehen". Es wird versuchen, ihn abzuwehren und auszugrenzen. Indem es ihn wegdrückt, sich abwendet, mißmutige Töne ausstößt, weggeht o.ä.

Dies ist bereits eine nonverbale Kommunikation sehr eindeutiger Art. Sie bedeutet, „geh weg", „laß mich in Ruhe", „laß das", „hör auf".

Der Kern der kommunikativen Sprachtherapie besteht nun darin, daß der Therapeut auf diese oder ähnliche nonverbale kommunikative Regungen des Kindes sehr sensibel reagiert und sie in Worte und Sätze faßt, also der inneren Gemüts- und Bedürfnislage des Kindes sprachlich Ausdruck verleiht.

Die einzige Anforderung an das Kind besteht darin, daß es diese Worte oder Sätze wiederholt, so gut es das vermag.

Entscheidend ist dabei weder die Zahl der Worte noch die Länge der Sätze, auch nicht, daß Außenstehende das Gesprochene überhaupt verstehen. Entscheidend ist, daß das Kind ein aktuelles Bedürfnis artikuliert (z.B. „hör auf") und anhand der Reaktion des Therapeuten erkennt, daß seine sprachliche Äußerung etwas bewirkt.

Dies setzt voraus, daß der Therapeut die Situation richtig einschätzt und mit seiner sprachlichen Vorgabe die Bedürfnisse des Kindes

a) möglichst genau trifft,

b) so verbalisiert, daß das Sprachverständnis des Kindes nicht überfordert ist.

Der Grundgedanke besteht also darin, daß das Kind in einer von ihm selbst herge-
stellten hochmotivierten Situation eine seiner Bedürfnis- oder Empfindungslage ent-
sprechende verbale Äußerung macht, mit der es umgehend etwas Gewünschtes
bewirkt.

Als Einstieg in die kommunikative Sprachtherapie bieten sich z.B. kleine Störungen stereotyper Aktivitäten des Kindes an. So drehte z.B. ein Junge gerne meinen
Ehering auf dem Tisch. Ich verdeckte den drehenden Ring mit der Hand und sagte in seinen Ärger hinein „Gib her!". Diese Äußerung mußte er wiederholen und
bekam daraufhin sofort den Ring. Es ist erstaunlich, wie schnell Kinder den Ärger
über diese Störung überwinden, weil sie merken, daß ihre sprachliche Äußerung
"Gib her", den Ring sofort zurückbringt. In kurzer Zeit wurde die ganze Situation
inklusive der Sprache zu einem Spiel. Die Äußerung „Gib her" kam schon bald
spontan.

Ein weiterer erster Ansatzpunkt ist die Unterbrechung einer für das Kind angenehmen Handlung des Therapeuten. Dies geht besonders gut im Zusammenhang mit
propriozeptiver Stimulation.

Der Therapeut gibt dann Äußerungen vor wie „nochmal", „mehr", „weiter" o.ä. Sobald das Kind die Äußerung auch nur annähernd imitiert hat, macht der Therapeut
weiter. Nach einiger Übung stellt man schnell fest, daß fast jede Situation oder
Handlung, die man zusammen mit dem Kind erlebt, ausreichend Ansatzpunkte
für die kommunikative Sprachtherapie bietet.

Hilfreich ist für mich immer die Überlegung, was würde das Kind jetzt fragen, sagen oder fordern, wenn es sprechen könnte, welcher Gedanke ist jetzt wohl in seinem Kopf.

Wie man diesen „Gedanken" verbalisiert, ob man kurze Worte verwendet oder
längere Sätze, hängt vom Kind ab. Entscheidende Bedingung ist, daß das Kind
das Vorgesagte eindeutig versteht. Es ist nicht erforderlich, daß alles korrekt
nachgesprochen wird. Es geht nicht in erster Linie darum, daß das vom Kind Gesprochene auch von anderen verstanden wird — es selbst weiß ja, was es zu sagen versucht —, sondern darum, daß das Kind bereitwillig, motiviert und aufmerksam möglichst viel nachspricht und erkennt, daß es durch die verbale Kommunikation unmittelbar etwas erreicht.

Dadurch bekommt es zunehmend mehr Übung im Umgang mit seinen Sprechwerkzeugen, lernt die Stellung der Zunge, des Gaumensegels, des Unterkiefers,
der Lippen usw. variieren, die Atmung verbessert sich[6].

Die Sprache wird dadurch flüssiger, die Koordination zwischen den Sprechwerkzeugen verbessert sich, dem Kind gelingt es, die Laute und Silben, die es aussprechen will, besser zu bilden.

Man sollte dabei mit sich selbst und dem Kind nicht ungeduldig werden. Schließlich hat es jahrelang nur bestimmte oder gar keine Laute spontan von sich gegeben, hat wenig Übung im Umgang mit seinen Sprechwerkzeugen. So wie ein

---

[6]) Natürlich sollten hierzu auch gezielte Übungen durchgeführt werden, vgl. dazu Weinert, 1977;
Schmidt-Giovannini 1976

Kleinkind auch jahrelang lautiert und „übt", bis es verständliche Worte und Sätze spricht, muß auch das autistische Kind die „handwerkliche" Seite des Sprechens oft erst erlernen. Deshalb sollte das Vorgesprochene auch stark variieren. Man gibt nicht immer nur „hör auf" vor, sondern auch „laß das", „geh weg", usw.

Je leichter einem Kind das Nachsprechen fällt, desto länger sollte das Vorgegebene sein und desto zahlreicher auch die nachzusprechenden Silben.

Ein Beispiel:

Der Therapeut sieht, wie das Kind bei einem Puzzlespiel immer wieder zum Radio hinüberschaut. Er gibt vor: „Ich möchte Musik hören". Dann spricht er einzeln vor: „ich", das Kind spricht nach: „ich", Therapeut: „möch", Kind: „möch", Th.: "te", Kind: „te", Th.: „Mu", Kind: „Mu", Th.: „sik", Kind: „sik", Th.: „hö", Kind: „hö", Th.: „ren", Kind: „ren" und macht dann sofort das Radio an.

Spricht das Kind gut nach, wird er vorsprechen: Th.: „ich möchte „, Kind: „ich möchte", Th.: „Musik", Kind: „Musik", Th.: „hören", Kind: „hören".

Sobald dem Kind einzelne Laute oder Silben leichter fallen, versucht man (nachdem der ganze Satz vorgegeben worden ist), das silbenweise Vorsprechen so zu verkürzen, daß das Kind das verlangte Wort von sich aus „findet" und ausspricht. Das Wort wird nur angedeutet.

In unserem Beispiel Th.: „i", Kind: „ich", Th.: „m", Kind: „möchte", Th.: „Mu", Kind: „Musik hören". Man soll dem Kind also nur soviel Hilfe geben, wie es benötigt.

Dies ist ein wichtiger Schritt bei der Entwicklung der Spontansprache. Selbstverständlich reagieren wir nicht mehr auf nonverbale Kommunikation wie „zeigen", „zu einem Gegenstand ziehen", usw. Die verbale Kommunikation — über das Nachsprechen — wird zur entscheidenden Verbindung zwischen Kind und Therapeut.

Zusammenfassung

1. Das Kind bestimmt den Ablauf der Therapie durch seine Interessen und Handlungen.

2. Der Therapeut bringt sich ein und wirkt mit. Er versucht eine Interaktion herzustellen, ohne die Motivation des Kindes langfristig zu stören.

3. Wesentliche Aufgabe des Therapeuten ist die möglichst treffende Verbalisierung des jeweils vorherrschenden Bedürfnisses oder der Empfindung des Kindes.

4. Der Therapeut besteht darauf, daß das Kind das vollständig (also in seinem Sinn erkennbare) Vorgesagte zunächst silbenweise, später in größeren Einheiten wiederholt.

5. Die sprachliche Äußerung des Kindes muß — zumindest in der Anfangszeit — ein für das Kind positives Erlebnis bewirken.

6. Bei der Durchführung ist auf folgendes zu achten:

— Das Kind muß die Bedeutung des Gesprochenen verstehen können.

— Der Therapeut spricht das zu Sagende zunächst insgesamt vor, so daß das Kind weiß, worum es geht, dann spricht das Kind das zu Sagende je nach seinen Fähigkeiten nach: entweder als ganzen Satz, Wort für Wort oder auch Silbe für Silbe (Worte bzw. Silben werden dabei noch einmal einzeln vorgesagt). Das Kind muß dem Therapeuten beim Nachsprechen auf den Mund schauen bzw. ihn anschauen.

— Sobald das Kind das Prinzip verstanden hat, sollte man die Zahl der nach- zusprechenden Silben bzw. Worte erhöhen. Dadurch soll erreicht werden, daß das Kind aufgrund der zusätzlichen Übung sicherer in der Artikulation wird und „flüssiger" in der Aussprache.

— Die Zahl der jeweils auf einmal vor- und nachgesprochenen Silben/Worte sollte systematisch erhöht werden. Wenn das Kind einige Übung hat, wer- den bekannte Worte nur noch angedeutet, so daß das Kind sie von sich aus spricht.

— Der sprachliche Eingriff in das Spiel, in das Handeln des Kindes, muß im- mer so gestaltet werden, daß er als kurzfristige Unterbrechung akzeptiert wird, insgesamt aber die Motivation des Kindes nicht zerstört.

— Deshalb ist es auch nicht sinnvoll, darauf zu bestehen, daß das Nachge- sprochene deutlich verstehbar ist. Artikulationsübungen können zusätzlich eingeführt werden. Im Vordergrund steht die sprachliche Kommunikation des Kindes mit dem Therapeuten.

— Eltern und andere Bezugspersonen sollten in die Therapie eingewiesen und zu einem entsprechenden Umgang mit dem Kind angeleitet werden.

Schlußbemerkung

Die kommunikative Sprachtherapie ist inzwischen bei einer Reihe weiterer, meist stärker behinderter Kinder angewandt worden.

Die positiven Erfahrungen, die ich bei Silvia machte, haben sich wiederholt.

Neben den Fortschritten im sprachlichen Bereich fällt auf, daß alle Kinder kommu- nikativer werden, im Spiel auf den Therapeuten besser eingehen, einen besseren Blickkontakt bekommen und insgesamt offener erscheinen.

Kommunikative Sprachtherapie sollte nicht die einzige Behandlungsmethode bei einem autistischen Kind sein.

Die Grundlage für jede Kommunikation, insbesondere aber die sprachliche, ist schließlich ein gemeinsames Verständnis der uns umgebenden Dinge, der Abläu- fe, die wir gestalten oder in die wir eingebunden sind.

Dieses Verständnis ist bei autistischen Kindern sehr bruchstückhaft und muß mühsam entwickelt werden. Dazu bedarf es anderer Therapiemethoden wie des

Wahrnehmungstrainings, der sensorisch-integrativen Behandlung, der VT oder der Psychomotorik.

In diesem Sinne sollte die kommunikative Sprachtherapie, wenn die Voraussetzungen gegeben sind, Teil eines Gesamttherapiekonzeptes[7]) sein.

Literaturverzeichnis

ARENS, Ch., CORDES, H., DOERING, Wa., DOERING, Wi., DZIKOWSKI, St., HELBIG, V.: Förderung autistischer Kinder; Konzept des Bremer Projekts. Bremen 1987

Dr. BERNARD-OPITZ, V.: Neue Ansätze in der Verhaltensmodifikation autistischer Kinder. In: Beschäftigungstherapie und Rehabilitation, Heft 2/85

FRITH, KEHRER, OTT, CORDES/WILKER: Sprachtherapie bei autistischen Kindern. Hamburg/Bremen 1977 / Hrsg. Bundesverband

LEONTJEV, A. A.: Sprache - Sprechen - Sprechfähigkeit / Kohlhammer 1971

MC NEILL, D.: Der Spracherwerb. Schwann. Düsseldorf 1974

PIAGET, J.: Sprechen und Denken des Kindes. Schwann, Düsseldorf 1975

SCHMIDT-GIOVANNINI, S.: Sprich mit mir. Marhold, Berlin 1976

SHUKOWA, u.a.: Die Überwindung der verzögerten Sprachentwicklung bei Vorschulkindern. VEB Verlag Volk und Gesundheit, Berlin 1978

van den HOVEN, M. und SPETH, L.: Motorik ist mehr als Bewegung. Marhold 1974

WEINER, H.: Die Bekämpfung von Sprechfehlern, VEB Verlag Volk u. Gesundheit, Berlin 1977

WING, J. K.: Frühkindlicher Autismus. Beltz Verlag 1973

WYGOTSKI, L. S.: Denken und Sprechen. Fischer Taschenbuch 1977

---

[7]) vgl. Förderung autistischer Kinder, Bremen 1987

Außenseitermethoden in der Behandlung des autistischen Syndroms

Hans E. Kehrer

Der frühkindliche Autismus, neutraler als autistisches Syndrom bezeichnet, ist eine schwere, chronische Verhaltensstörung, deren allgemeine Prognose nicht sehr gut ist. Das darf jedoch nicht zu therapeutischem Defätismus führen; denn Besserungen sind auch bei schweren Fällen, bei den günstigeren Verläufen ohne stärkere geistige Behinderung sogar oft sehr erfreuliche positive Veränderungen durch sachgerechte Behandlung zu erzielen.

Welche Behandlungsmethoden bei autistischen Menschen erfolgreich sein können, ist Gegenstand dieses Buches. Dabei muß ganz klar gesagt werden, daß es d i e allein hilfreiche Methode nicht gibt. Die unterschiedliche Symptomatik, die wechselnden, auch von der Entwicklung abhängigen Verläufe lassen das auch gar nicht erwarten. Jede Therapie eines autistischen Menschen kann nur ganz individuell geplant werden. Bei der Planung und Durchführung der Therapie spielen selbstverständlich auch die Ausbildung des Therapeuten und seine eigenen bisherigen Behandlungserfahrungen eine große Rolle. Wer mit einer bestimmten Methode gute Erfahrungen gemacht hat, wird sie sicherlich bevorzugt anwenden und sollte dies auch tun. Polypragmasie, d.h. das Herumprobieren mit vielen verschiedenen Behandlungsmaßnahmen, ist sicherlich von Übel.

Andererseits kann man verstehen, daß Eltern autistischer Kinder, bei denen manche Therapieversuche keine oder nur geringe positive Wirkungen gehabt haben, sich an jeden Hoffnungszweig klammern, daß sie jedes Angebot aufgreifen, welches ihnen zur Kenntnis kommt. Ein solches Elternverhalten ist legitim, entspricht auch der berechtigten Furcht, evtl. etwas zu versäumen und sich später Vorwürfe machen zu müssen.

Das Behandlungsangebot ist vielfältig. Das geht auch aus den in diesem Buch gesammelten Artikeln hervor. Dabei ist es notwendig, bei der Auswahl der Therapie sehr kritisch zu sein. So muß man sich manchmal fragen, wem nützt die Therapie am meisten, dem Behandelten oder dem Therapeuten. Denn leider gibt es auch auf diesem Gebiet Scharlatane, für die der wirtschaftliche Nutzen wichtiger ist als der Behandlungserfolg.

Wenn jetzt von *Außenseiter*methoden die Rede sein soll, so muß zunächst erklärt werden, was damit gemeint ist. Es gibt beim autistischen Syndrom eine Reihe von seit langem bewährten Behandlungsmethoden. Dies sind vor allem, neben manchmal zweckmäßigen Medikamentgaben, lerntheoretisch begründete Verfahren (nicht nur operantes Koordinieren!), die es dem autistischen Menschen ermöglichen sollen, trotz seiner Wahrnehmungsverarbeitungsstörung möglichst normal zu reagieren und damit ein den Verhaltensnormen so weit wie möglich angeglichenes Leben zu führen. Das Repertoire der schon lange erprobten und vielfach erfolgreichen Behandlungsverfahren ist weit gefächert. Dem stehen solche gegenüber, die sich — noch — nicht bewährt haben, die von zu wenig erfahrenen Therapeuten stammen oder die ganz unspezifisch sind. Ein weiteres Kriterium von etlichen therapeutischen Außenseitermethoden ist die Tatsache, daß sie nicht in anerkannten wissenschaftlichen Zeitschriften veröffentlicht und/oder bei Expertenkongressen vorgetragen und zur Diskussion gestellt worden sind.

In den folgenden Ausführungen sollen einige Außenseitermethoden kritisch beleuchtet werden: Die Megavitamin-Behandlung, diätetische Maßnahmen, die Frischzellentherapie, die Tomatis-Therapie und die Methode nach Delacato. Die Festhaltetherapie, die basale Stimulation und die sensorische Integration erfüllen in mancher Hinsicht auch nicht die Kriterien einer „allgemeinen wissenschaftlich anerkannten Heilmethode". Mit ihnen setzen sich aber schon mehrere Artikel dieses Buches auseinander.

Die Behandlung mit *Vitaminen* ist da dringend erforderlich, wo Mangelzustände zu Krankheitserscheinungen führen, also Vitamin C beim Skorbut, Nikotinamid bei Pelagra, Vitamin D bei Rachitis, um nur einige Beispiele zu nennen. Ob Vitamingaben auch dann wirksam sind, wenn keine Mangelerscheinungen vorliegen, wenn also der Stoffwechsel normal ist, ist umstritten. Es ist bis heute nicht eindeutig erwiesen, ob hohe Dosen von Vitamin C tatsächlich grippale Infekte verhindern oder verbessern. Ähnliches gilt von Vitamin B_6 und Nikotinamid bei neurologischen Krankheiten.

B. RIMLAND hat vor 14 Jahren zum ersten Mal hochdosierte Vitamingaben zur Behandlung von Kindern „mit schweren Geisteskrankheiten" empfohlen. Er gab 37 Autisten 2 Tabletten Vitamin-B-complex 200 mg Pantothensäure, 1 - 3 g Askorbinsäure, Nikotinamid und 150 - 450 mg Vitamin B_6. Bei 59 % der Patienten soll sich der Zustand gebessert haben. Später hat RIMLAND (1978) 16 autistischen Kindern nur Vitamin B_6 (Pyridoxin) in nicht näher spezifizierten hohen Dosen verabreicht und dabei ebenfalls Besserungen erzielt. Diese sollen wieder zurückgegangen sein, als das B_6 ohne Wissen der Eltern und Betreuer durch ein Placebo ersetzt wurde. Schließlich hat RIMLAND eine Kombination von 12 Vitaminen (A, B_1, B_2, B_6, C, D, Nikotinamid, Pantothensäure, B_{12}, Folsäure) plus Spurenelementen, vorwiegend Calcium und Magnesium zusammengestellt, die sich auf das autistische Syndrom günstig auswirken soll.

Die Anwendung von Pyridoxin (B_6, 30 mg/Körpergewicht) plus Magnesium (zwischen 400 und 1500 mg) bei autistischen Kindern wurde 1981 von LELORD und Mitarbeitern überprüft. Während der Medikation besserte sich bei 15 von 44 Probanden (34 %) der Kontakt. Emotionelle Ausbrüche, Negativismus und Selbstbeschädigung gingen zurück. Die Kinder seien besser ansprechbar gewesen. Diese Behandlungserfolge gingen bei 14 der gebesserten Kinder wieder zurück, wenn B_6 und Magnesium nicht mehr gegeben wurden. Es ließ sich nicht eruieren, wovon es abhing, ob ein autistisches Kind auf diese Behandlung ansprach oder nicht. Die Gebesserten waren eher etwas atypische Autisten mit Begleitkrankheiten und anderen Verhaltensstörungen, also weniger „Kernautisten". Ein großer Teil der behandelten Gruppe erhielt während des Therapieversuchs auch noch andere Medikamente, vorwiegend Psychopharmaka.

Es ergibt sich also, daß die Behandlung mit hohen Dosen von Vitamin B_6 und Magnesium bei etwa einem Drittel der autistischen Kinder positive Wirkungen zeigt. Da schädliche Wirkungen dieser Medikation kaum zu erwarten sind, sollte man einen Behandlungsversuch dann machen, wenn andere Therapiemaßnahmen fehlschlagen. Ob die große Kombination von 10 Vitaminen und Spurenelementen der B_6 und Magnesium-Therapie überlegen ist, ist offen. In den etablierten wissenschaftlichen Zeitschriften ist seit 1981 zu diesem Thema nichts publiziert worden. Aus meiner persönlichen Erfahrung kann ich sagen, daß im Laufe der Jahre nur wenige Eltern über länger anhaltende Besserungen bei Vitamin-Therapie berichtet haben.

Die zweite Behandlungsmaßnahme zur Besserung autistischer Verhaltensweisen, die als Außenseitermethode gelten muß, ist die Anwendung bestimmter *Diätformen*. Von der Annahme ausgehend, daß bestimmte außergewöhnliche Verhaltensweisen, vor allem die Überaktivität (das sog. hyperkinetische Syndrom) etwas mit allergischen Vorgängen zu tun hat, hat der Amerikaner B. F. FEINGOLD (1975) eine Diät empfohlen, die keine künstlichen Farbstoffe und keine Salicylate enthält. Die von FEINGOLD anfangs beschriebenen Erfolge, d.h. die Beruhigung der hyperaktiven Kinder hielt einer wissenschaftlichen Prüfung nicht stand. Die Eliminationsdiät wurde gelegentlich sogar als schädlich angesehen. Sie ist nicht speziell beim kindlichen Autismus empfohlen worden.

Bei autistischen Kindern ist hingegen die Frage aufgeworfen worden, ob die häufig vorhandenen eigentümlichen Eßgewohnheiten (Verweigerung, Heißhunger etc.) bewirken könnten, daß die eingenommene Nahrung vom Standpunkt des Nährwertes oder durch den Mangel bestimmter zugeführter Stoffe — etwa Vitamine — ungenügend sei und dadurch Verhaltensstörungen produziert werden könnten. R. RAITEN und Th. MASSARO haben dies 1986 an 40 Autisten und 38 Kontrollkindern überprüft. Sie stellten zwar bei den Autisten fest, daß größere Mengen an Proteinen, Carbohydraten, Nikotinamid, Vitamin B_1, B_3, Calcium, Phosphor und Eisen zugeführt wurden als bei der Kontrollgruppe, konnten die Differenz jedoch durch ein etwas höheres Alter und damit verbundenes größeres Nahrungsbedürfnis erklären. Die Eltern und die sonstigen für die Ernährung zuständigen Personen erschienen bei den autistischen Kindern mehr diätbewußt und gaben sich besondere Mühe mit der „richtigen" Ernährung. Bei einer anderen Studie hatten SHEARER und Mitarbeiter (1982) gefunden, daß autistische Kinder (n = 12) etwas weniger Calcium und Vitamin B_2 zu sich nahmen als eine Kontrollgruppe (n = 10).

Eine neue Außenseitermethode zur Behandlung von Verhaltensstörungen ist 1975 in Deutschland durch die Phosphathypothese aufgekommen. H. HAFER hat diese Hypothese folgendermaßen formuliert: „MBD-Kinder (MBD = minimal brain dysfunction) gehören einer endokrinen Extremvariante an, die durch Insuffizienz des Noradrenalinstoffwechsels charakterisiert ist und auf Phosphatzusatz in der Nahrung mit metabolischer Alkalose reagiert, welche zu den bekannten Erscheinungen der motorischen Unruhe und derjenigen Verhaltensstörung führt, die als ‚minimal brain dysfunction' bezeichnet wird. Amphetamine bzw. Methylphenhydat - H-CI durchschlagen die endogene Eigenart dieser Kinder." Da sehr viele autistische Kinder auch sehr unruhig sind und als MBD-Kinder gelten können, lag es nahe, diese Hypothese auch auf sie anzuwenden.

HAFER hat nun eine spezielle Diät entwickelt, die nicht nur die phosphathaltigen Zusatzstoffe aus der Nahrung eliminiert, sondern auch die natürlichen Phosphate reduziert. Die sehr gründliche Überprüfung der Postulate von HAFER, daß auch natürliche Nahrungs-Phosphate Unruhezustände provozierten, durch B. WALTHER (1982) hat derartige Korrelationen nicht bestätigt. Es erwies sich, daß es sich wohl vorwiegend um Placebo-Effekte handeln müsse. „Unsere zweimaligen Doppelblindversuche konnten ... einen statistisch bedeutsamen Zusammenhang von Verhaltens- und Leistungsstörungen mit der Verabreichung von Phosphat nicht nachweisen."

Es ist kaum zu erwarten, daß für autistische Kinder andere Kriterien gelten als für solche, die — nur — hyperkinetisch sind. Es kann deshalb zur Phosphatdiät nicht geraten werden, zumal eine derartige einschränkende Diät nicht ganz frei von Risiken — Mangel an evtl. notwendigen Nährstoffen — ist. Gelegentlich gemeldete positive Wirkungen dürften doch wohl mit irgendwelchen Imponderabilien - Suggestivwirkungen, also Placeboeffekten zusammenhängen.

Eine weitere, schon sehr lange bekannte Außenseitermethode, deren Wirkung in der letzten Zeit auch für das autistische Syndrom geltend gemacht worden ist, ist die Frischzellentherapie. Behauptete Erfolge bei Mongoloiden (Down-Syndrom) halten einer kritischen Prüfung nicht stand. Durch die Injektion von Frischzellen wird in das Immunsystem eingegriffen, was evtl. vorübergehende Entwicklungsschübe in Gang setzen kann. Diese gleichen sich innerhalb von wenigen Wochen wieder aus (HOENE, 1987). Hierzu kommt, daß es gelegentlich schwere allergische Reaktionen und Schockerscheinungen gibt, vor denen das Bundesgesundheitsministerium und kürzlich das Bundesgesundheitsamt gewarnt haben. Ich persönlich habe in meinem langjährigen praktischen Umgang mit autistischen Menschen noch nie gesehen, daß durch Frischzellentherapie *autistische* Symptomatik gebessert wurde.

In den letzten Jahren ist zu den genannten Außenseitertherapien die Methode von TOMATIS hinzugekommen. Die Urteile der Eltern, die sie bei ihrem Kind angewandt haben, sind ganz unterschiedlich: Meldungen über gute Erfolge (Gisela Greiser, 1985) stehen negative (Nicosia Nieß, 1987) und sehr kritische Berichte (Dorothea Lentkitsch-Gnädinger, 1985) gegenüber. Die Frage nach der Effektivität der Tomatis-Therapie sollte von zwei Gesichtspunkten aus angegangen werden: 1. vom Aspekt der wissenschaftlichen Begründung des Vorgehens und 2. von der rein pragmatischen, empirischen Seite.

Prof. A. TOMATIS hat als Hals-Nasen-Ohrenarzt in Paris einige Hypothesen entwickelt. Diese sind nicht in den wissenschaftlichen Büchern und Zeitschriften veröffentlicht worden, die sich ernsthaft mit dem Thema „autistisches Syndrom" beschäftigen. Sie sind auch nicht auf Tagungen über das Thema Autismus vorgetragen und diskutiert worden.

Die Hypothesen von TOMATIS sind eine Mischung von Neurophysiologie und Psychoanalyse. Man kann sie nur schwer nachvollziehen. Mir liegt ein Vortrag von TOMATIS in deutscher Übersetzung vor, den dieser auf dem 2. Internationalen Kongreß für Audio-Psycho-Phonologie in Paris 1972 gehalten hat. Er beginnt mit mehr anekdotischen Berichten über Flugzeugpiloten und Sänger. Erklärungen mit behavioristischen Begriffen wie „bedingter Reflex" und „feedback" sind in diesem Zusammenhang dubios. Ausführungen über die Physiologie des Ohres sind zumindest sehr eigenwillig: „Ich bitte Sie nun, sich fortan immer bewußt zu bleiben, daß das Ohr nicht zum Hören ist . . ."; „Die Herzpumpe reicht nicht aus zur Versorgung des Gehirns . . .". Sodann äußert sich TOMATIS über das intrauterine Leben des Foeten und zitiert wissenschaftlich schwer haltbare Hypothesen über dessen Gefühle und Erlebnisse. Er geht u.a. so weit, zu behaupten, „daß die Lebenskraft des Menschen durch das Ohr bestimmt wird." Das öffne oder verschließe sich zur Kommunikation, je nachdem, ob die erste Beziehung (gemeint offenbar die zwischen Mutter und Kind) angenommen oder zurückgewiesen werde. In den weiteren Ausführungen wird der Vorgang des Hörens mit der allgemeinen Perzeption, mit den komplizierten Vorgängen der Reizverarbeitung, der Wahrnehmungssynthese und des Denkens gleichgesetzt. Schließlich stellt TOMATIS die Hypothese auf, das Ohr sei für die "Energieladung des Gehirns" verantwortlich.

TOMATIS hat für seine Therapie einen Apparat entwickelt, das sog. elektrische Ohr. Mit diesem werden aus dem Tonangebot, z.B. aus der Musik, bestimmte Frequenzen herausgefiltert. Dies geschieht in unterschiedlicher Weise, was die Frequenz und das rechte oder linke Ohr anbetrifft. Die Patienten müssen über viele Stunden die gefilterten Tonangebote anhören. Hierzu gehört bei Kindern auch die Stimme der Mutter, die z.T. so gefiltert wird, daß sie dem Höreindruck des Foeten im Uterus ähnelt.

Über die Erfolge der Tomatis-Therapie hat eine kanadische Schriftstellerin, Patricia JOUDRY, ein Buch geschrieben, das unter dem Titel "Gesundheit aus dem Walkman" ins Deutsche übersetzt wurde. Nach dieser Autorin werden bei folgenden (Befindens)-Störungen Therapieerfolge erzielt: Hörstörungen, einschließlich Ohrgeräuschen und Schwindel, Geräuschempfindlichkeit, Schwierigkeiten von Sängern beim Singen, Sprachstörungen (u.a. Stottern), Lesestörungen (Legasthenie), Lern- und Arbeitsstörungen, Kopfschmerzen (Migräne), erhöhter Blutdruck, Halswirbelsäulensyndrom, Eßstörungen (Übergewicht), Sorgen und Angst. Positiv veränderten sich angeblich auch die Energie, die geistige Klarheit und der Schlaf. Eine Frau konnte besser Kreuzworträtsel lösen, eine andere benötigte beim Zahnarzt keine Anästhesie. Sogar ein besonders unruhiger Cockerspaniel wurde durch die Tomatis-Behandlung ruhiger.

Nach Ansicht von Patricia JOUDRY ist diese Therapie zwar nicht wissenschaftlich untersucht, aber „jeden Tag in der Arena des Lebens getestet".

Vom autistischen Syndrom ist in dem Buch von Joudry nicht die Rede. Die Beziehung zum Autismus wird in folgender Weise hergestellt. In einer Schrift ohne Datum, die nach Angaben der Ehefrau Lena Tomatis für einen nicht bekannten Empfänger von Prof. TOMATIS verfaßt und von Werner Schwalm, Gesamtschule Soden-Allendorf, ins Deutsche übersetzt wurde, sind folgene Hypothesen aufgestellt worden: „Ohne nachzuforschen, *warum* das autistische Kind nicht zuhört, sind wir sicher, daß es hören kann, aber daß es sich bewußt (überlegt) weigert, zuzuhören". Das Kind weigere sich, die Sprache in seine Welt einzufügen. Der kindliche Autismus beruhe auf einer ganz frühen, schon intrauterinen Störung. Der Embryo könne bereits zuhören. „Das Ohr des Foeten nimmt in bemerkenswerter Weise die Stimme seiner Mutter wahr. Auf diese Weise besteht ein Austausch, eine echte Übereinstimmung zwischen der Mutter und ihrem Kind ... Vor dem Hintergrund der innigen, täglichen und dauernden Beziehungen ... erlebt der Foetus bereits ein Gefühl des Entzückens, das durch das Plätschern der Stimme der Mutter hervorgerufen wird. Dort und nicht woanders beginnt das Verlangen zuzuhören!" Wenn sich aus irgend einem Grund dieses Verlangen nicht abzeichne oder „wenn es bereits in seinem Ursprung abstirbt, werden tiefgreifende Störungen der Kommunikation auftreten, deren Folgen wir kennen".

Die Therapie besteht also nach TOMATIS darin, daß das autistische Kind über das elektrische Ohr lernt „wieder zuzuhören", und zwar auf die Stimme der Mutter, so wie es sie aus dem Uterus gehört hat. Damit wird — ohne jeden Beweis! — unterstellt, daß bei dem Foeten, der später Autist wird, die Fähigkeit des „Zuhörens" unterbrochen worden sei. Wie das zustande kommen soll, bleibt dunkel.

Diese Hypothesen sind wie viele andere tiefenpsychologische nicht zu beweisen und werden von den meisten modernen Autismusforschern abgelehnt. Sie sind m.E. auch deshalb schwer nachzuvollziehen, weil sie keine Erklärung dafür abgeben, warum gerade das autistische Kind im Uterus andere Erlebnisse haben soll als eines, daß sich später normal entwickelt. Diese unbewiesenen tiefenpsychologischen Hypothesen haben auch noch den Nachteil, daß sie bei den Müttern Schuldgefühle hervorrufen; denn es wird irgendwie unterstellt, daß sie sich in der Schwangerschaft falsch verhalten und damit ihr Kind geschädigt hätten.

Einleuchtender, aber von TOMATIS nicht klar präzisiert, wäre eine Erklärung der Wirkung des „elektrischen Ohres" auf die bei autistischen Kindern zweifellos gestörte Wahrnehmungsverarbeitung. Diese Störung betrifft zwar auch die optische Wahrnehmung, wirkt sich aber im Akustischen stärker aus. Autistische Kinder erscheinen oft wie taub, obwohl ihre periphere Wahrnehmung durch das Ohr normal funktioniert. Es würde also evtl. einleuchten, mit gefilterten Tönen, z.B. musikalischer Art, die Wahrnehmung über das Ohr in irgendeiner Weise zu trainieren. Wenn man auf diese Weise vorgehen wollte, sollte man aber im Einzelfall vorher untersuchen, welche Rolle die akustische Wahrnehmung bei dem betreffenden Kind spielt. Eine wahllose Beschallung aller Autisten mit dem Anspruch, sie auf diese Weise zu heilen, ebenso wie Legastheniker und die vielen oben genannten Befindungsstörungen, ist ein unwissenschaftliches Vorgehen.

Was weiter verlangt werden sollte, sind exakte empirischen Untersuchungen. Bevor man die Tomatis-Therapie in das Repertoire der anderen Behandlungsmethoden des autistischen Syndroms aufnehmen könnte, müßte der Erfinder und Begründer dieser Therapie einen Bericht über die Wirkung bei autistischen Menschen, über Erfolge und Mißerfolge in einer kontrollierten Studie vorlegen, die in einer anerkannten wissenschaftlichen Zeitschrift publiziert oder auf einem Kongreß, bei dem Autismusexperten anwesend sind, vorgetragen und diskutiert wird.

Einzelmitteilungen von Tomatis-Anhängern, die manchmal eher anekdotischen Charakter haben, genügen hier nicht. Ihnen stehen ohnehin Berichte enttäuschter Eltern gegenüber.

Wie oben schon ausgeführt wurde, tendieren Eltern von autistischen Kindern, die mit anderen Behandlungsverfahren keine positiven Erfahrungen gemacht haben, dazu, therapeutische Methoden zu übernehmen und für ihr Kind auszuprobieren, die ihnen von Bekannten empfohlen werden. Bei einer solchen Therapie gibt es sicher auch ebenso wie bei Medikamenten, Placebo-Effekte. Eine Behandlung, die sehr teuer ist und für die man viel Eigeninitiative aufbringen muß — Reise nach Paris —, hat einen hohen Erwartungswert. Durch ihre Hoffnungen werden die Eltern auch positiv gestimmt, was sich wiederum auf das Kind günstig auswirken kann, indem die Eltern mit ihm anders umgehen als bisher. Die gemeinsame Reise mag als weiteres Placebo hinzukommen.

Man sollte Eltern, die die finanziellen und sonstigen Aufwendungen einer solchen Behandlung auf sich nehmen wollen, nicht daran hindern, ihnen auch nicht von einem Versuch abraten; denn jede Maßnahme, die bei den oft so schwer gestörten Kindern und Jugendlichen auch nur eine kleine Bersserung verspricht, könnte sich — auch im Verein mit anderen wissenschaftlich anerkannten Methoden — irgendwie günstig auswirken. Es kann jedoch von den Kostenträgern (Krankenkassen etc.) nur in seltenen Ausnahmefällen erwartet werden, daß sie diese kostspielige Therapie bezahlen.

Seit etwa 12 Jahren ist im deutschsprachigen Raum eine Behandlungsmethode bekannt, die der amerikanische Psychologe und Pädagoge Carl H. DELACATO aus Philadelphia entwickelt hat. In einem populär geschriebenen Buch „Der unheimliche Fremdling. Das autistische Kind. Ein neuer Weg zur Behandlung", das bereits ein Jahr nach seinem Erscheinen in Amerika 1975 auf Deutsch vorlag, beschreibt der Autor seine eigenen Hypothesen über das autistische Syndrom. Die offizielle und etablierte angelsächsische Wissenschaftsliteratur hat hiervon bisher nicht Kenntnis genommen.

Die Hypothesen sind, wie bei den anderen Außenseitern, recht eigenwillig: „1. Autistische Kinder sind nicht psychisch krank. Sie sind hirnverletzt". Die 2. Aussage mag für viele Autisten zutreffen, obwohl das Wort „verletzt" unglücklich gewählt ist. Daß sie nicht psychisch krank sind, muß stark bezweifelt werden; aber es ist müßig darüber zu streiten, ob man so schwere Verhaltensstörungen als krankhaft bezeichnen soll oder nicht. Jedenfalls stellen die beiden Sätze keine Alternativen dar: Man kann sehr wohl hirnverletzt *und* psychisch krank sein.

Der 2. Satz der Hypothesen, die „Hirnverletzung" verursachte eine Wahrnehmungsstörung, d.h. eine Störung von Sinnesbahnen, kann ohne weiteres akzeptiert werden. DELACATO ist nun der Meinung (3. Satz), daß die Sinnesbahnen einmal weit offen (Hyper), ein anderes Mal nicht offen genug seien (Hypo). Das Gehirn würde also einmal von Sinnesreizen überschwemmt, das andere Mal depriviert. Schließlich schaffe sich die Sinnesbahn selbst Eigenreize (Weißes Geräusch), wodurch die Wahrnehmung von außen gestört würde.

Diese Annahmen lassen sich schwer nachvollziehen. Sie sind ein eigenwilliges Konstrukt, das nur zum Teil auf beobachtbarem Verhalten beruht.

Auch in den nächsten Sätzen der Hypothesen stellt DELACATO eigenartige Behauptungen auf, die einer kritischen Würdigung kaum standhalten, wie z.B. die Prägung des Begriffes „Sensorismen", die aussagen, das Kind versuche sich selbst zu heilen, sein Verhalten berge eine Botschaft in sich etc.

Das Therapieziel DELACATOS ist es, nach der Feststellung, welche Sinnesbahnen gestört sind, diese „zu normalisieren". Das geschieht in zwei Stufen: der „Überlebensphase" und der „zentralen Behandlung", die allerdings bei den Therapieanweisungen nicht klar voneinander getrennt werden. Grundsätzlich sollen für die reizüberempfindlichen Kinder starke Reize auf allen Sinnesgebieten vermieden und schwächere ersetzt werden und umgekehrt bei den untersensiblen Kindern. Hier werden also die auch sonst bekannten Methoden der basalen Stimulation und der sensorischen Integration angewandt. Dies gilt für alle Sinnesgebiete.

Das Behandlungskonzept von DELACATO wird nun noch durch ein besonderes Vorgehen ergänzt: Die Stimulation der Sinnesbahnen, bzw. deren Vermeidung, soll nach den aus den Defiziten zu eruierenden Entwicklungsstufen des Kindes allmählich erfolgen, d.h. ein evtl. siebenjähriges autistisches Kind muß auf der Stufe eines zweijährigen beginnen, Wahrnehmung aufzubauen. Ob dieses Vorgehen sich aus Delacatos Hypothesen ableiten läßt, mag dahingestellt sein.

In der Praxis erweist sich die Therapie nach DELACATO als derart aufwendig, daß sie kaum durchgeführt werden kann. Der Autor verlangt von den Müttern, denen er seine Anweisungen gibt, daß sie täglich stundenlang mit ihren Kindern herumkriechen, d.h. sich selbst möglichst auf die Stufe eines 2- bis 3jährigen stellen und dabei die geforderten Stimulationen und Übungen ausführen. Das erfordert eine derartige Hingabe und Aufopferung der Mütter, daß sie bald am Ende ihrer Kräfte sind. Sie müssen dann zwangsläufig aufgeben und bekommen Schuldgefühle, weil sie es nicht richtig gemacht haben. Der vorausgesagte Behandlungserfolg bleibt dann aus.

Die Therapieanweisungen von DELACATO enthalten manche brauchbaren Hinweise für den Umgang mit autistischen Kindern. Die Methode hat global gesehen jedoch etliche Mängel: 1. ist sie wissenschaftlich nicht genügend begründet, nicht mit anderen Autismusexperten diskutiert. Sie läßt sich 2. in der Praxis nicht konsequent durchführen, weil jeder Therapeut, vor allem die Mutter, durch die empfohlenen Maßnahmen völlig überfordert ist. 3. ist sie nicht empirisch durch kontrollierte Studien überprüft. 4. ist diese Therapie sehr kostspielig, da nur DELACATO selbst gegen hohes Honorar bei seinen Aufenthalten in Deutschland den Eltern Therapieanweisungen gibt.

Aus dem zweifellos noch größeren Angebot von nicht allgemein anerkannten oder umstrittenen Behandlungsmethoden des autistischen Syndroms wurden einige herausgegriffen und kritisch beleuchtet. Es läßt sich nicht sicher voraussagen, ob evtl. die eine oder die andere von ihnen sich in Zukunft besser bewähren wird. Beim jetzigen Stand der Forschung und der Therapieerfahrung müssen sie als Außenseiterverfahren gelten.

Aus meiner persönlichen Erfahrung mit Hunderten von autistischen Menschen muß ich sagen, daß diese Behandlungsarten sich nicht bei einer größeren Zahl von Autisten bewährt haben. Nur in Einzelfällen wurde von Besserungen berichtet. Aber selbst diese wurden manchmal von anderen Beobachtern in Frage gestellt oder waren nur vorübergehender Natur.

Literatur

DELACATO, Carl H.: Der unheimliche Fremdling. Freiburg 1975

FEINGOLD, B. F: Why your child is hyperactive. New York 1975

HAFER, H.: Mitteilung, Mainz, Mai 1975

HAFER. H.: Nahrungsphosphat als Ursache für Verhaltensstörungen und Jugendkriminalität. Heidelberg 1978

HOEHNE: Behandlung mit Frischzellen. „autismus", Hilfe für das autistische Kind, Hamburg, Nr. 24, 9-10 (1987)

LELORD, G., J. P. MUH, C. BARTHELEMY, J. MARTINEAU, B. GARREAN, E. CALLAWAY: Effects of pyridoxine and magnesium on autistic symptoms - Initial observation. J. Autism Dev. Dis. 11, 219-230 (1981)

RAITEN, D. J., Th. MASSARO: Perspectives on the nutritional ecology of autistic children. J. Autism Dev. Dis. 16, 133-143 (1986)

RIMLAND, Bernard: High dosage levels of certain vitamins in the treatment of children with severe mental disorders. In: D. HAWKINS & L. PAULING (Edits.): Orthomolecular Psychiatry. New York 1973

SHEARER, T. R., K. LARSON, J. NEUENSCHWANDER, B. GEDNEY: Minerals in the hair and nutrient intake of autistic children. J. Autism Dev. Dis. 12, 25-34 (1982)

WALTHER, Birgid: Nahrungsphosphat und Verhaltenstörung im Kindesalter. Ergebnisse einer kontrollierten Diätstudie. In: H.-Ch. STEINHAUSEN (Edit.): Das konzentrationsgestörte und hyperaktive Kind. Stuttgart 1982, S. 111 - 143

Autistische Wahrnehmungsstörungen

Ernst J. Kiphard

Artikel entnommen aus: KIPHARD, E. J.: Mototherapie II. Psychomotorische Entwicklungsförderung, Bd. 3, Dortmund, 2. Auflage 1986

Mit freundlicher Genehmigung des Autors

Das autistische Syndrom

Wenn wir im folgenden über autistische Kinder sprechen, so soll diese Beziehung keinesfalls die Bedenken zerstreuen, die ich selbst einer solchen pauschalen Etikettierung gegenüber hege. Im Grunde müßte man richtigerweise von Kindern mit autistischen Symptomen sprechen, die ja bekanntlich nicht überall gleich sind. Wir wissen auch, daß hirngeschädigte Kinder zusätzlich das eine oder andere autistische Symptom entwickeln, ohne eigentlich als autistisch bezeichnet zu werden. Man spricht deshalb heute — im Gegensatz zur Auffassung KANNERs — lieber vom autistischen Syndrom als vom frühkindlichen Autismus.

Kinder mit einer Häufung autistischer Symptome leiden unter Kontakt- und Beziehungsstörungen. (. . .) Die Wahrnehmungsstörung ist jedoch primär. D.h. autistische Sozialverhaltensstörungen sind ohne Ausnahme mit gravierenden Sinnesbehinderungen gekoppelt, wenn nicht durch diese verursacht. (. . .)

Solange die wahren Ursachen des frühkindlichen Autismus noch nicht in befriedigender Weise erforscht sind, werden nach Ansicht KANNERs (1965) verschiedene Auffassungen auch innerhalb der therapeutischen Konzepte unvermeidbar sein. Wir gehen bei unserem Ansatz von der Tatsache aus, daß beim autistischen Kind der Prozeß von Informationsaufnahme, Informationsverarbeitung und handelnder bzw. sprachlicher Kommunikation empfindlich gestört ist. Sinnesreize werden in ihrer Bedeutung unzureichend oder falsch erkannt und ihr Informationsgehalt dementsprechend nicht verwertet.

Es tritt dabei ein für Kinder mit gehäuft autistischen Symptomen typisches Entwicklungsprofil zutage: Gegenüber dem relativ weit entwickelten Hand- und Körpergeschick bleiben die akustischen Wahrnehmungsfunktionen und demzufolge auch die Sprachentwicklung zurück. Gleichzeitig besteht eine Entwicklungsverzögerung im emotional-sozialen Bereich. Zwar beobachten autistische Kinder ihre Umwelt visuell, die Wahrnehmungsinhalte sind aber auch hier völlig ichbezogen und nur auf die Befriedigung eigener Bedürfnisse ausgerichtet. Sie sehen den Spielpartner nicht an, sondern blicken in typischer Weise durch ihn hindurch, so als ob er Luft wäre. So verfügt das autistische Kind nicht nur über keine soziale Wahrnehmung; es wehrt sie sogar passiv oder aktiv ab.

Das autistische Kind sperrt sich trotz erhaltenen Sehvermögens und regelrechter Hörfähigkeit gegen das bewußte Wahrnehmen. Ähnlich dem Totstellreflex der Tiere, demonstriert es eine weitgehende „Seelenblindheit" bzw. „Seelentaubheit". Statt sich den Umweltreizen zuzuwenden, wendet es sich von ihnen ab. Aber nicht nur das: in der fortwährenden Beschäftigung mit sich selbst entwickelt es die für den Autismus typischen Fehlverhaltensweisen der Selbststimulation von unterfunktionierenden und langsam verkümmernden Sinneskanälen. DELACATO (1975) spricht von „Sensorismen", die im Anfang sicher biologisch sinnvoll waren und uns evtl. Hinweise geben können auf einzuleitende therapeutische Maßnahmen.

Häufig lösen Sinnesempfindungen lediglich primitive Lust- bzw. Unlustreaktionen aus. Gerade die panikartigen und angstbesetzten Unlustreaktionen deuten darauf hin, daß die über den Sehnerv, vor allem aber über die Nervenbahnen des Gehörs eintreffenden Umwelteindrücke Verwirrung und Schrecken erzeugen. Denn typischerweise funktioniert bei autistischen Kindern der biologische Schutzmechanismus der Wahrnehmungsselektion (Auswahl) nicht genügend. Mit anderen Worten: alle optischen und akustischen Reize passieren wahrscheinlich ungehindert den für die Auswahl von Wahrnehmungsinhalten zuständigen Filter, der nach Ansicht von SCHOPLER (1962) und RIMLAND (1964) in der retikulären Formation des Stammhirns zu suchen ist. Dadurch könnte der „nasse Computer Hirn" einer derartigen Reizüberlastung ausgesetzt sein, daß das gesamte Regelsystem — wie bei einem echten Computer — durch Überlastung einfach zusammenbricht.

Vielleicht sind die autistischen Angst- und Wutausbrüche ein letzter, ohnmächtiger Versuch, dem subjektiv als chaotisch erlebten Überangebot einfließender Umwelteindrücke zu entgehen. Man kann also in der spontanen Abwehr, in dem angstvollen Ausweichen und Sich-Abkapseln einen biologischen Schutzmechanismus im Sinne einer totalen Aufnahmesperre nach Zusammenbruch der sensomotorischen Regelkreise sehen. Da die Umwelt dadurch wirklich erträglicher und weniger bedrängend und bedrohend erlebt wird, werden diese typisch autistischen Verhaltenstendenzen des Rückzugs und des Ausweichens naturgemäß erst recht konditioniert. Das führt zu einer Reduzierung der emotional-sozialen „Kontaktstellen" zur Umwelt auf das gerade Nötigste.

„Dunkelübungen" und „Festhalten"

Schon vor 10 Jahren habe ich versucht, primäre soziale Kontakterlebnisse zwischen Mutter bzw. Vater und dem autistischen Kind durch regelmäßig mehrmals täglich durchgeführte „Dunkelübungen" nachholend zu vermitteln (vgl. KIPHARD 1972, 1979). Mehrmals am Tage werden die Rollos des Kinderzimmers bzw. auch morgens und abends des elterlichen Schlafzimmers völlig geschlossen. Der Erwachsene soll nicht sprechen, sich möglichst wenig bewegen und zu dem Kind lediglich Tastkontakt aufnehmen. Es wird dabei in den Arm genommen und gestreichelt, gekost, gewippt, gewiegt und geschaukelt. Alles an Hautkontakt ist erlaubt, was beim Kinde Lustreaktionen hervorruft. Dazu gehört auch Anpusten, Anhauchen und leichtes Beißen.

Da bei diesen „Dunkelübungen" visuelle Informationen so gut wie ausgeschaltet werden und jede verbal-akustische Kontaktaufnahme wegfällt, wird auf die Haut als das primärste Kontaktorgan zurückgeriffen. Analog meiner Erfahrung mit aggressiven Kindern und Jugendlichen, bei denen die enge körperliche Umklammerung durch den Therapeuten ein unerwartetes „Aufweichen" der Kontaktsperre bewirkte (. . .), kommt es bei autistischen Kindern zu einer allmählichen Sensibilisierung ihres verschütteten emotional-sozialen Empfindens. Die Erfolge einer solchen konsequent durchgeführten primär-taktilen Kontaktanbahnung waren selbst für mich überraschend. Eltern berichteten schon nach einem halben Jahr, daß ihr Kind sozial aktiv wurde und von sich aus Annäherungsversuche durch stimmliche Äußerungen unternahm.

Anfängliches Befremden, Weinen oder andere Formen von Kontaktabwehr wichen nach einigen Wochen einem lustvollen, zunächst passiven, dann aber zunehmend aktiven Körperkontakt, der im Grunde einer sehr frühen sozialen Entwicklungsstufe entspricht. Dieses bewußt eingeleitete Regredieren im Sinne eines nachvollziehenden Zurückgehens auf ein niederes Sozialniveau ist m.E. ein bei autistischen Kindern höchst wichtiger therapeutischer Initialschritt (Anfangsschritt).

Neuerdings hat der Verhaltensforscher TINBERGEN (1978, 1981) eine von Martha WELCH (New York) entwickelte Methode aufgegriffen, bei der die Kinder auch gegen ihren Willen mehrmals täglich etwa eine Stunde lang wie Babys auf dem Schoß festgehalten und intensiv an den Körper der Mutter gedrückt werden. TINBERGEN geht dabei von dem jedem jungen Säugetier (zu dem auch der Mensch gehört) angeborenen Bedürfnis, sich anzuklammern und festgehalten zu werden, aus. HASSENSTEIN (1973)[1] prägte in diesem Zusammenhang den Begriff des „Traglings". Wir brauchen uns nur Affenbabys anzusehen, um einen Begriff von der Wichtigkeit des Schutz und Sicherheit vermittelnden Sich-Anklammerns, unter gleichzeitigem „Zurückklammern" der Muttertiere, zu bekommen. Die bei uns Menschen zumeist geübte Praktik ist leider weit davon entfernt, diesem auch dem Menschenkinde innewohnenden Grundbedürfnis Rechnung zu tragen. Babykörbchen, Wiegen, Gitterbettchen isolieren unsere Kinder viel zu früh und enthalten ihnen den so wichtigen mütterlichen Hautkontakt und die mütterliche Körperwärme vor.

So revolutionär der Gedanke des gewaltsamen Festhaltens eines kontaktverweigernden autistischen Kindes auch ist, so wirksam ist diese Art des Vorgehens, hindert sie das Kind doch daran, autistisch (auf sich selbst bezogen) zu sein. Irina PREKOP (1982), die über ihre ersten Erfahrungen mit dieser Methode bei 29 Eltern berichtet, spricht von einer „neu hergestellten Nabelschnur" (Seite 13). Die von ihr beobachteten positiven Auswirkungen können wie folgt zusammengefaßt werden:

— Trotz anfänglich oft erheblicher Gegenwehr wurden die Kinder während des Festhaltens zunehmend gelöster, ruhiger, zugänglicher, fröhlicher.
— Die Bereitschaft zur Aufnahme des Blickkontaktes auf dem Schoß der Mutter nahm zu.
— Bei einer Reihe von Kindern, die bisher nur echohaft sprachen, stellte sich spontanes Sprechen ein.
— Ein Kind begann in gefühlbetontem Anklang zu sprechen und benutzte erstmalig die Ich-Form.

---

[1] **Hassenstein, B.**: Kindliche Entwicklung aus der Sicht der Verhaltensbiologie. Kinderarzt 4: 134, 191, 260, 329, 407, 1973.

— Mehrere Mütter berichteten über eine bisher nicht erlebte Variationsfreudigkeit im Umgang mit Material.

— Desgleichen stieg das Interesse an der Umwelt. Zwei ältere Kinder erlebten zum erstenmal bewußt das Weihnachtsfest.

— Vor allem aber wurde die Beziehung zwischen Mutter und Kind bewußter und inniger. „Keine von den Müttern möchte das Festhalten missen" (PREKOP 1982, Seite 15).

Ich möchte mich, besonders auch aufgrund meiner Erfahrungen mit den oben beschriebenen Dunkelübungen, ausdrücklich zu der WELCHschen Methode des Festhaltens bekennen. Mit PREKOP bin ich der Ansicht, daß die sanfte Gewalt des Festhaltens ein wichtiger Schutz gegenüber den selbstzerstörerischen Verhaltensweisen autistischer Kinder ist. Sie ermöglicht und erleichtert im Grunde alle wahrnehmungs- und bewegungstherapeutischen Schritte.

So kann das von mir als „Sensomotorisches Basistraining" bezeichnete 10-Stufen-Programm (vgl. nachfolgende Übersicht) wahrscheinlich wesentlich verkürzt werden. Möglicherweise können die ersten vier Schritte (nicht-verbale Ebene) durch Vorschalten des Festhalte-Trainings übergangen und es kann gleich mit der Stufe 5 (Tasten und Hören) begonnen werden.

Sensomotorisches Basis-Training (10-Stufen-Programm)

nichtverbale Informationsebene	verbale Informationsebene
1. Isoliertes Tasten	6. Sehen, Tasten und Hören
2. Kombiniertes Tasten und Sehen	7. Sehen und gleichzeitiges Hören
3. Isoliertes Sehen	8. Tasten und Handeln
4. Isoliertes Hören (noch keine Worte)	9. Sehen und Handeln
5. Gleichzeitiges Tasten und Hören	10. Hören, Sehen und Handeln

Im folgenden soll lediglich auf die Stufen 5 bis 10 eingegangen werden. (Die ersten vier Stufen siehe KIPHARD 1979, S. 134—161). Bei der sensomotorischen Übungspraxis — und es ist keine Frage, daß das autistische Kind ständig zum Wahrnehmen und zum Handeln angehalten werden muß — sollte immer von dem derzeitigen Entwicklungsstand ausgegangen werden. Außer den von FLEHMIG, HELLBRÜGGE, KIPHARD, OHLMEIER u.a. entwickelten Skalen, Gittern und Suchtests gibt es in den USA entwickelte spezifische Beobachtungs- und Schätzskalen wie das „Behavior Rating Instrument for Autistic and other Atypical Children (BRIAAC)," von RUTTENBERG et al. (1978) oder das inzwischen von HORN (1981) für deutsche Verhältnisse bearbeitete „Entwicklungs- und Verhaltensprofil", auch P.E.P. genannt (Psychoeducational Profile).

Diese entwicklungsdiagnostischen Ergebnisse bestimmen den Ansatz sowie die Dosierung der Übungsreize. Dabei ist der wichtige Grundsatz zu beachten: Je besser fundiert die Basis ist, desto leichter vollziehen sich die späteren Lernschritte. Als Grundregel mag gelten: Je tiefer das gesamte Funktionsniveau, desto isolierter, reizärmer und kurzzeitiger müssen die Übungen an das Kind herangebracht werden. Anfangs mögen 2 bis 5 Minuten durchaus genügen, immer aber häufig am Tage (mindestens viermal, möglicherweise jedoch acht- bis zehnmal).

Gleichzeitiges Tasten und Hören

— Bei dieser Übungsgruppe ist der Raum so gut wie möglich abzudunkeln, damit das Kind bewußter von seinem Tastsinn Gebrauch macht. Dabei wird auf die schon erfahrenen und dem Kind bekannten Tastqualitäten zurückgriffen.

— Zunächst werden Gegenstände der bisherigen Tasterfahrung geräuscherzeugend verwendet. D.h. man klopft oder schnippt mit dem Fingernagel gegen die Gegenstände oder schlägt sie geräuschvoll zusammen.

— Auch durch Herunterfallenlassen sind unterschiedliche Geräuschwirkungen zu erzeugen, vor allem wenn man die Objekte in einen Topf, auf eine Trommel oder dgl. fallen läßt.

— Durch Kratzen lassen sich vielfältige Geräusche erzeugen. Das ist natürlich um so mehr bei einem Trommelfell, z.B. auf einem Tamburin der Fall. Nicht nur der Therapeut soll die Geräusche erzeugen, sondern das Kind darf, je nach Fähigkeiten, sich selbst daran versuchen.

— Die auf der Stufe der nicht-verbalen Geräusch- und Tonerfahrung benutzten Rhythmus- und Melodieinstrumente sind hier wiederum therapeutisch zu nutzen.

— Die sich allmählich vollziehende Integration der taktilen und akustischen Sinnesinformation wird nun zur verbalen Ebene überführt, indem die betreffenden Gegenstände, mit welchen sich das Kind beschäftigt, benannt werden.

— Im Vollzuge einer immer bewußteren Körpererfahrung werden ebenfals die Körperteile des Kindes nochmals (wie auf den Übungsstufen 1 und 2) passiv durch Reiben, Massieren, Anpusten oder Anfassen gereizt und jedesmal dazu die Körperteilbezeichnung genannt. Umgekehrt wird die Hand des Kindes an die Körperteile des Therapeuten oder der Mutter geführt, wobei ebenfalls die Glieder und Körperteile benannt werden.

— Es ist darauf zu achten, daß möglichst immer die gleichen Bezeichnungen für Körperteile und Gegenstände verwendet werden. Wie bei einer guten Reklame sollen diese Worte als Symbole, als „Namens-Etiketten" für den Gegenstand durch die Vielzahl der Wiederholungen im Gedächtnis des Kindes verankert werden.

— Nachdem die Gegenstände selbst immer wieder genannt worden sind, sollen in der Folge die taktil oder visuell erkannten Eigenschaften (rund/eckig, groß/klein, kalt/warm, leicht/schwer, rot/grün) genannt werden.

— Hinzu kommen später Formbezeichnungen wie rund/eckig, Dreieck/Viereck sowie Mengenbezeichnungen (1/4,1/2 usw.). Als letztes werden die Tätigkeitsmerkmale von Gegenständen benannt, z.B. rollen, hüpfen, schaukeln, wackeln, trudeln.

Gleichzeitiges Sehen, Tasten und Hören

— Als Vorbereitung zu dieser Übungsstufe soll der Raum wieder ganz allmählich und für das Kind möglichst unmerklich aufgehellt werden. Es erfolgt nun eine Wiederholung der gleichen Übungsfolgen der vorigen Stufe.

— Bei den Körperschema-Übungen hat es sich bewährt, einen mannshohen Spiegel zu verwenden. Man sitzt oder steht in der Weise davor, daß das Kind die betasteten, bewegten und genannten Glieder und Körperteile im Spiegel sehen kann.

— Bei den Übungen der Gegenstand-Differenzierung soll das Kind lernen, getastete und optisch wahrgenommene Eindrücke mit dem dazugehörigen Wortbegriff zu verbinden. Wenn man dabei am Gegenstand selbst Geräusche erzeugen kann wie bei den Übungen der vorigen Gruppe, so intensiviert das den Wahrnehmungsprozeß.

— Es können auch andere geräuschgebende Gegenstände, welche bisher noch nicht erfahren wurden, dazu genommen werden, z.b. Wecker, Fahrradklingel, Glocke, Hupe, Mamapuppe, Pfeife, Flöte, Mundharmonika, Rassel, Klapper, Kastagnette, Trommel sowie andere Rhythmus- und Musikinstrumente.

— Es kommen Haushaltsgeräte dazu, welche bei ihrer Benutzung Geräusche erzeugen, z.b. klappernde Töpfe, schepperndes Geschirr, pfeifender Wasserkessel, scharrende elektrische Geräte wie Starmix oder Rasierapparat.

— Bei genügendem kindlichen Interesse kann man in die Übungen auch feststehende Geräuschquellen einbeziehen wie Telefon, Wasserleitung, Klospülung, Rolladenbetätigung, Türöffnen, Schlüsselschließen usw.

— Je nachdem, wie weit das Kind fortgeschritten ist, werden nur die Gegenstände selbst bezeichnet, oder es wird ebenfalls die Tätigkeit genannt, z.B. die Tür geht zu, der Schlüssel schließt, der Wecker klingelt.

Gleichzeitiges Sehen und Hören

— Hier werden nun alle optischen Übungen wiederholt, welche beim isolierten Sehen zur Anwendung gekommen waren. Auf jeden Fall wird von sich bewegenden Gegenständen auf unbewegliche Gegenstände und von dort auf das Betrachten von Abbildungen im Bilderbuch übergegangen. Dazu werden nun jeweils die entsprechenden Wortbezeichnungen genannt (. . .).

— Man kann die entsprechenden Bezeichnungen vorher in bestimmten Abständen auf einen Kassettenrecorder sprechen. Jedesmal bei Ertönen des Wortes wird der Gegenstand dem Kinde gereicht.

— Je nach den sozialen Lernfortschritten des autistischen Kindes kann auch versucht werden, die Gegenstände selbst direkt zu benennen. Eine ausgezeichnete Möglichkeit zur akustischen Aufmerksamkeitssteigerung ist das Flüstern der Worte in das Ohr des Kindes.

Tasten und Handeln

— Während auf den bisherigen Übungsstufen die sensorische Informationsaufnahme Vorrang hatte, werden ab jetzt auch Handlungen als Antworten auf gegebene Sinnesreize provoziert, obwohl hier noch keine verbalen Antworten angestrebt werden.

— Das Üben im völlig abgedunkelten Raum ist nur noch in Ausnahmefällen notwendig. Man kann die Sichtkontrolle bei den folgenden Tastübungen dadurch ausschalten, daß die zu ertastenden Gegenstände sich unter einem Tuch, in einem Beutel oder einem Karton mit Armlöchern befinden.

— Wir beginnen damit, einen Lieblingsgegenstand oder einen Leckerbissen (Gummibärchen, in Silberpapier eingepackte Bananenstücke, Nüsse oder

Salzstangen) zusammen mit anderen Gegenständen, für das Kind unsichtbar, aber tastbar zu verstecken. Das Kind soll allein mit Hilfe seines Tastsinnes in den Besitz des begehrten Gegenstandes oder Leckerbissens kommen. Anfangs wird es evtl. notwendig sein, den zu tastenden Gegenstand vorher dem Kinde zu zeigen.

— Später wird man dazu übergehen, dem Kinde den zu identifizierenden Gegenstand, z.B. ein Dreieck, in eine Hand zu gebe, während die andere Hand den gleichen Gegenstand aus einem Beutel oder Kasten heraussuchen soll.

— Im Sinne der Verhaltenstherapie kann man jede erfolgreiche taktile Identifizierung „verstärken". D.h. man gibt dem Kind für jeden richtig herausgeholten Gegenstand auf der Stelle eine kleine Belohnung in Form eines Leckerbissens, einer Rosine, einem Fingerhut voll Saft odder einem Stücken Wurst.

— Durch dieses Lernen am Erfolg wird das autistische Kind nach und nach zu immer größeren sensomotorischen Lernleistungen gebracht. Je mehr Sinnesmodalitäten mit motorischen Handlungsmöglichkeiten integriert werden, desto besser schreitet auch die kognitive Verwertung der Sinnesinformationen fort.

— Anfangs genügt es, wenn das Kind tastmäßig zwischen zwei verschiedenen Gegenständen unterscheiden lernt, wobei der eine der zu suchende ist. Später soll das Kind in der Lage sein, das geforderte Objekt zwischen drei oder mehreren verschiedenen Objekten aus dem abgedeckten Karton oder Beutel herauszuholen (. . .).

— Es sollte möglichst erreicht werden, daß das Kind nun handelnd alle ihm bekannten Gegenstände allein durch den Tastsinn von anderen unterscheidet. Die höchste Stufe stellt das tastmäßige Differenzieren von Textilien und Münzen dar.

Sehen und Handeln

— Wir arbeiten hier wiederum zuerst mit begehrten Lieblingsgegenständen oder Leckerbissen. Anfangs werden diese verlockenden Objekte noch im Nahbereich offen hingelegt, später legt man sie, für das Kind sichtbar, immer weiter weg.

— Bei guter Reaktionsfähigkeit kann nun dazu übergegangen werden, den Gegenstand nach dem offenen Hinlegen mit einem Taschentuch oder Karton zu verdecken. Dabei soll wieder im Nahabstand begonnen und erst allmählich auf größere Entfernungen übergegangen werden. Wohl gemerkt: das Abdecken und dadurch Unsichtbarmachen des Objektes muß vom Kinde verfolgt werden, wenn die Motivation zum Holen entstehen soll.

— Beim visuellen Zuordnen von Gleichem zu Gleichem soll, wie beim Tasten auch, jede richtige Handlung sofort mit einem Stückchen Banane, einem Schlückchen Saft usw. belohnt werden. Statt solcher Leckerbissen kann man auch beliebte Handlungen als Belohnung anwenden, z.B. Kitzeln oder karussellartiges Herumschleudern des Kindes.

— Auf diese oder ähnliche Weise kann das richtige Einsetzen oder Einstecken geometrischer Formen in ein Formenbrett oder in eine Formenbox gelernt werden.

— Das gleiche gilt für Farbzuordnungen, Größenunterscheidungen und Mengenzuordnungen. Soweit möglich, sollen dabei technische Hilfsmittel, die ja für autistische Kinder besonders attraktiv sind, eingesetzt werden. Bei didaktischen Elektro-Spielzeugen läßt ein Steckerkontakt bei richtiger optischer Zuordnung ein Lämpchen aufleuchten und bestätigt somit den Erfolg der Handlung.

— Auch das Sichtbarmachen verschiedener Formen und Figuren, z.B. Pflanzen- und Tierumrisse, durch Stempeln mit blauer oder roter Stempelfarbe, z.B. auch mit einfachen Kartoffelstempeln, stellt eine gute Methode zur optischen Aufmerksamkeitssteigerung dar.

— Desgleichen können alle technischen Spielzeuge Verwendung finden, bei denen das Herabdrücken einer bestimmten Taste einen optischen Effekt im Sinne einer Erfolgsmeldung auslöst.

— Kann das Kind Buchstaben oder Worte erkennen, so raten wir zur Verwendung einer Schreibmaschine mit aufsetzbarem, vergrößerndem Bildschirm. Da jeder getippte Buchstabe auf diesem Bildschirm in vielfacher Vergrößerung aufleuchtet, wird das Kind immer wieder zum Herunterdrücken einzelner Buchstabentasten motiviert.

Hören, Sehen und Handeln

— Wenn bei den genannten Elektro-Spielzeugen ein Lämpchen aufleuchtet, so wäre es auf dieser Lernstufe wünschenswert, daß das Kind mit kleinen Lernmaschinen arbeitet, die auch eine akustische Kontrolle, z.B. durch einen Klingelton, möglich machen.

— Auf dieser letzten Übungstufe dienen aber vor allem Verbalinformationen dem Kinde als Anweisung zum richtigen Handeln. Ein Lieblingsgegenstand oder Leckerbissen wird diesmal vorher, d.h. für das Kind unsichtbar, versteckt. Die verbale Information über den Ort des Verstecks erfolgt entweder durch Flüstern in das Ohr des Kindes oder per Kopfhörer. Zu Anfang werden die Objekte in Reichweite des Kindes versteckt, wobei sich das Kind nach schon bekannten Körperteilen oder in seiner Nähe liegenden Gegenständen orientieren kann. Z.B.: „Die Schokolade liegt bei Deinem Fuß." Oder: „Dein Auto liegt bei dem grünen Dreieck."

— Diese Lernstufe ist entscheidend für die weitere Förderung des autistischen Kindes in Richtung auf die Schulreife. Methodisch wendet man hier das Prinzip kleinster Lernschritte an. Das besagt, daß die Verstecke gerade anfangs ganz nah und gut erreichbar sind, damit das Kind sich an dem genannten Ort, Körperteil oder Gegenstand bei dem das versteckte Objekt liegt, gut orientieren kann.

— Erst allmählich werden die Verstecke weiter vom Kind weg hingelegt. Es ist ein typisches Zeichen der kognitiven Störung autistischer Kinder, daß sie nur daran interssiert sind, was sie im Augenblick sehen, d.h. was in ihrem Gesichtskreis liegt. Sie haben aber Schwierigkeiten, sich etwas vorzustellen, was nicht im Raum ist. Hier fehlt es ihnen an Wortbegriffen.

— Es ist deshalb wichtig, das akustische Wort-Sinn-Verständnis durch Nennen nicht sichtbarer Orte mit der Zeit zu intensivieren. Dabei beziehen wir auch andere Räume, Küche, Schlafzimmer oder Keller, ein.

— Im weiteren Verlauf dieser Übungen werden auch die räumlichen Begriffe (Präpositionen) dazugenommen. Dabei muß das Kind aufpassen, ob man gesagt hat: Es liegt vor, neben, hinter, in oder auf dem Bett, dem Tisch, dem Stuhl usw. Da es dabei jedesmal etwas Begehrenswertes zu finden gibt, sind auch autistische Kinder nach entsprechenden Vorübungen im allgemeinen gut motiviert.

— Bei anderen Handlungsanweisungen, z.B. ein bestimmtes Spielzeug aus der Kiste zu holen, eine bestimmte Abbildung im Bilderbuch zu zeigen, kann man auch immer wieder kleine Belohnungen verwenden.

— Viel Freude machen auch Kaufladenspiele, wobei das Kind sich die verbalen Aufforderungen des Käufers sehr gut merken muß, z.B.: „Ich möchte gern das rote große Viereck kaufen." Oder: „Ich möchte zwei Glaskugeln und eine Holzkugel." Das „Bezahlen" kann wieder im Sinne der Verhaltenstherapie mit Rosinen, Gummibärchen oder dergleichen geschehen.

— Dort, wo der Handlungsauftrag durch Sprechen oder Flüstern gegeben werden kann, ist der Kassettenrecorder überflüssig. In Einzelfällen ist es allerdings immer noch notwendig, die technisch-akustische Vermittlung über das Tonband, und eventuell über Kopfhörer, anzuwenden.

— Wo immer es in therapeutischen Einrichtungen finanziell erschwinglich ist, sollte die sog. „Sprechende Schreibmaschine" (Edison Responsive Environment) verwendet werden. Diese von MOORE in Zusammenarbeit mit KOBLER entwickelte Schreibmaschine arbeitet mit einer Computerstimme, welche mit der Tastatur verbunden ist. Sie nennt, je nachdem, bei Herunterdrücken einer Taste den entsprechenden Buchstaben oder, in einer anderen Schaltung, das ganze geschriebene Wort.

Es können auch über die Computerstimme Anweisungen gegeben werden, z.B. das auf dem Bildschirm erscheinende Wort zu lesen oder zu tippen. Beim Tippen bleiben alle Tasten, bis auf die mit dem nächstfolgenden Buchstaben des betreffenden Wortes, gesperrt. Jeder getippte Buchstabe erscheint auf dem Bildschirm und wird durch einen beweglichen Zeiger, der von Buchstabe zu Buchstabe weitergeht, gekennzeichnet. Bis die Kinder allerdings so weit fortgeschritten sind, dürfen sie zu Anfang möglichst viel frei experimentieren, wobei der jeweils getippte Buchstabe aus der Computerstimme ertönt.

Selbst wenn autistische Kinder ihre Eigenart beibehalten und die Sprache nicht aktiv als Kommunikationsmittel gebrauchen, so kommt es im Laufe dieses sensomotorischen Trainings doch zu einem immer größeren Gedächtnisbesitz an „stummer Sprache". Dazu ist allerdings notwendig, daß sie während des Schulalters lesen und auf der Schreibmaschine schreiben lernen. Gerade das Schreibmaschineschreiben ist aktives Denktraining. Während die mühsam mit der Hand geschriebenden Schriftzeichen zu viel Energie und Konzentration beanspruchen und damit den Denkfluß unterbrechen, bleiben beim Schreibmaschineschreiben schon nach kurzer Übungszeit die Denkvorgänge flüssig im Gang. Außerdem kontrolliert das Auge das maschinell Geschriebene weit besser, weil es wie in einem Buch gedruckt vor ihm steht (. . .).

Das hier geschilderte Gesamtlernprogramm beginnt mit sehr niedrig angesetzten Grundübungen und endet bei Übungen, die in den Bereich des Schulischen hineinführen. Es ist naturgemäß von Fall zu Fall verschieden, bei welcher Lernstufe ein bestimmtes Kind beginnen sollte. Im Zweifelsfalle ist es immer besser, mit niedrigeren Übungsanforderungen zu beginnen, um damit die Basis gut zu fundieren. Unsere Erfahrungen haben gezeigt, daß ein konsequentes Durchführen entsprechender Sinnesstimulierungsprogramme einen erstaunlichen Anreiz für die Intelligenzentwicklung autistischer Kinder darstellen. Stereotypien und fortgesetzte Eigenstimulationen werden in dem Maße abgebaut, wie das Kind in der Lage ist, den Informationsgehalt von Sinnesreizen zu erkennen und entsprechend sinnvoll zu handeln.

Literatur

BOSCH, G.: Der frühkindliche Autismus. Springer, Berlin 1962

DELCATO, C.: Der unheimliche Fremdling. Hyperion, Freiburg i.B., 1975

FEUSER, G.: Grundlagen zur Pädagogik autistischer Kinder. Beltz, Weinheim/Basel, 1979

FEUSER, G.: Austistische Kinder. Jarick, Solms/Lahn, 1980

HÄUSLER, J.: Kein Kind zum Vorzeigen? Rowohlt, Reinbek, 1979

KIPHARD, E. J.: Möglichkeiten und Grenzen eines sensomotorischen Intelligenztrainings bei autistischen Kindern. In: Kongreßbericht 1. Bundestagung: Hilfe für das autistische Kind, 1972, Lüdenscheid, 1973

KIPHARD, E. J.: Sensomotorisches Training bei autistischen Kindern. In: Kiphard: Psychomotorik als Prävention und Rehabilitation. Gütersloh 1979, S. 134—161.

O' GORMANN, G.: Autismus in früher Kindheit. Reinhardt, München, 1976

PREKOP, I.: „Festhalten". Erste praktische Erfahrungen nach Tinbergen und Welch. Z. Autismus 13, Mai 1982, 12 - 15

RUTTENBERG, B. A., KALISCH, B. I., WENAR, CH. and WOLF, E. G.: Behavior Rating Instrument for Autistic and Other Atypical Children (BRIAAC). Swets & Zeitlinger, Lesse (Holland), 1978

SCHOPLER, E.: The Development of Body Image and Symbol Formation Through Bodily Contact with an Autisic Child. J. Child. Psychol. Psychiat. 3, 1962, 191 - 202

derselbe und REICHLER, R. J.: Entwicklungs- und Verhaltensprofil P.E.P. verlag modernes lernen, Dortmund, 1981

TINBERGEN, N. und TINBERGEN, E. A.: Early Childhard Autism - an Ethological Approach. In: Fortschritte der Verhaltensforschung, 10, Parey, Berlin, 1972

WEBER, D.: Der frühkindliche Autismus unter dem Aspekt der Entwicklung. Huber, Bern/Stuttgart/Wien, 1970

Falldarstellung: Problemkind Armin

Armin kam durch Zangengeburt zur Welt. Er kränkelte und zeigte langwierige Darmstörungen. Bald wurde aber den Eltern klar, daß hier die gesamte körperliche und geistige Entwicklung gestört sein mußte. Die erste Vorstellung im Alter von 8 Monaten bei einem Professor für Kinderheilkunde zerstreute jedoch diese Bedenken. Im schriftlichen Arztbericht ist zu lesen: „Physische und psychische Anomalien sind auszuschließen." Es zeigten sich jedoch im Verlaufe des zweiten

Lebensjahres gravierende Anzeichen für eine schwere Entwicklungs- und Verhaltensstörung. Der Junge begann auch im Alter von zwei Jahren noch nicht zu sprechen. Er schien sich ganz in sich selbst zurückzuziehen und von der Umwelt abzukapseln. Bei erneuter ärztlicher Vorstellung mit 2 1/2 Jahren befand der Kinderarzt jedoch wiederum: „Die ausgebliebene Sprachentwicklung ist kein Grund zur Beunruhigung." Es handle sich bei Armin wahrscheinlich um einen Spätentwickler. Man möge abwarten und ihn nach einem Jahr wieder vorstellen.

Nach Verlauf dieses Jahres, also im Alter von 3 1/2 Jahren, wurde erstmalig von einem kinderpsychiatrischen Fachmann die Diagnose „Autismus" gestellt. Zur Förderung des emotionalen Kontaktes wurde eine analytische Spieltherapie verordnet und über ein Jahr lang konsequent, jedoch ohne den geringsten Erfolg durchgeführt. Armin bekam zu dieser Zeit kein sensorisches Übungsprogramm, kein motorisches Training und keine gezielte Sprachtherapie.

1. Vorstellung

Im Alter von 4 1/2 Jahren erfolgte die Konsultation am Westfälischen Institut für Jugendpsychiatrie und Heilpädagogik in Hamm, nachdem die Eltern einen Fernsehfilm über die dort durchgeführte psychomotorische Übungsbehandlung gesehen hatten. Zu dieser Zeit sprach Armin noch kein Wort, zeigte hochgradige autistische Verhaltensstörungen mit ohnmächtigen Wutausbrüchen und ständigen Aggressionen, wobei er der Mutter die Haare büschelweise ausriß.

Die sensomotorische Diagnostik ergab einen Rückstand in den Sinnes- und Bewegungsfunktionen von etwa 2 1/2 Jahren. Die emotional-soziale Entwicklung des Jungen war, wie zu erwarten, noch weiter zurück. Er begann erst mit einem Jahr, Spielzeug in den Mund zu nehmen. Erst mit 2 Jahren zeigte er Nachahmungsreaktionen wie „winke, winke", und erst mit 3 Jahren Interesse für sein eigenes Spiegelbild.

Einige emotional-soziale Funktionen sind selbst zum Zeitpunkt der Vorstellung mit 4 1/2 Jahren noch nicht zu erkennen. Armin hat bis dahin noch niemals Freude daran gefunden, an seinen eigenen Fingern oder Handrücken zu saugen. Er nimmt auch noch keine Notiz davon, wenn er menschliche Stimmen hört und freut sich dementsprechend auch nicht, wenn man sich mit ihm abgibt. Er mag auch nicht gern gekost werden und erwidert auch noch keine Zärtlichkeiten.

Zu diesem Zeitpunkt spielt er auch noch nicht sinnverstehend. Er macht bei einem Spielauto nie Motorengeräusche nach. Er füttert auch nicht im Spiel den Teddy und spielt auch keine Situationen aus dem täglichen Leben nach. Seine Betätigungen sind als reines Funktionsspiel anzusehen, wobei er alle möglichen Gegenstände durch Kreiseln in Bewegung setzt. Er hat es in dieser Funktion zu einer derartigen Fertigkeit gebracht, daß er runde und eckige Gegenstände jeder Art, zum Beispiel auch Aschenbecher, zum Kreiseln bekommt. Er wird dabei ganz aufgeregt und ist kaum gewillt, sich in dieser Tätigkeit unterbrechen zu lassen.

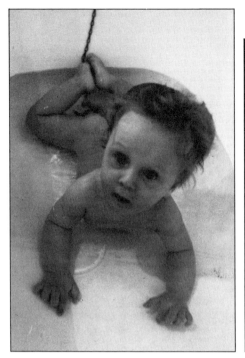

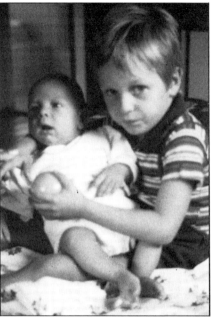

Armin, ½ Jahr alt

im Alter von 5 Jahren mit seinem Brüderchen

ein fröhlicher Lausbub von 13 Jahren

mittlerweile 15 Jahre alt

Erstes Übungsprogramm

Der Entwicklungsstand seiner Wahrnehmungsfunktionen macht es ihm zum Zeitpunkt der Untersuchung immerhin möglich, seine Umwelt genau zu beobachten und auch einfache Anweisungen zu verstehen. Damit bringt er die Grundvoraussetzungen mit für ein sensomotorisches Funktionstraining, welches von den Eltern als Heilprogramm viermal täglich konsequent durchgeführt wird. Das Basisprogramm enthält Übungseinheiten im Tasten, Sehen und Hören, welche zunächst jeweils für 5 Minuten viermal am Tage durchzuführen sind. Die reinen Tastübungen unter Ausschaltung der Blickkontrolle gehen vom Unterscheiden von Gegensätzlichem aus und führen über das Erkennen von groben Unterschieden bis zur Differenzierungsfähigkeit bei feineren Materialunterschieden.

Da Armin ausgesprochen gut auf die Übungen des optischen Farben-, Größen- und Formunterscheidens reagiert, kann binnen kurzer Zeit schon mit einem speziellen Leselehrgang begonnen werden.

Das akustische Differenzierungstraining wird mit dem verstärkenden Membranstethoskop begonnen und über Kopfhörertraining mittels eines Kassettenrecorders fortgesetzt. Hier lernt Armin Klänge, Geräusche und Tierlaute zu unterscheiden und Sprechanweisungen zu verstehen. Außerdem werden ihm Aufträge ins Ohr geflüstert, an deren Ende immer eine Belohnung steht. Zum Beispiel darf er sich Salzstangen oder Kräcker an einem genau beschriebenen Ort holen.

Ein begleitendes motorisches Training zielt auf die Ausbildung einer Vorzugshand bei manuellen Tätigkeiten. Armin hat bis dahin noch keine Vorzugsdominanz im Sinne einer Händigkeit entwickelt. Während die bisherigen spieltherapeutischen Tätigkeiten sich mehr oder weniger im Zerreißen von Papier und dem Plantschen mit Wasser erschöpften, werden nun erstmalig dem kindlichen Gehirn gezielte Wahrnehmungs- und Bewegungsreize angeboten. Sie ermöglichen eine bewußte Informationsaufnahme sowie entsprechende Bewegungshandlungen.

Mit der Ausbildung des Tastsinnes bahnt sich allmählich eine immer besser werdende Kontaktfähigkeit zu den Eltern an. Sein Sprachverständnis kann sprunghaft angehoben werden, wenngleich Sprachäußerungen weniger spontan, sondern mehr reaktiv als Antworten aus ihm herausgequetscht werden müssen. Geradezu spektakuläre Erfolge zeigt Armin beim Lesenlernen. Wie die Eltern berichten, hat er von Anfang an mühelos drei bis vier Worte täglich gelernt, darunter sogar viersilbige Worte. Nach einem halben Jahr konsequenten Trainings beginnt er, schon Sätze zu lesen. Im darauffolgenden Übungshalbjahr wird damit begonnen, die Worte in Silben und diese wieder in Buchstaben zu zerlegen.

Zweites Übungsprogramm

Im zweiten Halbjahresprogramm werden die Fortbewegungsfunktionen sowie das Hand- und Fingergeschick trainiert. Danach ist Armin am Ende des zweiten Übungshalbjahres in der Lage, gleichgewichtssicher zu gehen und zu rennen, beim Fangenspiel Haken zu schlagen und Fußball mit dem Vater zu spielen. Das Treppenhinaufgehen wird nunmehr allein und unter Abwechseln der Füße bewältigt, während das schwierigere Hinabgehen noch im Nachstellschritt mit Anhalten am Geländer ausgeführt wird. Seine Fähigkeit zum Steigen und Klettern wird dadurch verbessert, daß er sich sein Spielzeug aus immer höheren Regalen und Schränken holen muß. Das großräumig durchgeführte beidhändige und rechtshändige Tafelmalen führt ihn zur Fähigkeit, Kreise, Schlangenlinien und Zickzacklinien, jedoch noch keine Gestaltungsaufgaben (menschliche Figur) zu bewältigen.

Seine immer besser werdende optische Wahrnehmungsfähigkeit ermöglicht ihm am Ende des zweiten Trainingshalbjahres (also mit $5^1/_2$ Jahren), nicht nur die Grundfarben, sondern alle übrigen Farben wie orange, lila usw. zu differenzieren. Bald darauf liest er mit Freude und Begeisterung im Lesebuch für die erste Klasse. Sein Sprachverständnis hat sich soweit gebessert, daß er fünf bis sechs Anweisungen auf einmal zu behalten in der Lage ist, z.B.: „Hole dir die blaue lange Hose, die grünen Schuhe, deine Schaukel, den Eimer und tue drei Äpfel hinein." — Das Tasttraining hat ihn soweit geführt, daß er sämtliche Plastiktiere unter einem Tuch tastend differenzieren kann, desgleichen eine Reihe von Textilien.

Insgesamt hat Armin im Verlaufe eines Trainingshalbjahres fast ein Jahr seines Entwicklungsrückstandes aufgeholt. Das heißt, er hat sich in dieser Zeit auf Grund der intensiven Trainingsreize fast doppelt so schnell wie ein normales Kind entwickelt. Die größte Freude ist für die Eltern der Beginn des spontanen Sprechens. Dabei zeigt sich allerdings, daß bei Armin außerdem eine Artikulationsstörung, also eine sprechmotorische Störung vorliegt.

Sein sozialer Kontakt in der Familie hat sich weiter gebessert. Er spielt mit dem Vater Verstecken und zeigt soziales Interesse an seinem inzwischen geborenen Brüderchen. Wenn man ihn nicht davon ablenkt, zeigt Armin aber immer wieder die Tendenz zu autistischen Stereotypien. So kreiselt er Holzteller auf dem Finger und sogar auf der großen Fußzehe. Er schleppt immer noch bestimmte Gegenstände mit sich herum. Auch riecht er noch gern alles an.

Drittes Übungsprogramm

Das dritte Halbjahresprogramm sieht eine Reihe von gezielten Anregungen zur weiteren Verbesserung des Sprachverständnisses und des aktiven Sprachgebrauchs vor. So hört er ausdauernd Geschichten vom Tonband und löst über Kopfhörer gegebene Quizaufgaben. Dazu kommen Nachsprechübungen und Frage-Antwortspiele.

Wenn er spontan spricht, so bringt er noch keine grammatisch richtigen Sätze heraus, sondern reiht nur einige Wörter aneinander. Er ist aber auf Grund des Trainings inzwischen schon in der Lage, auf Geheiß einen ganzen Satz zu sprechen, z.B.: „Ich möchte bitte einen Kräcker haben." Dies ist das Endergebnis eines langen Weges, der vom bloßen Hinzeigen auf den begehrten Gegenstand oder dem Handführen der Mutter über das Einzelwort "Kräcker", den Zweiwortsatz „Kräcker haben" bis zu dem oben erwähnten Satz führt.

Für dieses dritte wie auch für die folgenden Halbjahresprogramme werden allerhand Spiele und Arbeitsmappen empfohlen, so Memory-Spiele, Leselernspiele, Bildergeschichten, Arbeitsmappen für Sprach- und Denktraining sowie für die Schulreife-Entwicklungshilfe. Motorisch wird ebenfalls ein Schulreifetraining durchgeführt, ausführlich geschildert im Band 1: „Motopädagogik" ab Seite 37. Dazu kommen Handgeschicklichkeitsübungen im Scherenschneiden, Spielpistolenschießen und Wurfpfeilspiel. Daneben wird das beidhändige großräumige Tafelmalen weiter durchgeführt. Gleichzeitig wird das Schreibmaschineschreiben mit zwei Fingern erlernt.

Erneute Entwicklungsüberprüfung

Nach gut zwei Jahren konsequenten Haustrainings, als der Junge sechs Jahre und neun Monate alt ist, ergibt die neue Überprüfung des sensomotorischen Entwicklungsstandes in der Gesamtwertung einen in etwa altersgemäßen Status der Sinnes- und Bewegungsfunktionen. Dabei weisen die taktilen und visuellen Vollzüge auf eine übernormal hohe Befähigung hin. Das zeigt sich in der ausgezeichneten Tastdifferenzierungsfähigkeit sowie in der Leseleistung. Hinter seinem Lebensalter zurück sind erwartungsgemäß die akustische Differenzierungsfähigkeit und die sprachliche Kompetenz. Das führt dazu, daß Armin komplizierte wörtliche Anweisungen und Fragen nicht immer sinngemäß beantwortet.

Die Körpermotorik ist ebenfalls noch nicht altersgemäß entwickelt. Es fehlt die einbeinige Hüpffähigkeit beiderseits. Beim Trampolinspringen fällt eine rechtsbetonte Leistungsminderung der Sprungkraft auf. Seine Hand- und Fingermotorik ist trotz einiger stereotyp ausgeführter einseitiger Fertigkeiten insgesamt noch retardiert. Vor allem ist Armin im Umgang mit dem Bleistift als Voraussetzung für das Schreiben noch recht ungeschickt und faßt von sich aus den Stift immer noch mit der ganzen Faust, statt im Erwachsenengriff. Auch im Gebrauch der Schere hat er noch Schwierigkeiten und kann Formen und Abbildungen nur sehr ungenau ausschneiden.

Eine Reihe dieser Tätigkeiten führt er rechtshändig, andere jedoch linkshändig aus. Eine klare Seitigkeit hat sich im Manuellen noch nicht ausgebildet. Hier liegt die Vermutung nahe, daß der Junge wohl Rechtshänder ist, daß sich jedoch rechtsseitig eine motorische Störung hindernd bemerkbar macht, so daß er bei einer Reihe von präzisionsmotorischen Leistungen von rechts auf links umwechselt.[1])

Sprachlich finden sich die markanten Rückstände und Störungen, sowohl die sprechmotorische Artikulation als auch Satzbau und Wortschatz anbetreffend. Die Intelligenzüberprüfung nach KRAMER ergab einen etwa 2jährigen Altersrückstand. Das entspräche einem Intelligenzquotienten von 70. Dabei löst Armin z.B. die Aufgabe für Vierjährige: „Welcher Strich ist länger?" nicht, obwohl er sonst selbst drei Längenunterschiede spielend bewältigt. Freie Bildbeschreibungen gelingen ihm nicht, weil es ihm an der Fähigkeit mangelt, Situationen ganzheitlich zu überblicken. Er sieht nur Einzelheiten und ist darauf fixiert.

Armins Gestalterfassung ist zwar ausgesprochen gut, sonst könnte er auch nicht Lesenlernen; es gelingt ihm jedoch nur unter großen Schwierigkeiten, geometrische Formen, Buchstaben und andere Zeichen nachzumalen. Dieser Mangel

---

[1]) Inzwischen hat Armin eine klare Rechtshändigkeit ausgebildet.

zeigt sich vor allem im Göppinger Schulreifetest. Zusätzlich macht sich dabei auch sein handmotorisches Ungeschick leistungsmindernd bemerkbar.

Am meisten machen ihm diejenigen Intelligenzfragen zu schaffen, bei denen über Eigenschaften und Verwendungszweck von Gegenständen Auskunft gegeben werden soll, z.B. „Was macht man mit einem Hammer?" (Besen, Stuhl, Pferd, Gabel). Schwierig sind für ihn Abstraktionen im Sinne eines Sich-Vorstellen-Könnens von Handlungsabläufen, z.B.: „Was machst du, damit du nicht naß wirst, wenn du bei Regen hinausgehst?" Oder: „Wenn dir dein Ball unter den Schrank rollt, und du kannst ihn nicht mit der Hand hervorholen?" Auch analoge Schlüsse erschienen sein Vorstellungs- und Denkvermögen lange Zeit noch zu übersteigen, z.B.: „Mit den Augen kann man sehen, mit den Ohren kann man . . .?" „Der Vater ist ein Mann, die Mutter ist . . .?" „Bei Tage scheint die Sonne und wann scheint der Mond?"

Seine Merkfähigkeit ist im Hinblick auf sprachliche Äußerungen relativ gering. So macht es Mühe, sich einen Satz zu merken wie: "Wenn wir mit unserer Arbeit fertig sind, dürfen wir spielen." Es ist darüber hinaus typisch für die autistische Behinderung, daß Armin zwar vorzulesen imstande ist, jedoch das Gelesene kaum wiedergeben kann. Lesen und den Sinn erfassen sind eben zweierlei.

Das zeichnerische Darstellen eines Mannes ohne Vorlage gelingt in den Grundzügen gut. Diese Fähigkeit ist an sich ein recht gutes Reifekriterium. Insgesamt kann man sagen, daß das relativ schlechte Abschneiden beim Intelligenztest zum Teil auch durch mangelnde Hinwendung und Aufmerksamkeit sowie durch die schlechte konzentrative Durchhaltefähigkeit mitbedingt ist. Weiterhin wirkt sich sein Desinteresse für Personen und Tiere ganz sicher auch leistungsmindernd im Hinblick auf das Testergebnis aus. Es kennzeichnet außerdem die autistische Wesenshaltung, daß Leistungen nur widerstrebend auf Kommando erbracht werden, vor allem wenn sie mit dem menschlichen Kommunikationsmittel der Sprache verbunden sind.

In sein Verhalten fließen immer auch tiefsitzende Ängste mit ein, so daß er neuen Situationen, Örtlichkeiten und Personen gegenüber meist eine ängstliche Abwehrhaltung zeigt. Er ist jedoch bereit, sich bis zu einem gewissen Grade in eine Kindergruppe einzuordnen und die psychomotorischen Übungen dort mitzumachen. Sein Verhalten ist auch durch latente und mitunter zum Ausbruch kommende Aggressionen gekennzeichnet. Er läßt sich aber durch Streicheln und ruhiges Zureden immer wieder relativ leicht beruhigen.

Die weitere Entwicklung

Seit diesem Bericht Ende des Jahres 1971 sind nun zwölf Jahre vergangen. Armins Entwicklung hat inzwischen eine bemerkenswert positive Richtung genommen. Sein Verhalten hat sich immer mehr der Norm genähert. Selbst in seinem sozialen Umgang hat er Fortschritte gemacht, wenngleich es ihm bisher nicht gelungen ist, eine bleibende Freundschaft aufzubauen. Er hat vor fünf Jahren seinen Freischwimmer gemacht und hat inzwischen den Schulabschluß in einer Schule für Sprachbehinderte erreicht. Zur besseren Charakterisierung des schulischen Leistungsverhaltens seien hier einige Auszüge aus den Schulleistungsberichten zwischen 1975 und 1979 aufgeführt:

Klasse 2 (Grundschule)

Nicht genügend aufmerksam, leicht abgelenkt, Arbeitsweise sprunghaft. Nicht selbständig genug; bedarf ständiger Aufforderung und Anleitung.

Erschwerte inhaltliche Erfassung beim Lesen.

Nicht befriedigende Leistungen in der Beschreibung von Bildergeschichten, im Nacherzählen von Geschichten und dem Erklären einfacher Situationen.

Bei guter Rechenfähigkeit fällt die Lösung von Textaufgaben sowie das Begreifen mathematischer Sachverhalte schwer.

Gute Einordnung in die Klassengemeinschaft, aber noch kaum Kontaktaufnahme zu Mitschülern.

Klassen 3 und 4 (Grundschule)

Die Gesamtleistung in der 3. KLasse ist befriedigend, die soziale Anpassung gut. Er folgt aber dem Unterricht nicht genügend. In der 4. Klasse sind Ansätze selbständiger und ausdauernder Mitarbeit zu erkennen. Armin bemüht sich um aktive Unterrichtsbeteiligung.

In der schriftlichen Darstellung von Sachverhalten braucht er noch Anleitungen und Hilfe. Im Mathematikunterricht gelingt es ihm zunehmend, eigene Lösungsmöglichkeiten zu finden.

Trotzdem bestehen noch große Schwierigkeiten bei neuen Rechenvorgängen, vor allem bei Sachaufgaben.

Klasse 5 (Grundschule)

Schaltet im Unterricht oft ab und ist mit sich selbst beschäftigt.

Gute Leistungen erzielt Armin in der Rechtschreibung. Es bestehen aber immer noch Sprachverständigungsmängel. Sein Lernwissen in Sachfächern ist befriedigend. Mechanische Rechenvorgänge beherrscht er gut. In Geometrie steht er jedoch neuen Aufgaben oft verständnislos gegenüber. Im Englischen ist Armin gleichbleibend gut.

Klasse 6 (Grundschule)

In der aktiven Mitarbeit sind kleine Fortschritte zu verzeichnen. Trotzdem ist er oft nicht genug bei der Sache und in Gedanken anscheinend mit anderen Dingen oder sich selbst beschäftigt. Im Englischen sind die mündlichen Leistungen bemerkenswert gut. Im Deutschunterricht erreicht er dagegen in der sprachlichen Gestaltung nur schwach befriedigende Ergebnisse. Er braucht immer noch Hilfen.

Sein Sozialverhalten ist im allgemeinen passiv, von einigen unkontrolliert aktiven Kontaktversuchen abgesehen.

Versetzt nach Klasse 7 (Hauptschule)

Verhaltensbericht aus dem Institut für Therapie autistischer Verhaltensstörungen (Hamburg):

Es wird hier eine Verringerung der Defizite im Sprachverständnis und bei Aufgaben des sprachgebundenen abstrakten Denkvermögens konstatiert. Die Leistungen der sprachfreien Intelligenz im konkret-anschaulichen Bereich sind durchschnittlich bis überdurchschnittlich. Die Grenzen seiner intellektuellen Leistungsfähigkeit sind dabei wahrscheinlich noch lange nicht erreicht. Armins soziale Zugänglichkeit konnte verbessert werden. Insgesamt handelt es sich um einen positiven Entwicklungsverlauf mit einer durchaus begründeten günstigen Prognose.

Abschließend möchte ich aus eigener Anschauung und Erfahrung noch einiges Kritisches zur Situation Armins und im Hinblick auf seine realen Lebens- und Berufschancen anmerken. Der Umfang und die Nutzung seiner Spontansprache haben inzwischen einen beachtlichen Stand erreicht. Dennoch sind auch hier autistische Eigenheiten bestehen geblieben. Seinen sprachlichen Äußerungen haftet etwas Künstliches, Bizarres, Zwanghaftes an. Er spricht in tiefer, gepreßter Stimmlage und stößt die Worte abgehackt wie grobe Brocken unter Anspannung aller Willenskraft heraus. Es fehlt der Sprachfluß und die Sprachmelodie.

Ganz sicher hat sich Armins soziale Empfindsamkeit in bemerkenswerter Weise gebessert. Es ist sogar so, daß er dabei des Guten zuviel fordert, wenn er sich in zwanghafter Kontaktüberbedürftigkeit an die Familienmitglieder hängt und sich Erwachsenen aus dem näheren Bekanntenkreis durch übertriebene Umklammerung förmlich körperlich aufdrängt. Und dies, ohne das geringste Gespür für die Reaktionen seines Gegenüber zu haben, also ohne eigentliche soziale Wahrnehmung, eine Beobachtung, die ich bei heranwachsenden Autisten des öfteren machen konnte.

Bei Armin werden trotz einzelner intellektueller Höchstleistungen, neben denen leider eben auch kaum zu kompensierende Defizite im abstrakten, sprachgebundenen Denken stehen, vor allem seine oben erwähnten sozialen Eigenheiten einer harmonischen Persönlichkeitsentwicklung im Wege stehen. Als Vierzehnjähriger ist er einerseits in der Lage, sogar Erwachsene im Schach zu besiegen (. . .). Andererseits aber fehlt ihm die Begriffsfähigkeit für lustige Wortspiele, erzählte oder abgebildete Witze. Seine Art von Humor ist wiederum für andere schwer zu verstehen, genau wie seine bizarren und stereotypen Vorlieben und Interessensgebiete, mit denen er als Autist in klebrig perseverierender Art seine Umgebung traktiert. Aus diesem Grunde sind selbst bis ins Feinste ausgeklügelte berufliche Rehabilitationsversuche oft letzlich doch zum Scheitern verurteilt, so daß im Grunde hochwertige Menschen mit oft erstaunlich hohen kognitiven Spitzen in einem normalen Berufsmilieu einfach nicht zu verkraften sind. Hier kann nur ein System vorsorgender, fürsorglicher und nachsorgender individueller Arbeitsplatzbetreuung helfen.

Wie sich Armins Berufsweg letzlich gestalten wird, bleibt abzuwarten. Er hat vor kurzem (Stand: August 1982) den Hauptschulabschluß an der Sprachheilschule mit einem bemerkenswert guten Zeugnis geschafft und wird im September seine Probezeit bei einem Berufsbildungswerk des DRK ableisten. Sie wird darüber entscheiden, ob er dort eine entsprechende Berufsausbildung machen kann. Inzwischen besucht er einen Schreibmaschinenkurs und nimmt mit wachsender Begeisterung und ebensolchem Erfolg an den Tennisclub-Ranglistenspielen sowie am Club-Turnier teil. Seine soziale Integration hat weitere Fortschritte gemacht.

Der 14jährige ist ein überlegener Schachspieler

Der gemeinsame Beginn – ein guter Start in den Tag

Ulrike Müller

Einleitung

Der gemeinsame Beginn ist zunächst ein Treffen vor dem Tagesplan in der Form einer Stuhlreihe. Daher bezeichnen wir diese Treffen als „Morgenreihe".

Da viele der autistischen Kinder umfangreiche Wahrnehmungsstörungen haben, fehlt ihnen häufig die Fähigkeit, Äußerungen und Signale ihrer Umwelt (hier Gruppe) aufzunehmen und zu interpretieren. Damit befinden sich die Kinder häufig in einer für sie unberechenbaren und somit angsterzeugenden Umwelt.

Durch die Morgenreihe bekommen die Kinder Orientierungshilfen über die bevorstehenden Tagesereignisse. Nach meinen Erfahrungen trägt eine klare Strukturierung und Regelmäßigkeit dazu bei, Ängste und Unsicherheit zu reduzieren, um somit positive Lernschritte aufbauen zu können.

Den individuellen Schwierigkeiten der Kinder wird durch gezielte Auswahl von Arbeitsmaterialien und Methoden entsprochen. Sie stammen in erster Linie aus den Beobachtungen der Kinder und daraus abgeleiteten Zielsetzungen. Anstöße zur Vorgehensweise kamen dabei von der Sofieskolen aus Kopenhagen.

Die folgenden Beschreibungen gehen von einer Unterstufengruppe mit vier autistischen Kindern im Alter von 8 und 10 Jahren aus, wobei drei Jungen schon den Kindergarten der Einrichtung besucht haben. Das Mädchen ist etwa ein halbes Jahr in der Einrichtung und der hier beschriebenen Gruppe.

Zum besseren Verständnis der weitere Ausführungen eine kurze Beschreibung der Besonderheiten der Kinder:

— J. (10 Jahre) - die körperliche Entwicklung ist nicht altersentsprechend. Zeigt keine Ansätze zum Sprachverhalten, verfügt vermutlich nur über minimale Hörreste, Kommunikation durch Gebärden ist bedingt möglich. Verhaltensauffälligkeit: Werfen von Gegenständen, besonders Glas und Porzellan.

— N. (8 Jahre) - gestörte Eigenidentität, Ablehnung von Haut- und Blickkontakt, geringes Kommunikationsbedürfnis, Fixieren auf einzelne Wahrnehmungen, Ängste bei Veränderungen und geringe Frustrationstoleranz.

— S. (8 Jahre) - wenig Kommunikationssprechen, stereotype Verhaltensweisen wie Hände flattern, Gegenstände in kreisende Bewegungen versetzen. Zwanghaftes Festhalten von Gewohnheiten - feinmotorische Schwächen.

— St. (8 Jahre) - Starke Stimmungsschwankungen verbunden mit Schreianfällen, Angstausbrüchen und Verweigerung bei bestimmten Bewegungsformen. Wenig Kommunikationssprechen, Verweigerung von Handlungen.

1.1. Der Tagesplan

Der Tagesplan besteht aus Abbildungen und Bezeichnungen einzelner Tätigkeiten. Jedes Kind hat einen eigenen Plan, wobei gemeinsame Aktivitäten besonders hervorgehoben werden. Nach Beendigung einer Aktivität wird das jeweilige Bild umgedreht. So kann das Kind immer mitverfolgen, welche Ereignisse, Aktivitäten noch vor ihm stehen.

Damit die Kinder schon morgens eine feste Vorstellung vom Tagesablauf bekommen, wird mit jedem Kind der individuelle Tagesplan besprochen. Die Kinder bezeichnen je nach Sprachvermögen die abgebildeten Tätigkeiten.

Mit zunehmender Sicherheit der Kinder wurden folgende Variationen und Veränderungen eingeführt:

— den Tagesplan erfassen durch eine Art Frage- und Antwortspiel, z.B. „Was machst Du heute mit der Gruppe gemeinsam?" usw.

— innerhalb einer Aktivität zwei Möglichkeiten zur Auswahl stellen (zwei Bilder kneten und malen - übereinander hängen)

— feststehende Phasen (Mahlzeiten) durch die Bezeichnung erkennen

— einzelne Wochentage werden im Ablauf variiert (z.B. freitags: Schwimmen, Turnen, Stadtfahrt, Zoobesuch im Wechsel)

— fällt im Krankheitsfall eine gruppenübergreifende Aktivität aus, wird dieses mit dem Kind gemeinsam besprochen und auf dem Plan gemeinsam verändert

92

— einzelne Einheiten des Tages sind vom Wetter abhängig (z.B. drinnen oder draußen)

— besondere Ereignisse des nächsten Tages werden mit den Kindern besprochen und Wunschäußerungen mit einbezogen

— sprachliche Anforderungen erweitern (z.b. im Satz und in der „Ich-Form" sprechen)

— Gebärden in Zusammenhang mit den Tagesaktivitäten verbinden.

Durch den Tagesplan erlangen die Kinder je nach individuellen Fähigkeiten ein Stück Voraussicht für den Tag. Die Fähigkeit, selbständig zu planen und zu handeln, wird aufgebaut, da die Kinder Vorstellungen von Ablauf und Inhalt einzelner Tätigkeiten erwerben. Hierzu ein Beispiel: Ein Junge (10 Jahre) stellt seit einiger Zeit selber Strukturkarten her, indem er Bilder malt oder Fotos aus dem Katalog ausschneidet. Darunter schreibt er Buchstaben und hängt diese an den Tagesplan. Hiermit hat er die Möglichkeit gefunden, eigene Bedürfnisse (z.B. in die Stadt fahren) auszudrücken.

1.2. Zielsetzungen

— Die Kommunikationsfähigkeit (Sprache und Gebärden) in Zusammenhang mit konkreten Situationen wird erweitert.

— Die Orientierung durch Bezeichnungen ohne Bild wird angebahnt.

— Durch die stetigen Veränderungen kann sich das Kind seiner Umwelt gegenüber öffnen (Frustrationstoleranz erweitern).

— Die Stereotypien werden auf bestimmte Zeit des Tages eingegrenzt.

— Die eigene Willensentscheidung bei den Auswahlmöglichkeiten wird gefördert und Motivation geschaffen. Das Kind erkennt nach und nach ein Zeitkonzept, indem es erfährt, welche Handlungen einzelnen Tagesabschnitten zugeordnet werden.

2.1. Kalender

Mit der Verteilung des ersten Bildes des Tagesplanes „Morgenreihe" und einem Morgenlied beginnt der erste Teil.

Zunächst kommt die Frage nach dem Tag. Hierzu wurden folgende Arbeitsmaterialien erstellt:

Plan a.) ist konzipiert als Hilfestellung, um Tag, Datum und Monat zu erkennen und zu unterscheiden. Er wurde zunächst farblich unterschiedlich gekennzeichnet, dieses diente zur deutlichen Unterscheidung von „Tag", „Datum" und „Monat". Nachdem den Kindern diese Unterscheidung gelang, wurde der „Tag" groß auf eine Tafel geschrieben oder mit Buchstaben nachgelegt. Später folgte die jeweilige Gebärde dazu. Spielerische Elemente wie Karten verstecken oder einem anderen Kind geben wurden eingebaut. Bei einem Kind wurden Unsicherheiten

 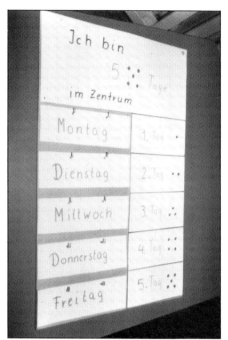

in der Abfolge der Wochentage deutlich. Es hatte darüber hinaus Schwierigkeiten wiederkehrende Ereignisse den jeweiligen Tagen zuzuordnen.

Zur Hilfestellung wurde Plan b.) entworfen. Hier kann ein systematisches Vergleichen der Wochentage mit der Fragestellung nach „Gestern", „Heute" und „Morgen" beantwortet werden!

In Zusammenhang mit dem Kalender werden die anstehenden festlichen Ereignisse (z.B. Advent, Ostern, Geburtstag) mit einbezogen und gefeiert. Beispielsweise wird zur Adventszeit die Morgenreihe mit brennenden Kerzen und gemeinsamem Singen begonnen. Später sucht ein Kind der Gruppe mit dem jeweiligen Datum das Säckchen am Adventskranz aus und schneidet es ab. In dem Säckchen befindet sich für alle Beteiligten der Morgenreihe eine Kleinigkeit zum Essen.

2.2. Zielsetzung

— Zeitreihenfolge erkennen (Zuhause, Gruppe)

— Fragen nach Wochentagen beantworten

— Fragen nach dem Monat beantworten

— Zeitbestimmung (gestern, heute, morgen) richtig anwenden

— Tätigkeiten und Wochentage koordinieren

94

— Datum von „heute" nach Vorgabe wiedergeben
— Für die Kinder wichtige Ereignisse (Feste) erfassen, der Jahreszeit zuordnen; Stimmungen emotional miterleben.

3.1. Wetterkalender

Der Wetterkalender steht im Zusammenhang mit dem „Tag und Monat".

Das Wetter wird in der Morgenreihe angesprochen, wenn es sich grundlegend verändert hat (z.B. Schneefall).

Der Wetterkalender soll zunächst Interesse zur Beobachtung wecken. Später sollen die Kinder einen Zusammenhang zwischen dem Wetter und unterschiedlichen Aktivitäten herstellen (z.B. Heute regnet es, daher findet die Pause im Haus statt, oder es schneit und ist kalt, daher muß ich Mütze, Schal und Handschuhe tragen.)

3.2. Zielsetzung

— Beobachtungsgabe fördern und daraus Rückschlüsse ziehen
— Wetter mit dem Monat (Jahreszeit) in Verbindung bringen

4.1. Personentafel

Die Personentafel entstand aus den Überlegungen, besonders einem Kind der Gruppe eine Hilfestellung und Motivation zu geben, sich selber und andere Gruppenmitglieder wahrzunehmen und mit Namen zu bezeichnen. Um sie im Rahmen der Morgenreihe anbieten zu können, entwickelten wir folgende Aufgabenstellungen:

— das eigene Bild heraussuchen

— einzelne Bilder bezeichnen und fragen, ob die abgebildete Person heute da ist

— alle Bilder der anwesenden Personen an ein Steckbrett aufreihen

— typische Gebärden — die vorher schon festgelegt waren - mit den Bildern der Person verbinden

— als Hilfestellung für den gesamten Tagesablauf kleine Aufträge erfüllen (z.B. etwas weitergeben, bei der Begrüßung usw.).

Später entdeckten wir, wenn eine Vertretung in die Gruppe kam (z.B. im Krankheitsfall), daß große Unsicherheiten bei den Kindern auftauchten. Außerdem stellten wir eine Fixierung der Kinder auf die Person fest, die die Morgenreihe mehrmals hintereinander durchführte. Um dieser Unsicherheit entgegenzuwirken, wechselten wir uns in der Leitung der Morgenreihe zunächst im Gruppenteam regelmäßig ab.

Eine Übertragung der Morgenreihe an eine Vertretungskraft wurde durch die Erweiterung der Personentafel angebahnt. Die Kinder wurden mit dem Bild auf den bevorstehenden Besuch in der Morgenreihe vorbereitet. Später wurden die Leitung der Morgenreihe an diese Person übertragen. Zur Sicherheit der Kinder wurde an diesem Tag keine weitere Veränderung (z.B. im Ablauf, neues Material usw.) vorgenommen. Später folgten unterschiedliche Variationen mit erweiterter Personenzahl. Heute sind auch Hospitationsbesuche der Eltern und den Kindern unbekannten Personen möglich.

4.2. Zielsetzung

— sich selber und andere wahrnehmen und mit Namen kennen und bezeichnen
— die Gruppe als Gesamtheit wahrnehmen und merken, falls jemand fehlt
— mit anderen Gruppenmitgliedern in Kontakt treten (zunächst durch ein Objekt)
— im Mittelpunkt der Gruppe stehen können
— Personen, die sonst für das Kind eine andere Funktion haben, in der Morgen-reihe akzeptieren
— sich auf unterschiedliche Personen in der Leitung der Morgenreihe einstellen
— Besuch (z.B. Eltern) in der Gruppe akzeptieren

5.1. Bonbongläser

Da alle Kinder gerne Süßigkeiten essen, überlegten wir uns, wie der Wunsch Bon-bons zu essen, mit verschiedenen Lerninhalten zu verbinden sei. Wir entwickel-ten zu diesem Zweck die Bonbongläser, die sich in vier Merkmalen von einander unterscheiden

— Farbe,
— Fotos der verschiedenen Personen,
— Name der Person,
— Oberflächenbeschaffenheit des Schraubdeckels.

Je nachdem welche Ziele bei dem jeweiligen Kind angesteuert werden, kann die Aufgabenstellung eine andere sein. Hier einige Beispiele der Einsatzmöglichkei-ten:

— ein Erwachsener hält einzelne Gläser hoch und fragt: „Wem gehört dieses Glas?"
— ein Kind der Gruppe verteilt die Gläser mit Hilfestellung der oben beschriebenen Kennzeichnung (je nach Möglichkeiten des Kindes unterschiedlich)
— Beschreibung des Glases oder der Person (Ratespiel)
— im Fühlsack den Deckel des eigenen Glases finden.

Damit verbunden ist eine Gruppenregel (jeder 1 Bonbon), die unbedingt eingehalten werden muß.

Die Gläser stehen immer sichtbar auf einem Regal über dem Strukturplan. Das Herunterholen der Gläser erledigen in der Regel zwei Kinder. Die Bonbongläser werden jeden Montag zusammen mit den Kindern aufgefüllt. Für die Vertretungskraft und Hospitationsbesucher existiert ein Bonbonglas.

5.2. Zielsetzung

— Farben, Fotos und Schriftzüge Personen zuordnen
— gemeinsam mit der Gruppe etwas Angenehmes tun
— durch die Tätigkeit mit anderen Gruppenmitgliedern und den Gruppernerziehern in Kontakt treten
— die Gruppe als Gesamtheit erleben und merken, wenn jemand fehlt
— bei den Aktionen selber im Mittelpunkt stehen
— eine Aufgabenstellung zu zweit erfüllen
— Behutsamkeitsübung (mit Glas vorsichtig umgehen)
— feinmotorische Anforderung (Glas öffnen und schließen — Auge-Hand-Koordination)
— sprachliche Anforderung — Wünsche und Bedürfnisse äußern und auf Fragen antworten (Gebärden)
— Regeln einhalten (z.B. nur ein Bonbon essen, abwarten bis alle das Glas haben)
— die Gruppenvertretung und Besucher bemerken und auf sie zugehen und das Glas überreichen
— Erkennen, daß es eine Ausnahme ist

6.1. Die gemeinsame Aktivität

Im unmittelbaren Anschluß an die Morgenreihe findet eine gemeinsame Aktivität der Kinder statt. Ein Kind der Gruppe wählt anhand von zwei vorgegebenen Möglichkeiten aus, welche Aktivität stattfinden soll. Die Stuhlreihe lockert sich auf und die Kinder spielen gemeinsam.

Die möglichen Aktivitäten sind bewußt aus unterschiedlichen Bereichen zusammengestellt:

— Interaktionsspiele
— grob- und feinmotorische Übungen
— Partnerübungen
— einfache Regelspiele.

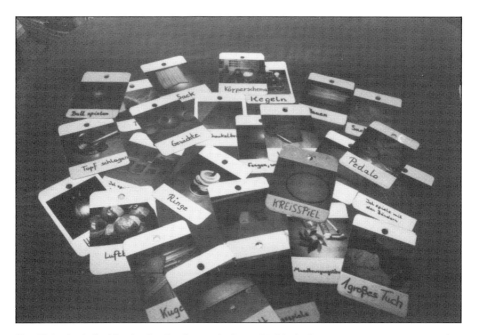

Zur Zeit sind die Kinder in der Lage, bei ca. 25 Variationen angemessen zu agieren und früher erlernte Fertigkeiten entsprechend zu modifizieren.

Freitags ergibt sich eine Abweichung, da im Anschluß an die Morgenreihe, die folgenden Tätigkeiten (Schwimmen, Turnen) vorbereitet werden (Schwimm- oder Turnsachen einpacken).

6.2. Zielsetzung

— wahrnehmen der anderen Kinder durch die Aktivität
— sich auf die Aktivität einstellen, die ein anderes Kind auswählt
— eigene Aktivität mit vorher gelernten Funktionen einbringen
— mit den anderen Gruppenmitgliedern in Kontakt treten
— Vorbereitung auf spätere Aktionen des Tages

7. Zusammenfassung

Zusammenfassend ist festzuhalten, daß die hier beschriebene Form, ebenso wie der Inhalt der Morgenreihe auf eine spezielle Kindergruppe zugeschnitten ist. Zweck des Tagesplanes ist es, einen äußeren Rahmen für die Kinder aufzubauen, innerhalb dessen sie größtmögliche Selbständigkeit erlangen können. Entsprechend den Fähigkeiten und Möglichkeiten eines Kindes ist der Rahmen enger oder weitergespannt. Ziel ist es, den Kindern zu einer eigenen inneren Strukturierung zu verhelfen. Die beschriebene Morgenreihe stellt eine von vielen denkbaren Möglichkeiten dar, diesem Ziel näher zu kommen. Kleine Gruppen — wie hier beschrieben — ermöglichen es, soziale Bezüge aufs einfachste zu reduzieren und den Kindern verständlich zu machen. Nur so können die Kinder Erfolgserlebnisse erfahren, die zum Aufbau von Motivation notwendig sind.

Die Musik-Körpererfahrungs-Therapie im Rahmen eines integrativen Therapiekonzepts

Heinz Schlüter

1. Einleitung

Zur Veranschaulichung der Diskussion um die Therapie der autistischen Problematik möchte ich meinen Betrachtungen eine alte Sufi-Fabel voranstellen:

„Es gab einmal eine Stadt nur mit blinden Einwohnern. Ein König kam mit Armee und Gefolge in die Nähe und kampierte dort. Er besaß einen mächtigen Elefanten, den er für Angriffe benutzte, weil das Riesentier den Feinden große Angst einjagte. Die Bürger waren neugierig, den Elefanten kennenzulernen, und einige Blinde machten sich auf den Weg, um Näheres über den Elefanten herauszufinden. Da sie die Gestalt eines Elefanten nicht kannten, befühlten sie seine Teile. Jeder, der einen Teil gefühlt hatte, dachte, daß er den Elefanten kennen würde. Sie kehrten zu ihren Mitbürgern zurück, und es bildeten sich um sie neugierige Gruppen. Alle fragten nach der Form und Beschaffenheit des Elefanten und lauschten andächtig. Der Mann, der das Ohr gefühlt hatte, sagte: „Der Elefant ist groß und rauh, weit und breit wie ein Teppich." Ein anderer, der den Rüssel gefühlt hatte, sagte: „Ich weiß, wie es in Wahrheit ist. Der Elefant ist wie ein gerades und hohles Rohr, furchtbar und gefährlich." Wiederum ein anderer, der die Füße und Beine gefühlt hatte, sagte: „Nein, der Elefant ist mächtig und fest wie eine Säule." Jeder hatte einen Teil des Elefanten gefühlt, doch wähnte sich jeder im vollen Besitz der ganzen Wahrheit."
(SCHWÄBISCH & SIEMS, 1976)

Die Geschichte läßt deutlich werden, daß ein jeder seine Perspektive hat, diese Perspektive nicht unbedingt Anspruch auf Allgemeingültigkeit und Objektivität erheben kann und daß die Möglichkeit besteht, daß sich diese persönlichen, subjektiven Perspektiven ergänzen können.

Einen Schritt weiter geht KELLY mit seiner „Psychologie der persönlichen Konstrukte" (1955, 1970), wobei ein Konstrukt ein Begriff bzw. eine Kategorie ist, mit der der Mensch seine Welt interpretiert. Nicht nur das, was der Mensch beachtet, sondern auch mit welchen Konstrukten und mit welchem Konstruktsystem der Mensch seine Welt abbildet, ist für ihn ein Merkmal der jeweiligen Person. Denn die Konstrukte werden nicht von den Ereignissen gebildet, denen sie zugeschrieben werden. Die Person, die die Konstrukte verwendet, hat sie erfunden bzw. übernommen und für sich bedeutungsvoll gemacht. Durch die Konstrukte wird erst den Ereignissen Bedeutung verliehen und sie dienen der Beschreibung, dem Verständnis, der Vorhersage und Kontrolle. Ereignisse können also auf vielfältige Art und Weise abgebildet werden. Allerdings können die Konstruktionen dadurch unterschieden werden, wie gut sie dazu in der Lage sind, etwas vorherzusagen.

Seine Aussagen, die soeben stark verkürzt und daher auch unvollständig zusammengefaßt wurden, bezieht KELLY sowohl auf wissenschaftliches als auch auf menschliches Verhalten allgemein. Er gelangt zu der Auffassung, daß alle Theorien, auch seine eigene, Konstruktionen sind, die deshalb auch geändert und ersetzt werden können.

Natürlich stellt sich nun die Frage, ob die Aussagen der Theorie KELLY's für den Autismus brauchbar sind. Es soll an dieser Stelle nicht der Frage nachgegangen werden, ob und wie autistische Menschen konstruieren, sondern nur darauf hingewiesen werden, daß es sowohl verbale als auch nonverbale Konstrukte (z.B. Gesten) gibt. In diesem Zusammenhang erscheint es vielmehr interessant, einen kurzen Blick auf die Bereiche Therapie und Verursachung der autistischen Problematik zu werfen.

Seit KANNER (1943) und ASPERGER (1944) sind eine Vielzahl von Ansätzen zur Therapie und Erklärung der autistischen Problematik entstanden. Bei diesen Ansätzen handelt es sich in der Mehrzahl um Therapieformen, die in anderen Bereichen entwickelt wurden, bzw. allgemeine Aussagen über menschliches Verhalten und Lernen enthielten. Sie wurden auf den Spezialfall Autismus, mehr oder weniger modifiziert, übertragen. Eine Zusammenfassung dieser und einiger anderer theoretischer Ansätze findet sich bei RÖDLER (1983). Die neueren Therapieformen, die aus praktischen Erfahrungen heraus im Autismusbereich entstanden sind, wurden von ihm noch nicht berücksichtigt. Dazu gehören

— die Haltetherapie (TINBERGEN & TINBERGEN, 1984),
— die Musik-Körpererfahrungs-Therapie (FACION, 1986) und
— die Aufmerksamkeits-Interaktionstherapie von HARTMANN.

Während insbesondere zur Haltetherapie zahlreiche Veröffentlichungen existieren, ist die Musik-Körpererfahrungs-Therapie bisher nur selten beschrieben worden.

Die Absicht dieses Artikels ist es nun, die letztgenannte Therapieform im Rahmen eines integrativen Therapieansatzes (FACION, 1986) kurz zu beschreiben und über vorliegende Erfahrungen zu berichten. Dieser Darstellung werden einige Anmerkungen zum Verständnis des Autismus vorangestellt.

2. Zum Verständnis der autistischen Problematik

Es gibt mittlerweile zahlreiche Versuche, das Autismus-Phänomen zu charakterisieren. An einem Beispiel soll versucht werden, einen Zugang zur Problematik zu finden.

Nach ROHMANN (1985) sind zwei Kriterien für die Diagnose des Autismus-Syndroms entscheidend; nämlich daß
— die Symptomatik vor dem 30.Lebensmonat aufgefallen sein muß und
— daß alle drei Kardinalsymptombereiche vorliegen. Dazu gehören

1. „Störung der sozialen Entwicklung bzw. Dissoziation der einzelnen Kommunikationskanäle

2. verzögerte und/oder gestörte Sprachentwicklung und

3. ritualistische Aktivitäten" (KEHRER, 1978; zitiert nach ROHMANN, 1985).

Der Autor vertritt eine symptomorientierte Diagnostik, die weniger von der Frage: Was ist Autismus? ausgeht, sondern eher die Frage zu beantworten sucht: Welche Symptome gehören zum Autismus-Syndrom?

Die Störung des sozialen Kontakts zeigt sich vor allem an den mangelnden Fähigkeiten zur Kooperation, zum Schließen von Freundschaften, zur Aufnahme des Blickkontakts und zum Erkennen und Erwidern der Gefühle anderer Personen. ROHMANN ordnet auch die diversen Besonderheiten der Wahrnehmung diesem Punkt zu.

Die Störung der Sprache besteht entweder im mutistischen Verhalten oder in einer sprachlichen Entwicklungsverzögerung oder in einer Regression auf frühere Entwicklungsphasen, nachdem eine gewisse Sprachkompetenz erworben wurde. Aber selbst dann, wenn Kompetenzen vorliegen, bleiben Eigentümlichkeiten bestehen, wie z.B. ein Sprachverhalten mit eher Ausdrucks- als kommunikativem Charakter und/oder ein Sprachverhalten, bei dem die Bedeutung eines Begriffs an die Situation gebunden bleibt, in der er erlernt wurde.

Bei den zwanghaften, ritualistischen Verhaltensweisen wird angenommen, daß mit den motorischen Reaktionen in der Regel Erregungen verringert und neue Reize blockiert werden. Gleichzeitig kommt es in solchen Situationen mitunter zu deutlichen Affekten, doch bleibt ein Bedürfnis nach konstanten, vorhersehbaren bzw. konstruierbaren und selbstgesteuerten Umweltstrukturen unverkennbar.

Nun sind Wahrnehmung und Sprache Verhaltensbereiche, die überwiegend auf den Kontakt mit der Umwelt gerichtet sind. Bei Zwängen und Ritualen wird aktiv eine eigene Welt aufgebaut und damit erfolgt gleichzeitig ein Rückzug von der Umwelt. D.h., alle beschriebenen Symptome können verstanden werden als eine Störung des sozialen Kontakts bzw. als ein aktiver Rückzug von diesem. Bei diesen Verhaltensbereichen variiert allerdings das Ausmaß der Aktivität oder Passivität der betreffenden Person.

Was heißt es nun, von einer Kontaktstörung zu sprechen?

In diesem Fall bedeutet die Störung des Kontakts, daß

— das Funktionsniveau aller derjenigen Bereiche (Wahrnehmung, Sprache, Emotion, Motorik), die für den Kontakt mit anderen Personen zentral sind, besonders niedrig ist und daß

— der Kontakt mit anderen Personen vermieden wird.

Von der Erscheinungsform her findet man mehrere Hauptformen der Kontaktstörung:

Einmal scheint wenig Interesse am Kontakt zu bestehen, was sich entweder im Abwenden von der anderen Person oder in einer starken Passivität ausdrückt.

Andererseits kommt es vor, daß der Kontakt immer auf ein und dieselbe Art und Weise (stereotyp) aufgenommen wird.

In all diesen Ausprägungen findet auch eine deutliche Kontrolle der Interaktion statt, deren Signale folgendermaßen übersetzt werden können:

„Ich kann und/oder will keinen Kontakt machen" oder

„Wenn Kontakt, dann bestimme ich, wie dieser stattfinden soll".

Wenn es um Kontrolle geht, steht oft die Schwierigkeit dahinter, etwas zulassen oder geschehenlassen zu können. Dies drückt dann Unsicherheit und Angst aus.

An dieser Stelle möchte ich betonen, daß es nicht darum gehen kann, von einer kognitiven oder emotionalen oder Lern-Störung zu sprechen. Vielmehr wird deutlich, daß diese verschiedenen Probleme bei ein und derselben Person auftreten und damit wird ein Zusammenhang dieser Schwierigkeiten wahrscheinlich.

Es gibt sicherlich eine Reihe von Möglichkeiten, den Teufelskreis zu beschreiben, der mit dem Begriff Kontaktstörung angedeutet wurde. Im Anschluß wird exemplarisch ein Erklärungsversuch angeführt, der die Problematik aus dem Blickwinkel einer Lernstörung betrachtet, ohne dabei einen Anspruch auf Allgemeingültigkeit zu erheben.

Die lerntheoretische Verhaltensmodifikation unterscheidet zwei Formen des Vermeidungslernens bei unangenehmen Sitationen:

— die Situation vermeiden durch Ausweichen (aktiv) und

— die Situation vermeiden durch Nichtannähern (passiv).

Aus der aktiven Strategie entstehen eher die Formen des Zwangsverhaltens und aus der passiven Strategie eher die Formen ängstlichen Verhaltens. Beiden Strategien gemeinsam ist, daß eine Auseinandersetzung mit dem unangenehmen Reiz nicht stattfindet.

Die besonders hohe Löschungsresistenz und damit Konstanz von aktivem Vermeidungsverhalten demonstrierte BIRBAUMER (1975):

Die Versuchspersonen lernten in der Anfangsphase durch Drücken einer Taste zu vermeiden, daß sie nach dem Aufleuchten einer Lampe einen unangenehmen, aber unschädlichen elektrischen Schlag erhalten. Nachdem diese Vermeidungsstrategie gelernt wurde, schaltete man den unangenehmen Reiz (elektr. Schlag) ab, aber fast alle Versuchspersonen drückten bei Aufleuchten der Lampe weiter auf die Taste. 27 % der Versuchspersonen vermieden mit Tastendruck auch dann weiter, nachdem ihnen mitgeteilt worden war, daß diese Reaktion nicht mehr nötig sei, da man den elektrischen Schlag ausgeschaltet habe.

Dieser Vorgang erinnert an die Geschichte von dem Mann, der auf dem Marktplatz stehend immer wieder in die Hände klatscht. Von einem Passanten gefragt, warum er das tue, antwortet er, um die Elefanten zu vertreiben. Darauf entgegnet der Passant, es seien doch weit und breit keine Elefanten zu sehen. „Daran sehen Sie, wie gut es funktioniert", bekommt er zur Antwort.

Auch hier findet sich eine „erfolgreiche" Vermeidungsreaktion, die zum Zwang und Stereotyp werden kann. Denn solange sie fortgesetzt wird, kann nicht die Erfahrung gemacht werden, daß die unangenehme Situation, die erfolgreich vermie-

104

den wird, gar nicht mehr existiert. Natürlich gibt es noch andere Faktoren, die zu einem stabilen Verhalten führen, wie zum Beispiel die Verstärkung, Automatisierung etc. Alle diese Faktoren erklären jedoch nur die Aufrechterhaltung eines Verhaltens, nicht aber seine Entstehung.

FACION (1986) geht von einer Informationsverarbeitungsstörung unklarer Herkunft aus. Dabei muß ein therapeutisches Modell eine Vielzahl von Faktoren, wie z.B. die Formen autistischen Verhaltens, das Verarbeitungsniveau des Behinderten, die Reaktionen der Umwelt, das soziale Milieu etc. berücksichtigen. Eine zentrale Bedeutung hat für ihn die Entkoppelungshypothese von Wahrnehmung und Handlung: Vom Behinderten wird, auf Grund eines niedrigen Verarbeitungsniveaus und fehlender Selektion, zeitweilig mehr wahrgenommen als von nichtbehinderten Personen. Diese Informationsmenge kann vom Behinderten noch weniger geordnet und verarbeitet werden, so daß es zum Verlust des zeitlichen Zusammenhangs von wahrgenommener Situation und Handeln kommt.

In Anlehnung an KELLY (1955, 1970) kann angenommen werden, daß die Betroffenen in der Regel über ein wenig differenziertes Konstruktsystem verfügen, mit dem sie Informationen entsprechend schlecht auswählen und verarbeiten können. Die Störung der inneren Kommunikation ist zwangsläufig die Folge und es kommt leicht zu asymmetrischen Interaktionen[a] mit der Umwelt, da die Behinderten meist nichtsprachliche Kommunikationsebenen (Gestik, Mimik, Kinästhetik usw.), oft diese auch noch isoliert, bevorzugen.

3. Der integrative Therapieansatz

In der Entwicklung der Autismustherapie in Deutschland nehmen verhaltenstherapeutische Interventionsformen eine herausragende Stellung ein. Die Entwicklung in den USA scheint hier eine Vorbildfunktion zu haben.

Unter dem Oberbegriff der Verhaltenstherapie werden zahlreiche und unterschiedliche Interventionsformen subsumiert:

— die Formen des klassischen und operanten Konditionierens,

— die systematische Desensibilisierung,

— die Methoden der Reizüberflutung und

— die neueren Formen der kognitiv orientierten Verhaltenstherapie.

Zusammenfassungen dieser Techniken finden sich in einem Handbuch der DGVT[b] (1980) und bei FLIEGEL et al. (1981).

---

a): Asymmetrische Interaktionen finden z.B. dann statt, wenn die beteiligten Partner unterschiedliche Ausdrucks- und ·Wahrnehmungskanäle bevorzugen, so daß der eine etwas ausdrückt, was vom anderen nicht wahrgenommen und verstanden wird und umgekehrt.

b): Deutsche Gesellschaft für Verhaltenstherapie e.V.

Natürlich kommen nicht alle diese Vorgehensweisen für die Anwendung im Autismusbereich in Frage. Allerdings konzentrierte sich die Übernahme verhaltenstherapeutischer Techniken stark auf das operante Konditionieren, während die anderen Ansätze relativ wenig Beachtung fanden. In neuerer Zeit ist eine Tendenz in Richtung Einbeziehung anderer Vorgehensweisen im Rahmen integrativer Modelle deutlich. Ein Beispiel in dieser Tradition ist das integrative Therapiemodell von FACION, dessen wichtiger Baustein die Musik-Körpererfahrungs-Therapie ist.

3.1. Das integrative Therapiekonzept nach FACION

Das integrative Therapiekonzept nach FACION bezieht sich auf stationäre, soziale Einrichtungen. Es basiert auf den folgenden fünf Voraussetzungen:

a) Es handelt sich um ein individuell ausgerichtetes Konzept für jeden Behinderten und ist damit auch ein dynamisches Modell, da es an den jeweilig Betroffenen und die jeweilige Situation angepaßt werden muß. Es beginnt mit einer Beobachtungsphase, in der die Häufigkeit des problematischen Verhaltens für die spätere Erfolgskontrolle erhoben wird und die eine erste Differenzierung einzelner Verhaltensweisen erlaubt.

b) Bei stationärer Unterbringung und einer vorübergehenden Trennung von den Bezugspersonen soll eine strukturierte Umgebung mit geregeltem Tagesablauf Sicherheit vermitteln und einer Reizüberflutung vorbeugen.

c) Fundamentaler Bestandteil der Behandlung ist die Musik-Körpererfahrungs-Therapie (MKT), die täglich durchgeführt wird. Sie zielt ab auf eine basale Kommunikation, eine Sensibilisierung und eine Differenzierung der Körperwahrnehmungen bei gleichzeitiger Verminderung von Erregung in dieser Situation.

d) Es werden verhaltenstherapeutische Maßnahmen zum Aufbau von Kompetenzen eingesetzt, die mit autistischem Verhalten unvereinbar sind und dem Abbau problematischer Verhaltensweisen dienen.

e) Nachdem der Betroffene sich der neuen Umgebung angepaßt hat, erhält die wichtigste Bezugsperson eine Woche lang die Möglichkeit, die therapeutische Vorgehensweise kennenzulernen und mit den Therapeuten darüber zu sprechen. In einer späteren weiteren Woche lernt die Bezugsperson unter der Anleitung der Therapeuten die beobachteten Vorgehensweisen selbst anzuwenden.

3.2. Die Musik-Körpererfahrungs-Therapie (MKT)

Da in der MKT der Hautkontakt eine wichtige Rolle spielt, soll kurz auf die Bedeutung der Haut eingegangen werden:

„Die Haut besitzt zahlreiche unterschiedliche Sorten von Sinnesorganen für die Gefühlsqualitäten von Berührung, Druck, Strukturbeschaffenheit, Hitze oder Kälte, Schmerz sowie die Bewegung der Haare auf der Haut. Obwohl wir nicht über die Bedeutung der Rolle von Berührungen in unserem Leben nachdenken, ist das taktile System das ausgedehnteste Sinnesorgan unseres Körpers und spielt eine vitale Rolle im menschlichen Verhalten, sowohl physisch als auch geistig . . .

Hinzu kommt, daß das taktile System das erste sensorische System ist, welches sich im Mutterleib entwickelt und das bereits voll funktioniert, wenn optische und akustische Systeme sich erst zu entwickeln beginnen. Aus diesen Gründen ist der Berührungsreiz von großer Bedeutung für die gesamte nervale Organisation. Ohne ausreichende taktile Stimulierung des Körpers tendiert das Nervensystem dazu, aus dem ‚Gleichgewicht‘ zu kommen." (AYRES, 1979, S. 47)

Bezogen auf autistische Kinder vertritt AYRES folgende Auffassung:

„Ebenso kann natürlich ein solches Kind, dem Reizeindrücke, die von der Haut, den Muskeln, Gelenken und dem Gleichgewichtssystem stammen, nicht bewußt werden, keine klare Körperwahrnehmung entwickeln. Es fehlen ihm die entsprechenden im Nervensystem eines normalen Menschen eingebetteten ‚Landkarten‘ sowohl von ihm selbst als auch von der Welt, die es umgibt. Aus diesem Grunde kann es mit sich und der Welt nichts anfangen. Es kann keine Körperplanung entwickeln, da es seinen eigenen Körper nicht ohne Schwierigkeiten empfindet und auch nicht die richtige Eigenwahrnehmung hat, wenn es aktiv ist. Es fehlt ihm einfach die körperliche Voraussetzung zur Entwicklung seines ‚Ego‘." (AYRES, 1979, S. 180) (bzw. seiner Persönlichkeit; Anmerkung des Verfassers)

Das ausdrückliche Ziel der MKT ist es, die Entwicklung des Körperbewußtseins, des Selbstgefühls und der Selbststeuerung zu fördern.

Materialien und Verlauf

In einem weder reizarmen noch reizvollen Raum befindet sich eine Matratze, an deren Kopfende ein Stereo-Kassettenrekorder. Die Therapie kann sowohl mit den Händen als auch mit verschiedenen basalen Stimulationsmaterialien durchgeführt werden, die vor Therapiebeginn in die Nähe der Matratze gelegt werden. Die Behandlung wird zunächst von einem Therapeuten vorgenommen. Ziel ist es, daß die Therapie später von einer Bezugsperson durchgeführt wird.

Von Beginn an läuft eine instrumentale, musikalische Untermalung, die idealerweise beruhigend auf alle Beteiligten wirken sollte. Über den gesamten Zeitraum der Behandlung hinweg sind die Bewegungen des Therapeuten stark verlangsamt. Das ganze Spektrum der nichtsprachlichen Kommunikation, Gestik, Mimik, Blickkontakt, bis hin zu einer entspannten Ausstrahlung wird eingesetzt, um diese entspannte Haltung auf den Klienten zu übertragen.

In dieser Situation wird der Klient aufgefordert, den Oberkörper freizumachen und sich mit dem Rücken auf die Matratze zu legen. Die Aufforderungen werden am besten gestisch begleitet und, wenn erforderlich, kann der Therapeut dabei behilflich sein. Er hockt über dem Klienten, dessen Arme flach am Körper liegen und durch die Knie des Therapeuten fixiert werden können. Dabei darf auf keinen Fall die Atmung des Klienten beeinflußt werden.

Zu Beginn der Behandlung ist mit körperlichem und/oder sprachlichem Widerstandsverhalten des Klienten zu rechnen. Dabei ist zu beachten, daß der Therapeut diesem Widerstand ruhig und gelassen begegnet, den Klienten ruhig in die Ausgangslage zurückbewegt, in dieser Phase nicht mit dem Klienten spricht und, wie die ganze Behandlungszeit über, den Oberkörer des Klienten entweder mit den Händen oder verschiedenen Materialien extrem verlangsamt stimuliert. Wenn mit Stimulationsmaterialien gearbeitet wird, dann entscheidet der Therapeut über das Material, die Dauer und die Reihenfolge seines Einsatzes. Natürlich muß berücksichtigt werden, welche Materialien besonders geeignet sind, die Entspannung zu vertiefen und die Aufmerksamkeit des Klienten für Berührungen zu sensibilisieren.

Ein anfänglicher Widerstand des Klienten ist angesichts einer für ihn neuen Situation, die noch nicht eingeschätzt werden kann, nicht nur verständlich, sondern auch für die Behandlung insofern förderlich, weil anschließend Beruhigung und Entspannung sich besonders deutlich abheben und sicher auch stärker erlebt werden. Gleichzeitig ist die Wahrnehmung des Klienten dann offen für den Körperkontakt und dessen unterschiedliche Qualitäten, wie z.B. Wärme, Bewegung und Druck.

In der Entspannungsphase wird den Armen des Klienten nach und nach mehr Freiheit gegeben. Schließlich werden sie nacheinander, unter der ruhigen Führung des Therapeuten, seitlich auf die Matte gelegt. Sollte dies zu früh erfolgt sein und werden die Arme zu einem abwehrenden Verhalten eingesetzt, kann es notwendig werden, sie erneut zu fixieren und nach einer Weile den oben beschriebenen Prozeß zu wiederholen. Denn es ist äußerst wichtig, daß der Klient am Ende der Therapie relativ entspannt ist. Bis zum Verlassen des Raums verhält sich der Therapeut in der anfänglich beschriebenen Art und Weise.

„Die Dauer der Therapie beträgt zwischen 20 und 60 Minuten pro Tag, wobei die Zeit mit Zunahme der therapeutischen Erfahrung ständig abnimmt, da die Widerstandsphasen immer geringer werden, das Kind immer mehr in die Lage kommt, die neuen Körpererfahrungen zu differenzieren bzw. zu genießen." (FACION, 1986, S. 86)

Im folgenden werden die Faktoren der MKT erläutert, von denen angenommen wird, daß sie in besonderem Maße zu den Wirkungen der Behandlung beitragen.

I. Musik

In erster Linie wird die Musik als Entspannungshilfe für den Therapeuten eingesetzt. Denn er sucht sich die Musik aus, damit es ihm leichter fällt, sich zu entspannen und diese Entspannung auf den Klienten zu übertragen. Am besten ist es natürlich, wenn die Musik auch eine beruhigende Wirkung auf den Klienten ausübt. Es empfiehlt sich, eine instrumentale Musikuntermalung, entweder aus dem klassischen oder dem meditativen Bereich, zu wählen.

II. Halten

Das therapeutische Halten und seine Auswirkungen wurden bereits mehrfach geschildert (vgl. ZASLOW & BREGER, 1969; SAPOSNEK, 1972; ELM, 1977; WELCH, 1983; ROHMANN & HARTMANN, 1985; PREKOP, 1986). Beim Fixieren der Arme am Körper des Klienten kommt es als Element der MKT zum Tragen. Entscheidend in der Widerstandsphase ist die innere und äußere Gelassenheit und die Konzentration auf den Klienten. Anschließend sind gestisch und mimisch unterstützte, wiederholte Äußerungen geeignet, die Konzentration des Klienten auf seine eigenen

Empfindungen bzw. auf den Therapeuten zu lenken. Zwei Hypothesen für die Wirksamkeit des Haltens sollen hier erwähnt werden:

— Beim Halten wird die anfängliche Erregung zunächst erhöht. Mit Aufrechterhaltung des Haltens kommt es zu Beruhigungs- und Erschöpfungsphasen und damit zur Verminderung der Erregung. Ein mittleres Erregungsniveau führt zu einer erhöhten Aufmerksamkeit und Aufnahmebereitschaft, so daß bei der MKT Entspannung und basale Stimulation angenehm empfunden sowie Materialien und Empfindungen differenziert werden können.

— Die Klienten müssen sich mit einer neuen und sicher auch schwierigen Situation auseinandersetzen. Die Beruhigung ist auch Anzeichen einer einsetzenden oder schon erfolgreichen Verarbeitung einer komplexen Reizsituation. D.h. die Mechanismen der Selbstregulierung werden aktiviert, so daß eine kognitive Umstrukturierung geschieht: *„Die anfangs unangenehme Situation wird durch konstante Aufrechterhaltung als angenehm empfunden, so daß es zu einer Vermehrung symmetrischer Interaktionen zwischen den Bezugspersonen (Therapeut, Mutter, Betreuer) und dem Kind kommen kann."* (FACION, 1986, S. 90)

Verlangsamte Bewegungen und deren Wiederholung

Entsprechend der Entkoppelungshypothese (vgl. Abschnitt 2) wird davon ausgegangen, daß autistisch Behinderte leicht von Reizen überflutet werden. Diese Reize können dann nicht mehr angemessen verarbeitet werden. Gerade bei der MKT wird der Klient mit zahlreichen Reizen wie Berührungen, Musik, Halten usw., konfrontiert, so daß scheinen könnte, die MKT sei als Reizüberflutung angelegt. Die therapeutische Variable „Verlangsamung von Bewegungen, Gesten und Sprache" gibt dem Klienten die Chance, *„beobachtetes Verhalten besser zu verarbeiten und sich schneller zu beruhigen. Die Beruhigung stellt ein Feedback für die Bezugsperson dar und führt zu einer sich wechselseitig verstärkenden Entspannung, d.h., die verlangsamten Bewegungen beruhigen das Kind und führen zur weiteren Entspannung der therapeutischen Situation."* (FACION, 1986, S. 91)

„Die langsamen, stimulierenden Bewegungen seiner Hände wirken zum anderen auch auf den Therapeuten selbst beruhigend." (FACION, 1986, S. 93)

Das Therapeutenverhalten sollte begleitet sein von suggestiven, sprachlichen Äußerungen, die sich auf den Blickkontakt, die Entspannung o.ä. beziehen, und die den Prozeß der MKT unterstützen.

Basale Stimulation

Stimuliert werden bei der MKT der Oberkörper, die Arme und der Kopf des Klienten. Diese Stimulation zielt ab auf eine andere, neue Selbst-Wahrnehmung des Klienten. Der Haut- und Körperkontakt bewirkt, daß

— der Klient den Therapeuten intensiv wahrnimmt,

— der Klient seinen eigenen Körper durch den Kontakt mit dem Therapeuten erfährt und

— der Klient eine Grundlage für Vertrauen und Sicherheit entwickeln kann.

Erfahrungen mit der MKT

Nach FACION ist die MKT eine Vorgehensweise, die sowohl bei autoaggressiven als auch autistischen und hyperkinetischen Kindern hilfreich eingesetzt werden kann. In seiner Arbeit von 1986 beschreibt er die Anwendung des integrativen Therapiekonzepts bei autoaggressiven Kindern und Jugendlichen, wobei die MKT täglich durchgeführt wurde. FACION faßt die Ergebnisse seiner Arbeit wie folgt zusammen:

„Die zentrale Rolle der MKT kann aufgrund der vorliegenden Daten jedoch nicht belegt werden; notwendig erscheint es vielmehr, eine an den individuellen Bedingungen orientierte Kombination der MKT mit den anderen genannten Maßnahmen, wie operanten Methoden, basaler Stimulation etc., zur Anwendung kommen zu lassen.

Darüberhinaus ist es jedoch die Aufgabe weiterer Forschungsarbeiten, die Gesamtwirkung der MKT aus dem Zusammenspiel ihrer einzelnen Elemente sowie die differentielle Bedeutung dieser Einzelelemente zu untersuchen, wobei ich annehme, daß sich die Wirkung der MKT allein nicht aus einzelnen Elementen, sondern aus deren Zusammenwirken erklären läßt." (FACION, 1986, S. 121)

Genaue Ergebnisse zur MKT und ihrer Faktoren waren aber von FACION's Untersuchung nicht zu erwarten, da er das integrative Therapiekonzept bei Autoaggressionen überprüfte. Dabei wurden individuelle Behandlungspläne aufgestellt, in denen die MKT ein wichtiges Element darstellte. In FACION's Falldarstellungen kommt zum Ausdruck, daß mit diesem integrativen Konzept Autoaggressionen deutlich vermindert werden konnten. Und zwar entweder bis zu ihrem seltenen Auftreten oder sogar bis zu ihrem völligem Abbau.

Weitere empirische Untersuchungen dieses Ansatzes sind nicht bekannt. Deshalb ist es erforderlich, die MKT selbst genau zu untersuchen und zu überprüfen, welche empirisch erfaßbaren Auswirkungen ihre Anwendung bei autistisch Behinderten hat.

Trotzdem liegen mittlerweile eine ganze Reihe von Erfahrungen mit der MKT vor, weil sie von stationären und ambulanten Einrichtungen in Nordrhein-Westfalen in den Behandlungsplan für autistisch Behinderte aufgenommen worden ist.

Diese Erfahrungen der Therapeuten und Bezugspersonen sind durchweg positiv. Die beobachteten Auswirkungen beziehen sich vor allem auf

— den verbesserten Kontakt mit dem autistisch Behinderten,

— die Wahrnehmung neuer Beziehungsqualitäten,

— ein verstärktes Neugierverhalten,

— eine stärkere Bereitschaft zum Imitieren,

— eine ausgeprägte Motivation zum Körperkontakt bis hin zum Fordern von körperlicher Nähe,

— allgemein ein größeres Interesse an der und eine größere Offenheit für die Umwelt sowie

— die Verminderung von aggressivem und stereotypem Verhalten.

Die MKT bietet ein klares Handlungsgerüst und scheint dadurch leicht für jeden durchführbar. Gleichwohl können genauso leicht Schwierigkeiten auftreten, wie z.B. Probleme mit dem Sitzen, mit der Entspannung in dieser Situation, dem Umgang mit dem Widerstand, mit dem Durchhalten der verlangsamten Bewegungen, mit dem Einsatz sprachlicher Äußerungen. Deshalb ist es notwendig, daß vor einer selbständigen Durchführung durch eine, in der MKT erfahrene, Person eine Anleitung erfolgt und möglichst eine laufende Supervision vorhanden ist, um eventuell auftretende Schwierigkeiten sofort beheben zu können. Darüberhinaus dürften Erfahrungen mit Entspannungs- und Meditations-Verfahren bei einer MKT-Anwendung hilfreich sein. Mit einer Falldarstellung möchte ich meine eigenen Erfahrungen mit der MKT illustrieren:

Ich war von Mitarbeitern einer Einrichtung um Beratung gebeten worden, weil sie einen 6 Jahre alten, autistischen und (auto-)aggressiven Jungen namens Hans (Name geändert) zu betreuen hatten. Bei der Verhaltensbeobachtung fiel Hans vor allen durch seine aggressiven und autoaggressiven Aktionen in verschiedenen Alltagssituationen auf. Bei meinen Besuchen zog er sich mit Vorliebe in den hinteren Raum zurück und warf dort mit Spielgegenständen um sich. Er lärmte vor sich hin, ohne daß ein anderes Kind sich ihm nähern durfte. Nur dann, wenn er Durst oder Hunger verspürte, nahm er Kontakt zu einer Erzieherin auf. Da Hans nicht sprach, erfolgte dieser Kontakt durch Gesten und bei der Hand nehmen.

Es wurde ein integratives Vorgehen vereinbart, zu dem neben einer Einführung zweier Mitarbeiterinnen in die MKT eine operante Konditionierungs- und eine Time-out-Maßnahme bei einem bestimmten Ausmaß aggressiven Verhaltens gehörten.

Die MKT-Sitzung mit Hans dauerte ca. 45 Minuten. Nachdem Hans den Oberkörper freigemacht hatte, auf der Matte lag und ich mit den langsamen Streichelbewegungen begann, wurde er zunächst unruhig. Dies geschah vor allem dann, wenn ich nach der Flasche mit dem Massageöl griff und etwas Öl entnahm. Hans suchte die Flasche mit den Augen und versuchte nach ihr zu greifen. Auf dieses Verhalten reagierte ich in der oben beschriebenen Form.

Nach einer Viertelstunde war Hans ruhiger geworden und nahm vermehrt Blickkontakt mit mir auf. Etwas später begann er zu lautieren, und ich fing an, mit ihm zu sprechen.

Nach einer halben Stunde gab ich seine Arme mehr und mehr frei und legte sie schließlich zur Seite. Zur Überraschung aller Beteiligten brachte Hans sie wieder in die ursprüngliche Lage zurück. Es war offensichtlich, daß er mittlerweile die langsamen Berührungen genoß. Ich verlieh meinem Vorhaben dadurch Nachdruck, daß ich seine Arme wiederholt nacheinander langsam zur Seite legte, bis Hans dies akzeptierte.

Als ich mich jedoch nach einer Dreiviertelstunde erhob, hielt er mich an meinem Hemd fest, als wollte er sagen: „Das soll doch wohl nicht schon alles gewesen sein." Nachdem Hans angekleidet war, kam er zu mir und drückte mir einen Kuß auf die Wange.

Ausblick

Hinsichtlich des integrativen Ansatzes mit der MKT nach FACION besteht zur Zeit eine deutliche Diskrepanz zwischen recht vielversprechenden, praktischen Erfahrungen einerseits und wenig empirisch abgesicherten Ergebnissen andererseits. Dieser Widerspruch kann nur durch intensive Forschungsarbeit aufgearbeitet werden. Während FACION die MKT nicht als eine Reizüberflutung betrachtet, indem er auf die verlangsamten Bewegungen hinweist, erscheint mir die MKT doch eine Vorgehensweise zu sein, die allein auf Grund des direktiven Handelns von Therapeut oder Bezugsperson in diese Richtung geht. Eine Klärung dieser Frage läßt sich am ehesten durch Erhebung physiologischer Daten während der MKT erwarten. Gleichzeitig ist nicht geklärt, welche Faktoren der MKT in besonderer Weise zu ihren Wirkungen beitragen oder ob diese Wirkungen nur aus dem Zusammenwirken aller vier Faktoren resultieren. Darüberhinaus sollte sich die Forschung nicht nur auf die Wirkungen bei den autistischen Kindern — für die MKT gilt sicher ein bestimmtes Alter als obere Grenze — konzentrieren, sondern auch die Therapeuten und die Auswirkungen auf diese mit berücksichtigen. Die vergleichende Psychotherapieforschung legt außerdem die Schlußfolgerung nahe, daß für den Therapieverlauf nicht nur die therapeutische Technik, sondern auch die Persönlichkeit des Therapeuten ausschlaggebend ist.

Nach FACION ist es ferner vorgesehen, daß im Anschluß die wichtigste Bezugsperson die Durchführung der MKT und der anderen, zum individuellen, integrativen Konzept gehörenden Maßnahmen fortsetzt. Auch wenn es plausible Gründe für dieses Vorgehen gibt, darf auch hier die empirische Grundlage nicht fehlen.

Literatur:

ASPERGER, H.: Die autistischen Psychopaten im Kindesalter. Archiv für Psychiatrie und Nervenkrankheiten, 117, 1944

AYRES, A. J.: Bausteine der kindlichen Entwicklung. Berlin, 1984

BIRBAUMER, N.: Physiologische Psychologie. Berlin, 1975

DGVT (Hrsg.): Theorien und Methoden der Verhaltenstherapie. Tübingen, 1980

ELM, J.: The use of holding with autistic children. In: Special education in Canada, 51, S. 11 - 15, 1977

FACION, J. R.: Zum Verständnis autoaggressiver Handlungen aus der Sicht der Informationsverarbeitung und deren therapeutische Implikationen. Dissertation an der Westfälischen Wilhelms-Universität Münster, 1986

FLIEGEL et al.: Verhaltenstherapeutische Standardmethoden. München, 1981

KANNER, L.: Autistic disturbance of affective contact. In: The nervous child, Vol. 2, No. 3, 1943

KELLY, G. A.: The psychology of personal constructs. Vol. I & II, New York, 1955

KELLY, G. A.: A brief introduction to personal construct theory. In: Bannister, D. (Hrsg.): Perspectives in personal construct theory. London, 1970

PREKOP, J.: Das Festhalten bei Menschen mit autistischen Verhaltensweisen. In: Geistige Behinderung, 2/86

ROHMANN, U. H.: Informationsverarbeitung autistischer Kinder. Münster, 1985

ROHMANN, U. H. & Hartmann, H.: Modifizierte Festhaltetherapie (MFT). Eine Basis-Therapie zur Behandlung autistischer Kinder. In: Zeitschr. f. Kinderpsychiatrie, 3, S. 182 - 198, 1985

RÖDLER, P.: Diagnose Autismus. Ein Problem der Sonderpädagogik. Frankfurt a.M., 1983

SAPOSNEK, D.: An exerimental study of rage-reduction in autistic children. In: Child Psychiat. & Human Development, 1, S. 50 - 62, 1972

SCHWÄBISCH, L. & SIEMS, M.: Selbstentfaltung durch Meditation. Reinbeck, 1976

TINBERGEN, N. & TINBERGEN, E. A.: Autistic children. S. 323 - 336, 1983

WELCH, M.: Retrieval from autism through mother-child-holding therapy. In: Tinbergen, N. & Tinbergen E.A.

ZASLOW, R. W. & BREGER, L.: A theory and treatment of autism. In: Breger, L. (Hrsg.): Clinical-cognitive psychology: Models and integration. S. 246 - 291, 1969

Gespräche als Hilfe für autistische Erwachsene, Jugendliche und Kinder

Gerhard Wiener

„Das ist der Fernsehturm, guck . . ." Die 23-jährige Irmgard sitzt mir gegenüber und zeigt auf ein Bild, ohne es mir zuzudrehen: S i e sieht es, also — glaubt sie — sehe i c h es wohl auch. „Ich kann es noch nicht sehen."

„Da!", sie deutet erneut darauf und zeigt mir wieder nur die Rückseite. Ich knicke das Bild etwas um, damit ich es wenigstens auf dem Kopf stehend sehen kann.

„Uuh, ist der riesig", bemerke ich. „Und dort oben warst du?"
„War dort," sagt sie und geht damit wie oft geschickt dem „Ich" und dem „Ja" aus dem Weg.

„Der ist 331 Meter hoch! 331 Meter! Da warst du..." — sie korrigiert sich — „. . . da war ich am 16. März 1979 mit den Nodis . . ." — sie fängt an, heftig mit den Armen zu wedeln -„ . . .war ein Dienstag, 12.35 Uhr . . .14.05 Uhr mit der S 5 zurückgefahren . . .mit den Nodis ganz oben!"

„331 Meter zusammen mit den Nodis?" bemerke ich fragend und sehe an ihren heftigen Reaktionen, daß ich wohl irgendwie falsch liege. „Nein, du lügst! Du sollst noch nicht reden! Nicht 331 Meter hoch mit den Nodis: Nur 295 Meter im Turmrestaurant. Sag nie mehr 331 Meter. Lügner! Sag nichts jetzt!" — Einige Sekunden Stille, dann fährt sie fort:

„Wenn Irmgard vom Turm fällt, dann ist sie tot." — Sie ist noch aufgeregt und spricht von sich in der 3. Person.

„Sag warum!"

„Nun . . ." fange ich an.

„Sag nicht ‚nun', sag ‚weil'!"

„Gut . . ."

„Sag nicht ‚gut', sag ‚weil'!!" - Sie schreit fast. Ich muß etwas lachen.

„Warum lachst du. Sag, warum lachst du, sag ‚weil'!" — Sie hält sich jetzt ganz aufgeregt mit beiden Händen an meinem Arm fest und kommt mit ihrem Gesicht ganz nah.

„Ich muß lachen, weil du mir so ganz genau sagst, wie ich reden soll." — Die Antwort befriedigt sie nicht ganz.

„Du lachst, weil es lustig ist", ergänzt sie, Klarheit anstrebend.

„Ja, es ist lustig", stimme ich zu.

Irmgard lacht gezwungen mit: Wenn es schon lustig ist, dann muß man auch lachen. Sie strengt sich an.

Irmgard gehört zu den autistischen Menschen, die Sprache und Sprechen noch relativ gut zur Bewältigung ihrer Wahrnehmungen, Emotionen — ihrer Erfahrungen also — einsetzen können. Ich kenne aus unserer Einrichtung mehr autistische Menschen, die das nicht so können; für sie spielt z.B. „Basale Kommunikation" (MALL, 1984) über Körpersprache, Musik, Rhythmik usw. eine viel wichtigere Rolle.

In dem vorliegenden Aufsatz möchte ich eher von der ersten Gruppe sprechen, die bei uns im „Autismus-Therapieinstitut" Langen z.Z. etwa 20 bis 25 Prozent ausmacht.

Irmgard kommt schon über 6 Jahre zu uns ins Therapieinstitut, die ersten 2 Jahre noch mit der Mutter, dann alleine mit der Bahn. S i e wollte alleine kommen, denn sie sah das als i h r e Sache an. „Nicht darüber mit der Mama reden" verlangte sie zudem. Was ich hier mit Irmgard erlebe, kommt mir auch von den anderen Gesprächen mit autistischen Menschen her sehr vertraut vor (vgl. auch WENDELER, 1984, insb. 37 f und 114 f).

I. „All die vielen Besonderheiten . . .“

1. Der egozentrische Stil

Wenn Irmgard mir die Rückseite der Ansichtskarte zeigt und dabei nicht bemerkt, daß ich nicht „um die Ecke" sehen kann; wenn sie mir Namen von Freunden nennt, die ich nicht einzuordnen weiß; wenn sie 5 Meter entfernt, abgewandt, mich ganz leise etwas fragt und nicht berücksichtigt, daß ich sie so gar nicht hören kann; wenn sie bei mir wie selbstverständlich voraussetzt, daß ich all ihre bizarren Symbole, Zeichen und „Privatsprachen" — z.B. was sind die „Nodis"? — verstehe und die Situationszusammenhänge einfach weiß, dann erinnert das sehr stark an die egozentrischen Selbst- und Weltbilder, die Piaget bei der Darstellung der Entwicklung seiner Kinder ausführt.

Bei Irmgard wird es zum Seiltanz: Einerseits muß ich sie fragen, was „Nodis" sind, muß Zusammenhänge erkunden, um ihr überhaupt folgen zu können — eine Dimension, die Irmgard selbst kaum sieht. Andererseits können Irmgards Ausführungen manchmal so unverständlich und bizarr sein, daß ich aus den Verständnisfragen nicht mehr herauskäme. So bleibt mir oft nichts anderes übrig, als zunächst (!) nur die wichtigsten Unklarheiten zu hinterfragen — per eigenem Erleben und Wissen Prioritäten zu setzen —, um den Erlebens- und Selbstauseinandersetzungsprozeß dieser jungen Frau nicht allzusehr zu stören. So kann es kommen, daß ich z.B. sage „. . . und du magst die Nodis sehr", ohne mir schon Klarheit darüber verschafft zu haben, ob "Nodis" reale Freunde oder Phantasiegebilde oder fetischartige Objekte sind.

2. Ich und du, ja und nein

Irmgard verwechselt im Gespräch einmal „ich" und „du". Früher, bis zum Alter von 8 Jahren, war das bei ihr sogar die Regel: „Ich" und „du" und die 3. Person „sie" bzw. „Irmgard" gingen ständig durcheinander. Heute kommt es nur noch ausnahmsweise vor, vor allem dann, wenn sie erregt und irritiert ist.

Die Antworten „ja" und „nein" sind ebenfalls abstrakte Leistungen (vgl. SIEVERS, 1982), die Irmgard vor allem im spontanen Gespräch möglichst umgeht.

Wenn Irmgard diese Begriffe einmal anwendet, scheinen sie im Unterschied zu unserem eigenen Spracherleben immer kalkuliert „aus dem Kopf" und nicht spontan „aus dem Bauch" zu kommen. Es fällt mir auf, wenn Irmgard einmal „Ja, ich . . ." sagt: Es ist nichts Selbstverständliches, sondern hat besondere Bedeutung. Sie äußert sich so nur an Tagen, an denen sie entweder sehr ausgeglichen, klar und selbst-sicher ist oder aber im Gegenteil sehr überängstlich kontrolliert und beherrscht.

3. Echolalie

Irmgard wiederholt oft ganze Sätze, die sie von mir gehört hat, meist im gleichen Tonfall, oft sogar noch Tage später. Manchmal drückt sie auf diese Weise ihre Zustimmung aus, ein ander Mal ist es der Inhalt, der sie länger beschäftigt; manchmal ist es aber auch die Faszination für den Klang und den Rhythmus einzelner Worte oder Sätze, die ihr nachgehen, so wie mich manchmal bestimmte Werbesprüche wie ein „Ohrwurm" verfolgen. Bedeutungslos sind ihre Echolalien nie.

4. Der Zeichensprachencharakter

Mir kommt es vor, als ob viele autistische Menschen in ihrer Entwicklung auf einer starren Zeichensprachenebene (i. S. PIAGETS) hängengeblieben sind, auch wenn das für andere Entwicklungslinien - z.B. rechnerische Fähigkeiten - nicht zutrifft. Irmgard besteht z.B. auf bestimmten Formulierungen („Sag ‚weil' . . .!") und bevorzugt feste Zuordnungen, was sich in ihrer Vorliebe für Zahlen, Daten und Fakten ausdrückt. Irmgards Sprache erscheint dadurch oft sehr rituell, starr und manchmal sogar stereotyp.

Vor allem die sozialen Implikationen von Sprache bereiten ihr Schwierigkeiten, da es hier auf Flexibilität ankommt wie z.B. das Einnehmenkönnen wechselnder Standpunkte, das Einfühlen in andere Personen und in neue soziale Zusammenhänge.

Irmgard ist z.B. Spezialistin für Zahlen und Kalenderdaten, die sie sehr schnell kombinieren und sehr fest gedächtnismäßig speichern kann. Dagegen der Umgang mit Geld und das „Gefühl", daß z.B. eine Flasche Limonade keine DM 80.- kosten darf, liegen ihr sehr fern. Ähnlich starr versucht Irmgard auch, Emotionen und Werte zu fassen: Scham, Trauer, Freude, Schmerz, richtig und falsch —- all das will sie in der Logik-Struktur von Schachregeln erfassen („Du lachst, weil es lustig ist"); sie ist selbst unzufrieden dabei, denn sie spürt die Unangemessenheit ihrer Vorgehensweise zwar, aber kann sie doch nicht recht fassen. Vor allem, wenn andere sich lebhaft unterhalten, fühlt sie sich sehr schnell ausgeschlossen. Besonders Ironie, Sarkasmus und Zynismus ist sie hilflos ausgeliefert. Daß Sprache verschiedene Tiefenschichten und Metaebenen haben kann, macht Irmgard schwer zu schaffen. Obwohl sie z.B. den aggressiven Anteil einer zynischen Bemerkung zwar diffus, aber doch sehr deutlich (vielleicht sogar überdeutlich) spürt, kann sie diese Diskrepanz begrifflich und vorbegrifflich-symbolisch nicht fassen: Es wird sie beunruhigen, ohne daß sie diese Beunruhigung auflösen kann.

Diese Fähigkeit zur „Symbolfunktion" (PIAGET, 1975; AFFOLTER, 1976) bereitet ihr Schwierigkeiten: Symbolspiel mit seinem „So tun als ob" und eine flexible Sprache, die Metaebenen und in der Vorstellung liegende „symbolische Rahmensprengungen" zulassen würden, sind Werkzeuge, die hier fehlen oder nur mangelhaft vorliegen.

Als Irmgard an ihrem Arbeitsplatz über längere Zeit einem zynischen Kollegen ausgesetzt war, kam es schließlich zu der sehr drastischen nicht-symbolischen „Rahmensprengung", daß sie plötzlich mit dem Hammer mehrere Fensterscheiben zertrümmerte.

5. All die vielen Besonderheiten

Reden wie ein Wasserfall, ohne auf die Gegenrede einzugehen; die Autoritätsfixiertheit; die soziale Unsicherheit und die Angst vor sozialer Herabstufung; die Harmonisierungstendenz und das Vermeiden unangenehmer Themen; das perseverierende Beharren auf sich ständig wiederholenden Themen; die Distanzlosigkeit; die ungewohnte Körpersprache — z.B. das Blickkontaktverhalten — ...

Die Gefahr und die Versuchung ist da, vor lauter Andersartigkeit, Besonderheit und „typischen Merkmalen" die Individualität dieser Leute und die Gemeinsamkeit mit unserem eigenen alltäglichen Erleben, unserer eigenen Konfliktverarbeitung zu übersehen und als professioneller Helfer in den „geheimnisvollen" Autismusmythen hängenzubleiben.

Versuchen wir also zu verstehen: Die Herausforderung, sich selbst in Frage zu stellen, das Arbeiten an den eigenen Abwehrmechanismen und die Entmystifizierungen, ohne das Interesse zu verlieren, sind einige Aspekte dieses Prozesses. „Verstehen" heißt, das noch Unverstandene — z.B. die „autistischen Besonderheiten" — als folgerichtig zu erkennen.

Oliver SACKS z.B. macht in seinem Buch „Der Mann, der seine Frau mit einem Hut verwechselte" auf sehr spannende Weise verstehbar, was es heißen kann, mit einer Wahrnehmungsverarbeitungsstörung leben zu müssen.

II. Nondirektiv, Klientenzentriert, Personenzentriert

In den 40er Jahren entstand in den USA, ausgehend von Carl ROGERS und innerhalb der sog. „Humanistischen Psychologie", zunächst die „nondirektive" Therapie, später von ROGERS selbst in „klientenzentrierte" und schließlich in „personenzentrierte" Therapie weiterentwickelt. Die Namensänderungen drückten die Gewichtsverschiebung aus:

In der „nondirektiven" Phase stand die nicht lenkende Art des Therapeuten im Mittelpunkt: ROGERS ging davon aus, daß ein Mensch, der Hilfe sucht, viele seiner Probleme sehr gut alleine bewältigen kann, wenn man ihm im persönlichen Gespräch nur die Freiheit läßt, seine eigenen Lösungen ohne äußere Bevormundung zu finden: Ein Vertrauen in die „Selbstheilungskräfte" also. Das Bemühen ging damals dahin, die versteckten Bevormundungsversuche der Therapeuten (z.B. Lob, Ausfragen, Interpretationen) aufzuzeigen.

In der — nun positiv formulierten — „klientenzentrierten" Phase wurde die Einstellung, daß der Klient sein eigener Therapeut sei und der professionelle Helfer nur das innere Bezugssystem des Klienten übernehmen muß — nicht umgekehrt! —, um Hilfe zur Selbsthife zu leisten, noch deutlicher herausgearbeitet.

Erst in den 70er Jahren postulierte ROGERS die „personenzentrierte" Phase, d.h., die aufrichtige und engagierte Beziehung zweier Personen wurde als Grundlage von Veränderungen angesehen. Die „Gleichrangigkeit" von Therapeut und Klient wurde mehr und mehr betont.

Noch heute gehen innerhalb der Riege der Gesprächstherapeuten die Meinungen auseinander, was die wichtigsten Merkmale der Gesprächspsychotherapie sind (HEINERTH, 1985; GwG-Info 59, 1985) und welche die wirksamsten Aspekte darstellen: Sind es eher technische Fähigkeiten, d.h. bestimmte Verhaltensweisen des Therapeuten — z.B. die gekonnte „Verbalisierung emotionaler Erlebnisinhalte" — oder ist es vielmehr die spezifische Beziehung selbst, eine bestimmte humane Seins- und Begegnungsweise zwischen zwei Personen (PFLUG, 1984).

Auch die Ideologien und theoretischen Überlegungen, die diese therapeutische Praxis begleiten, sehen sehr unterschiedlich aus: Es gibt z.B. humanistisch orientierte Begründungen (ROGERS, 1972) und heftige Kritiken dieser humanistischen Sichtweise (JACOBY, 1978), verhaltenstherapeutische (WURST, 1987), lerntheoretische (MARTIN, 1975) und psychoanaltytische (KÖHLER-WEISKER, 1978) Einordnungsversuche.

Meine eigene Sichtweise der helfenden Gespräche entspricht am ehesten der von KÖHLER-WEISKER: Die Gesprächspsychotherapie als Verfeinerung und Weiterentwicklung einiger (!) therapeutischer Vorgehensweisen, die ansatzweise schon von FREUD selbst erwähnt wurden und die im Rahmen der Psychoanalyse eigentlich eine bessere theoretische Verankerung finden als in ROGERS' Weltanschauung (vgl. auch JANTZEN, 1987, 128-132).

Eine Unzahl von empirischen Untersuchungen haben mittlerweile die Wirksamkeit, den Wert und die Grenzen der personenzentrierten Praxis aufgezeigt (LIETAER, 1983; BOZARTH, 1983; MEYER-CORDING, 1987). Im Laufe der Jahre wurden zunehmend mehr Möglichkeiten der Anwendung gefunden: Kinder (Spieltherapie: AXLINE, 1976; SCHMIDTCHEN 1974; GOETZE, 1981), Gruppen (BADELT, 1984), psychotische Personen (BINDER/BINDER, 1981), geistig Behinderte (PÖRTNER, 1984) und sozial benachteiligte Randgruppen (BINDER/BINDER, 1981) waren nun Zielgruppen dieser Praxis.

III. Personenzentrierte Gespräche mit autistischen Menschen

Schon LAING hat 1960 gezeigt, daß „ . . .die Möglichkeit, Menschen zu verstehen, die als psychotisch diagnostiziert sind, viel größer ist, als gewöhnlich angenommen wird." (LAING, 1960, 9)

Im folgenden will ich mich an einigen Leitbegriffen der Gesprächspsychotherapie „entlanghangeln", um diese Erfahrungen aus meiner eigenen Praxis mit autistischen Menschen zu bestätigen.

1. Empathie (vgl. Biermann-Ratjen, 1981)

Empathie meint das genaue Einfühlen. In der deutschen Version von Tausch ist es die „Verbalisierung emotionaler Erlebnisinhalte des Klienten" (Pongratz, 1973, 362). „Einfühlen und Mitteilen . . . als die Essenz des feinen Gleichgewichts zwischen Identifikation mit jemand anderem und Objektivität." (Pongratz, 1973, 362). Der Therapeut soll dabei „wach und momentzentriert" (Schmidtchen, 1974) reagieren. — Schon Asperger hat den Pädagogen und Therapeuten zum Umgang mit autistischen Menschen empfohlen, man solle zunächst „selbst irgendwie autistisch werden." (Asperger, 1956, 183).

Joachim, ein autistischer Mann, kann stundenlang wie ein Wasserfall Daten und Ereignisse abspulen, die vordergründig oft kaum etwas mit ihm selbst zu tun haben. Seine Vorlieben sind die Bahnen des Frankfurter Verkehrsverbundes, Fahrpläne, die jeweiligen Bahntypen und Bahnstationen. Änderungen und Ereignisse, die in diesem Zusammenhang stattgefunden haben, vor allem wenn sie schon vor Jahren gewesen sind, bewegen ihn sehr. Seine Stimme ist dabei so emotionalisiert und moduliert, als ob er gerade ein intensives persönliches Erlebnis darstellen würde, das er erst vor kurzem erlebt hat. Jede Therapiestunde mit Joachim beginnt mit diesem Thema, ein Thema, das zugleich intensiven Bezug hat zu bestimmten Erlebnissen in Joachims früher Kindheit . . . Je nachdem, in welcher emotionalen Situation sich Joachim an diesem Tag gerade befindet, kann ich schon nach 5 Minuten oder aber erst nach 20 Minuten oder vielleicht auch gar nicht die dahinterliegenden emotionalen Aspekte ansprechen: Ängste, denen er seine sicheren und vertrauten Gesprächsrituale über Nahverkehrsbahnen gegenüberstellt; angestaute Spannungen in Form von Wut und Enttäuschung über Frustrationen am Arbeitsplatz, die er ebenfalls durch „Bahngespräche" abreagiert usw.: Ich muß jeweils neu erspüren und mit ihm darüber reden, was diese Gespräche bedeuten sollen. Er wehrt ab, wenn ich dabei zu schnell vorgehe, wenn ich falsch interpretiere oder zu tief in ihn eindringe. Andererseits kommt er, wenn er sich verstanden und nicht bedrängt fühlt, durch mein empathisches Bemühen sehr oft dazu, auf seine Gesprächsrituale zu verzichten und über die aktuelleren Erlebensinhalte, die näher am „Hier-und-Jetzt" sind, zu sprechen.

2. Non-Direktivität

„Man kann nicht nicht kommunizieren" (Watzlawick, 1972): Jedes Verhalten — auch ein betont zurückhaltendes — ist Teil der Kommunikation und hat Auswirkungen. Was man trotzdem noch weitgehend in der Hand hat, ist, Suggestion, Lenkung und Bevormundung zu vermeiden. Wer sich im Gespräch mit einem anderen schon einmal auf Video erlebt hat, weiß, wieviel kleine Gesten (z.B. Mundwinkel, Augenbrauen), Haltungen, Blicke, aber auch Körperspannungen und vor allem unbedachte verbale Äußerungen das Gespräch in bestimmte Bahnen, vielleicht auch Sackgassen lenken. Auch Lob, Fragen, suggestive Äußerungen wie „Du meinst doch auch, daß . . ." und Interpretationen gehen in diese Richtung. Es ist sehr schwierig, darauf zu verzichten.

Nondirektivität ist eine sehr subtile und aktive Haltung *und* Realisierung, dem anderen so zuzuhören, daß er sein eigenes Bezugssystem entwickeln kann und *er* sich verstanden fühlt. Es geht also nicht um die Bestätigung meiner Erwartungen

120

und Vor-Urteile, sondern um die Darstellung *seines* Erlebens mit *seiner* Struktur, *seinen* Werten und *seinen* Emotionen, Kognitionen. Diese Fähigkeit des Zuhörens wird z.b. in Gesprächspsychotherapieausbildungen erarbeitet und verfeinert und bedarf der kontinuierlichen Kontrolle (z.b. Supervision: vgl. Gwg-Richtlinien). Nondirektivität ist — so meine ich — ein noch immer verkannter Stil des Zuhörens, der zudem zu schnell als verwirklicht angesehen wird. Diese Fähigkeit, aktiv (!) nondirektiv handeln zu können, halte ich in der Arbeit mit autistischen Menschen für unabdingbar, weil hier die Gefahr, daß eigene Phantasien und Projektionen „losgehen", besonders groß ist. Das heißt aber nicht, daß ich dann in jedem Fall auch so vorgehen muß, denn „klientenzentriert" ist mehr als „nondirektiv": Auch direktivere Handlungen können „personenzentriert" sein (s.u.). Nondirektivität ist lediglich eine, wenn auch notwendige, Handlungsmöglichkeit mehr.

Bei vielen autistischen Menschen führt das Fehlen von gewohnten Gesprächsstrukturen — z.B. Abfragen von Fakten, Anweisungen — zunächst zu großer Unsicherheit und auch Angst. Schnell werden die vertrauten Rituale und Stereotypien gestischer und sprachlicher Art wieder eingeführt, um diese „nondirektive Unsicherheitslücke" zu füllen. Neben und hinter diesen Ritualen entwickeln sich aber allmählich doch sprachliche Bezugssysteme, die mehr und mehr der Selbstauseinandersetzung dienen: Gerade durch diesen nondirektiven Weg entsteht eine Haltung und Einsicht, selbst für sein eigenes Schicksal und seine eigene Persönlichkeitsentwicklung verantwortlich zu sein und die Aktivitäten in diese Richtung wachsen mit der Zeit.

3. Achten, Akzeptieren, Zuwenden

Eng mit dem empathischen Verstehen hängt das Achten und Akzeptieren des Gesprächspartners zusammen: Nur indem ich mich ihm positiv zuwende, schaffe ich ein hilfreiches Gesprächsklima: „Nicht-besitzergreifende Wärme" heißt es bei ROGERS.

Wenn ich als Gesprächspartner über längere Zeit Gefühle wie z.B. Ungeduld, Gleichgültigkeit, Langeweile, Müdigkeit, Interesselosigkeit oder gar ironische Distanz, Geringschätzung, Wut oder Ekel empfinde, so sind das Alarmzeichen. Die akzeptierende Einstellung ist kein Zustand, den ich per Willensentscheidung einfach einnehme, sondern ein mit Arbeit an sich selbst verbundener Prozeß, mit vielen Auf und Ab. Supervision und systematische Rückmeldung von Kollegen sind notwendige Maßnahmen, um hier als professioneller „Beziehungsarbeiter" voranzukommen und nicht in „Begegnungsritualen" (RÖDLER, 1984, 41), „Beziehungsfallen" oder anderen psychischen Widerstandsformen steckenzubleiben.

Andererseits heißt das auch nicht, daß in einem „rogers-genormten, warmen Gefühlsbrei" alle Zeichen von Lebendigkeit und Individualität verloren gehen sollen: Neben Freude, Begeisterung haben auch Gefühle wie Trauer, Wut oder das konsequente Beharren auf Grenzen — z.B. körperliche Verletzung — ihren Platz.

Den anderen zu akzeptieren setzt voraus, daß man sich auch selbst akzeptieren kann mit den eigenen Stärken *und* Schwächen, auch noch nach dem Ablegen des eigenen Helfersyndroms und professionellen Gehabes.

4. Kongruenz (ZURHORST, 1983)

„Echtheit" und „Aufrichtigkeit" sind Eigenschaften, die sich ein jeder von seinem Gesprächspartner wünscht. Seine Offenheit und das Gefühl, daß er das, was er sagt, ehrlich meint, daß er solidarisch ist, sind hilfreiche Bedingungen für ein Gespräch. Wenn z.B. die Körpersprache — Mimik, Gestik, Haltung — übereinstimmen mit dem, was verbal ausgedrückt wird, erscheinen die Äußerungen klarer: Man faßt Vertrauen.

Aus der Schizophrenieforschung weiß man umgekehrt um die destruktive Wirkung sog. „Double-Bind-Kommunikation": Wenn ich „Komm" sage, aber durch abweisende Körpersprache „Bleib weg!" ausdrücke, so widerspricht sich das. Eine verwirrende Botschaft!

Da auch der pädagogisch-therapeutische Berufsalltag viele Unlustmomente enthält, bleiben widersprüchliche Kommunikationen nicht aus: Kopfschmerzen z. B. und lustvolles Spiel passen schlecht zusammen. Auch hier bleibt nur der Ausweg, daß die eigene Arbeit per Supervision (LEFFERS, 1987) und Reflektion aufgearbeitet werden muß, damit das Bemühen um Aufrichtigkeit fließend und prozeßhaft bleiben kann.

5. Sind Einzeltechniken und Übungen verboten?

Solange die ganze Person mit ihrem Erleben, Kognitionen, Verhaltensweisen und sozialen Bezügen wahrgenommen und ernstgenommen wird, ist auch innerhalb der personenzentrierten Gesprächssituation vieles möglich: „Es entscheidet sich in einem lebendigen Prozeß." (WILTSCHKO, 1987, 52)

Zwei Bereiche, die schon viele Jahre dem Bestand der Gesprächspsychotherapie zugerechnet werden, als Beispiele:

a) Erlebensaktivierende Methoden (HEINERTH, 1976)

Wenn jemand im Gespräch eigenes Erleben weitgehend ausklammert, immer wieder nur äußere Fakten und Ereignisse reproduziert — was in Gesprächen mit autistischen Menschen sehr häufig vorkommt —, versuchen einige Gesprächstherapeuten das Erleben durch bestimmte Techniken zu intensivieren: z.B. werden Elemente aus der Gestalttherapie verwendet.

Ein Beispiel: Harald erzählt vom Streit mit seinen Eltern. Er spricht darüber auffallend ruhig, ja teilnahmslos. Einzig seine rechte Hand fängt mehr und mehr zu wedeln an. Als ich ihm sage, seine Hand sei darüber noch immer sehr wütend, und er solle jetzt mal nur seine Hand reden lassen (seinem Einwand „Eine Hand kann nicht reden" konnte ich hier ausnahmsweise recht leicht begegnen), ändert sich die Situation: Zunächst lacht er verlegen, dann aber läßt er sich auf das „Spiel" ein. Der ganze Ärger kommt noch einmal hoch, und er schimpft jetzt so, wie er in der Situation selbst geschimpft haben muß. Erst jetzt wird dieser Streit der Verarbeitung zugänglich, ein Abreagieren der angestauten Spannung möglich.

b) Focusing (MAAS, 1986).

Focusing von E. GENDLIN „. . . ist eine Methode des Innerlich-aufmerksam-Seins, die das *vorwörtliche* Stadium des Erlebens zugänglich macht. Die Aufmerksamkeit wird dabei auf die undeutlichen Körperempfindungen gelenkt . . ." (MAAS, 1986, 38). Der Klient wird aufgefordert, auch solche Empfindungen mitzuteilen, die er nur vage sprachlich fassen kann: z.B. „Ja, ich hab's, aber ich kann es noch nicht ausdrücken." Außerdem soll er die Veränderungen dieses noch vagen Gefühls verfolgen und ebenfalls mitteilen: z.B. „Jetzt wird es stärker."

Das Sprechen über solch vage Erlebensgebilde erfordert ein Klima des Vertrauens und die Einsicht, daß Sprache auch so vage sein darf. Nur wenige der autistischen Menschen, die ich kennengelernt habe, konnten sich auf diesem schwankenden „Sprachgrund" bewegen.

IV. Einige Funktionen und Motive der helfenden Gespräche

1. Selbst-bewußter werden

Eine vorrangige Funktion helfender Gespräche muß darin bestehen, daß der Hilfesuchende sich nicht als Patient oder als Objekt von Maßnahmen wahrnimmt, sondern als aktiver Gesprächspartner, der seine Geschicke so weit wie möglich selbst in die Hand nimmt und mit mehr und mehr Selbstbewußtsein sich sowohl akzeptiert als auch über seine Veränderungsmöglichkeiten selbst entscheidet.

Schon die äußere Form des Gesprächs, „bei dem man sich gegenübersitzt und redet", wird von vielen als typische „Erwachsenenkommunikation" gesehen und mit der Anerkennung als Erwachsener gleichgesetzt.

2. Die Ich-Stützung

Vor allem bei der Verarbeitung sozialer Phänomene haben autistische Menschen große Schwierigkeiten: Sich wehren, die Unterscheidung von Spaß und Ernst und das Anknüpfen und Führen von Beziehungen sind einige dieser Unsicherheitsfelder. Daß z.B. auf das freundliche Drängen eines Zeitschriftenwerbers ein „nein" kommen darf, ist eher möglich, wenn es im Gespräch (und/oder Rollenspiel) als „Probehandeln" vorweggenommen wurde.

Auch das laute — z.T. fragende — Mitdenken und Miterleben des Gesprächspartners hat strukturierende Funktion, „bringt Ordnung in den oft chaotischen Gedankenfluß" und ist sowohl Korrektiv zu dem exzessiv assoziativen Sprech- und Denkstil vieler autistischer Menschen als auch Vorbild für eine andere Problemlösungsform.

3. Widerstandsanalyse (PFEIFFER, 1987)

Aufgrund ihrer „Ich-Schwäche" sind autistische Menschen, deren soziale Situation zudem eine weitere Belastung darstellt, in größerer Gefahr als andere, psychisch (neurotisch, aber auch psychotisch) zu erkranken: Zwänge, Phobien, Autoaggressionen, Depressionen usw. sind Erscheinungsformen von psychischen Konflikten, die nicht adäquat verarbeitet werden. Umgekehrt heißt das aber auch, daß autistisch *behinderte* Menschen nicht schon per Definition psychisch *krank* sind! — Da diese Krankheitssymptome nicht nur quälend sind, sondern immer auch „Krückstock" und „Krankheitsgewinn", werden sie krampfhaft beibehalten:

Ein Waschzwang vermittelt z.B. auch Sicherheit, weil er auf rituelle Weise Vertrautes immer wieder reproduziert. Den Widerstand gegen die Veränderungen dieser „Neurosen" ins Gespräch zu bringen und anzugehen, ist einer der ersten Schritte, der in der Psychotherapie i.e.S. zum Tragen kommt. „Am Widerstand arbeiten" heißt nicht, daß der Widerstand per Machtstellung des Therapeuten gebrochen wird: „Symptomverschiebung" wäre dann die Folge, d.h. anstelle des unterdrückten Symptoms (z.B. Waschzwang) tritt nun ein anderes, vielleicht viel problematischeres (z.B. Autoaggression).

4. Abfuhrfunktion

Jeden Montag treffe ich mit einem autistischen Mann zusammen, der die letzten Meter zu unserer Einrichtung rennend zurücklegt und schon vor der Eingangstür zu erzählen anfängt. Er hat sich jedesmal mehrere Punkte vorgenommen, die er unbedingt „loswerden" will. Man merkt ihm die Erleichterung an, wenn er allmählich damit fertig wird und alles abgeladen hat. Umgekehrt kann er furchtbar zu toben anfangen, wenn er bestimmte Frustrationen — z.B. Ärger am Arbeitsplatz oder längeres Warten auf etwas — niemandem mitteilen kann und die daraus erwachsenen Spannungen über längere Zeit mit sich herumtragen muß, zumal er diesen Druck nicht so einfach „symbolisch" (i.S. PIAGETS) innerlich abarbeiten kann.

5. Hunger nach Beziehung

Der Begriff „Autismus", der dieser Behinderung als Etikett dient und der den Rückzug zu schnell als Hauptmerkmal in den Mittelpunkt rückt, verschleiert damit leider zu sehr die großen Probleme, die sich aus der Isolation und den damit verknüpften Einsamkeitsgefühlen der meisten dieser Menschen ergeben. Der Hunger nach *adäquater* Kommunikation und Beziehung ist ein wichtiges Motiv vieler autistischer Menschen selbst, solche Gespräche zu suchen. Die „Beziehungslosigkeit ist die Folge mangelnder Fähigkeit zum wechselseitigen Austausch . . ., nicht aber von mangelndem Interesse an einem solchen Austausch . . . Das Bedürfnis nach sozialen Kontakten wächst meist mit zunehmendem Alter. Aber die Kontaktversuche sind plump, naiv und ungeschickt." (WENDELER, 1984, 118-119)

Das jeweilige Verhältnis dieser verschiedenen Funktions-Festsetzungen helfender Gespräche — meine Wertentscheidungen implizit meiner Mythen und Menschenbilder also — bestimmt die Qualität dieser Begegnungsart. Der verhaltenstherapeutische Ansatz, der gerade in der Autismus-Arbeit Tradition hat (der Wunsch nach Fortschritt, Effektivität und Veränderung war hier besonders stark!), legte und legt leider noch immer zu viel Gewicht auf die ichstützende Funktion — vor allem i.S. übender Verfahren — und Unterdrückung der Widerstände und Symptome. Die Förderung des Selbstbewußtseins dieser Behinderten i.S. eines Bewußt-Machens, ein aktiv handelndes und selbstverantwortliches Subjekt zu sein, wird dort als Ziel — wenn überhaupt — zu sehr nur sekundär über den Umweg noch zu erwerbender Fähigkeiten, Fertigkeiten und erbrachter Leistungen angestrebt, als implizite Belohnung sozusagen. Der Dialog wird allenfalls als anzustrebende Möglichkeit, nicht aber schon als Voraussetzung alles pädagogischen und therapeutischen Tuns gesehen (RÖDLER, 1984).

Behindertenarbeit, die die Selbstbestimmung der Betroffenen anstrebt — ein politisches Ziel, das wir für uns selbst als selbstverständlich ansehen —, kann ich mir nur vorstellen, wenn schon im Detail — z.b. in der Art, wie Beziehungen geführt werden — diese Selbstbestimmung immer mitangelegt ist.

Als „Selbstentfesselungskünstler zwischen Gottsucherbanden und Unterhaltungsidioten" (BROCK, 1987) müssen wir handeln, ohne schon alles genügend durchdacht zu haben (oh Illusion!): Ob Machbarkeitsmythos der Verhaltensmodifikation, Aufklärungsmythos der Psychoanalyse, Selbstheilungsmythos der Rogerianer oder weitere Mythen: Ein Mythosrest bleibt allemal: Reden wir auch darüber und somit über uns selbst!

Anmerkung:

GwG = Gesellschaft für wissenschaftliche Gesprächspsychotherapie, Richard-Wagner-Str. 12, 5000 Köln 1, Tel. 02 21 / 25 19 17.

LITERATUR:

AFFOLTER, F.: Therapeutische Erfahrungen mit einer Gruppe autistischer Kinder. In: Therapeutische Erfahrungen und neuere Überlegungen zum Verständnis des Autismus. Crummerl, Lüdenscheid, 1976, 3 - 17

ASPERGER, H.: Heilpädagogik. Springer, Wien, 1956

AXLINE, V. M.: Kinder-Spieltherapie im nicht-direktiven Verfahren. München/Reinhard, Basel, 1976

BADELT, I.: Selbsterfahrungsgruppen geistigbehinderter Erwachsener. In: Geistige Behinderung, 4/1984, 243 - 253

BIERMANN-RATJEN, E.-M.: Zum Empathiebegriff in der Gesprächspsychotherapie. In: GwG-Info 43, 1981, 42- 48

BINDER, U; BINDER, H.-J.: Klientenzentrierte Psychotherapie bei schweren psychischen Störungen. Verlagsbuchhandlung, Frankfurt, 1981

BOZARTH, J.: Gegenwärtige Forschung zur klientenzentrierten Psychotherapie in den USA. In: GwG-Info 51, 38 - 51

BROCK, B.: Selbstentfesselungskünstler zwischen Gottsucherbanden und Unterhaltungsidioten — für eine Kultur diesseits des Ernstfalls und jenseits von Macht, Geld und Unsterblichkeit. In: Documenta 8-Katalog, Bd. 1, 1987, 21 - 29

GOETZE, H.: Personenzentrierte Spieltherapie. Hogrefe, Göttingen, Toronto, Zürich, 1981

GwG-Info 59, 1985, 8 - 59: Allgemeine Positionsbestimmungen der klientenzentrierten bzw. personenzentrierten Konzepte

HEINERTH, K.: Erlebnisaktivierende Methoden in der klientenzentrierten Gesprächspsychotherapie. In: Klientenzentrierte Gesprächspsychotherapie heute. Hogrefe, Göttingen, 1976, 135 f

HEINERTH, K.: Merkmale klientenzentrierter Psychotherapie. In: GwG-Info 61/1985, 77 - 79

JANTZEN, W.: Das Emotionsproblem und die Psychoanalyse. In: W. Jantzen: Allgemeine Behindertenpädagogik. Bd. 1, Beltz, Weinheim/Basel, 1987, 128 - 132

JACOBY, R: Soziale Amnesie. Eine Kritik der konformistischen Psychologie von Adler bis Laing. Suhrkamp, Frankfurt, 1978

125

KÖHLER-WEISKER, A.: Freuds Behandlungstechnik und die Technik der klientenzentrierten Gesprächs-Psychotherapie nach Rogers. In: Psyche, 9/1978, 827 - 847

LAING, R. D.: Das geteilte Selbst. Rowohlt, Reinbek, 1976

LEFFERS, C.-J.: Teamsupervision mit professionellen Helfern in sozialen und therapeutischen Institutionen. In: GwG Zeitschrift 69, 1987, 30 - 41

LIETAER, G.: Forschung über klientenzentrierte Psychotherapie in Europa. Einige Eindrücke. In: GwG-Info 51, 1983, 36- 37

LUXBURG, J.: Kindzentrierte Spiel- und Kommunikationstherapie. In: Geistige Behinderung, 1/1984, 40 - 51

MAAS, R.: Focusing. In: GwG-Info 63, 1986, 38 - 54

MALL, W.: Basale Kommunikation — ein Weg zum anderen. In: Geistige Behinderung, 1/1984, Heftmitte

MARTIN, D.: Gesprächs-Psychotherapie als Lernprozeß. Müller, Salzburg, 1975

MEYER-CORDING, G.: Client-Centered Therapy and the Person-Centered Approach: New Directions in Theory. Research and Practice. In: GwG Zeitschrift 69, 1987, 66 - 72

PFEIFFER, W. M.: Der Widerstand in der Sicht der klientenzentrierten Psychotherapie. In: GwG Zeitschrift 66, 1987, 55- 62

PFLUG, G. H.: Das Namensparadox der GwG. In: GwG-Info 56, 1984, 234- 23

PIAGET, J.: Nachahmung, Spiel und Traum. GW 5, Klett, Stuttgart, 1975

PONGRATZ, L. J.: Lehrbuch der Klinischen Psychologie. Hogrefe, Göttingen, 1973

PÖRTNER, M.: Gesprächstherapie mit geistigbehinderten Klienten. In: GwG-Info 56, 1986, 220 f

RÖDLER, P.: Dialogische Pädagogik mit „Autisten". Paradox? Möglich? Voraussetzung. In: Behinderte, 3/1984, 37 - 42

ROGERS, C.: Die klientenzentrierte Gesprächspsychotherapie. Kindler, München, 1972

SACKS, O.: Der Mann, der seine Frau mit einem Hut verwechselte. Rowohlt, Reinbek, 1987

SCHUMACHER, J.: Schwerstbehinderte Menschen verstehen lernen. In: Geistige Behinderung, 1/1985, Heftmitte

SCHMIDTCHEN, S.: Klientenzentrierte Spieltherapie — Beschreibung und Kontrolle ihrer Wirkweise. Beltz, Weinheim/Basel, 1974

SIEVERS, M.: Frühkindlicher Autismus. Böhlau, Köln, 1982

WATZLAWICK, P.: Menschliche Kommunikation. Huber, Bern/Stuttgart/Wien, 1972

WENDELER, J.: Autistische Jugendliche und Erwachsene. Beltz, Weinheim/Basel, 1984

WILTSCHKO, J.: Sind Einzeltechniken und Übungen wirklich verboten? In: GwG Zeitschrift 69, 1987, 48 - 52

WURST, E.: „Kindzentrierte" Verhaltensmodifikation — ein Therapieansatz für entwicklungsverzögerte Kleinkinder mit autistischen Verhaltensweisen. In: Speck, O. u.a. Kindertherapie. Reinhardt, München/Basel, 1987 , 155 - 61

ZURHORST, G.: Wie „echt" können wir leben? In: Psychologie heute, 8/1983, 2, 20 - 29

Das mehrdimensionale Therapie-Modell des Zentrums für Autismusforschung und Entwicklungstherapie in Viersen

H. Hartmann, U. Rohmann, M. Kalde und G. Jakobs

Der frühkindliche Autismus und verwandte Störungen können als eine tiefgreifende Schwierigkeit des Austausches mit der Umwelt beschrieben werden. Diese Schwierigkeiten können alle Ebenen und alle Kommunikationskanäle wie Blickkontakt, Mimik, Gestik, Haltung, Bewegung und Handeln betreffen. Von diesen Schwierigkeiten ist jeder sofort mitbetroffen, der mit einem autistischen Kind umgehen und sich mit ihm austauschen möchte. Alle unsere gewohnten Verhaltensweisen, mit einem Kind umzugehen und es zu erziehen, können im Umgang mit einem autistischen Kind versagen. Fast zwangsläufig ergibt sich daraus: Therapeuten haben die Aufgabe, den Kindern einen Austausch mit der Welt zu ermöglichen, den Eltern zu helfen, sich mit ihren Kindern auszutauschen bzw. die Welt ihrer Kinder so zu gestalten, daß die autistischen Kinder mit ihr umgehen lernen.

Unser Angebot zur dreiwöchigen Intensiv-Therapie hat als allgemeines Ziel die Erweiterung des Handlungs-, Erlebens- und Kommunikationsspektrums der Bezugspersonen, die damit in die Lage versetzt werden, den Handlungs-, Erlebnis- und Kommunikationsraum ihres autistischen Kindes zu erweitern. Dazu ist es sowohl notwendig, das eigene Kind auch einmal aus größerer Entfernung zu betrachten und gewähren zu lassen, als auch das Kind in bestimmten Situationen der Erregung zu kontrollieren und zu führen, aber auch nach Wegen zu suchen, mit seinem Kind zu einem angenehmen Austausch auf der Kind-Ebene zu kommen. Im Zentrum für Autismusforschung und Entwicklungstherapie werden unterschiedliche Ansatzpunkte zur Veränderung genutzt und verschiedene neuentwickelte Therapieformen eingesetzt. Alle Therapien gehen aber von demselben Störungskonzept bzw. Theoriemodell aus (Zwei-Prozeß-Theorie).

Das Programm der dreiwöchigen Intensiv-Therapie sieht an jedem Vormittag eine Therapie-Stunde mit Kind und Bezugsperson vor, verbunden mit der Möglichkeit, anschließend die neuen Erfahrungen weiter umzusetzen und zu erproben und dabei von einem Erzieher Unterstützung zu bekommen. An zwei Nachmittagen in der Woche ist das Gespräch der Erwachsenen in der Gruppe vorgesehen. Dort können die Bezugspersonen zu sich selbst und zu neuen Zukunftsentwürfen kommen. Das schließt auch die Interaktionen mit den anderen Familienmitgliedern ein. Oft ist es sinnvoll, die Geschwister des behinderten Kindes oder Jugendlichen mit aufzunehmen — zur Diagnostik oder zur gemeinsamen Therapie der Geschwister. Die Väter sind ebenso willkommen wie andere weitere Bezugspersonen. Die meisten Väter können nicht für die ganze Therapiezeit zu uns kommen.

Sie sind aber aufgefordert, an der Informationsgruppe des Ankunftstages und an der „Väterrunde" der Abschlußgruppe teilzunehmen.

Während der Therapiezeit gehen alle Kinder und Erwachsenen zweimal in der Woche in die Turnhalle, um dort zu unterschiedlichen Klängen und Rhythmen neue Interaktionserfahrungen zu machen.

Was dort noch passiert und was in der Elterngruppe abläuft und in der Einzeltherapie geschieht, wird in den folgenden Kapiteln beschrieben.

Die Aufmerksamkeits-Interaktions-Therapie (AIT)

H. Hartmann, M. Kalde, G. Jakobs und U. Rohmann

1. Einleitung

Die grundlegende Schwierigkeit des autistischen Kindes besteht darin, angemessen auf Personen und Dinge zu reagieren bzw. seine Impulse und seine Wünsche mit der momentanen Situation in Übereinstimmung zu bringen. Das allgemeine Ziel der Aufmerksamkeits-Interaktions-Therapie für das autistische Kind ist es, ihm zu einem lebendigen Austausch mit der Umwelt zu verhelfen. Das bedeutet für das Kind nicht nur Anweisungen zu folgen, sondern auch spontan und situationsgerecht auf die Umwelt zuzugehen und ihren Anforderungen und den eigenen Bedürfnissen gerecht zu werden. Ein spontan geäußerter Laut der Überraschung (in einer neuen Situation) kann in diesem Sinne wichtiger sein, als ein korrekt nachgesprochenes Wort, das spontan aber nicht geäußert wird. Die Bedeutung der Aufmerksamkeit ergibt sich einmal aus der Notwendigkeit, aufmerksam auf Situationen und Personen sein zu müssen, um mit diesen richtig umgehen zu können (auch als Voraussetzung für Lernen) und aus wissenschaftlichen Untersuchungen, die darauf hinweisen, daß eine gestörte Aufmerksamkeit Ausdruck gestörter Informationsverarbeitung im Gehirn ist. Interaktion heißt nichts anderes, als sich irgendwie auszutauschen oder aufeinander bezogen zu handeln. Dabei ist das, was ausgetauscht wird oder das, was gemeinsam getan wird, erst einmal zweitrangig. Die aktuellen Ziele oder der jeweils nächste Schritt werden dabei von den Impulsen und Möglichkeiten des Kindes, weniger von den Wünschen und Forderungen der Eltern, der Schule oder des Kindergartens bestimmt. Eines der höchsten (selten zu erreichenden) Ziele wäre der von lebhafter Mimik und Gestik begleitete sprachliche Dialog des Kindes mit einem Partner, wobei das Kind sowohl auf die Äußerung seines Gegenüber eingeht, als auch seine eigenen Vorstellungen deutlich macht. Die noch zu beschreibenden Strategien und Regeln der Aufmerksamkeits-Interaktions-Therapie werden besser verständlich, wenn wir unsere Vorstellung von der Informationsverarbeitung im menschlichen Gehirn und unsere Vorstellung von der Art der Störung der Informationsverarbeitung bei autistischen Kindern kurz beschreiben.

2. Die Zwei-Prozeß-Theorie der Informationsverarbeitung

Nach dieser Theorie lassen sich die verschiedenen Funktionen unseres Gehirnes zu zwei großen Prozessen (oder Funktionssystemen) zusammenfassen. Der eine dieser Prozesse ist auf die Aufnahme neuer Informationen und das Wahrnehmen ausgerichtet, während der andere Prozeß sich orientiert an dem, was bekannt und schon im Gedächtnis gespeichert ist, einschließlich der motorischen Programme, die wir für unser Handeln brauchen. Beide Prozesse müssen, nach unserer Vorstellung, im ständigen Wechselspiel aufeinander abgestimmt werden. Die Steuerung dieses Wechselspieles geschieht nach diesem Modell über die Information selbst, die sich während der Verarbeitung im Gehirn in Richtung auf immer größere Bekanntheit verändert. Dadurch kommt es, normalerweise, zu einer regelhaften Schwerpunktverschiebung der Aktivität des wahrnehmungsorientierten Prozesses, zur Aktivität des handlungsorientierten Prozesses. Die Störung des Zusammenspiels beider Prozesse würde bedeuten, daß durch diese innere „Austausch-Störung", auch das angemessene Reagieren auf die Umwelt gestört sein muß. Eine Übertragung dieses Modells auf die Anatomie des Gehirns könnte bedeuten: Die rechte und linke Hirnhälfte arbeiten nicht in situationsangemessener Weise zusammen, sind in ihren Funktionen desintegriert und, situationsabhängig, auch enthemmt. Ausführlichere Beschreibungen dieses Modells finden sich bei H. HARTMANN und U. ROHMANN (1984, 1988). Jedes Gelingen einer Kommunikation oder jeder Austausch mit der dinglichen Welt, der diese konstruktiv verändert, führt zu einer besseren Integration der beschriebenen Prozesse.

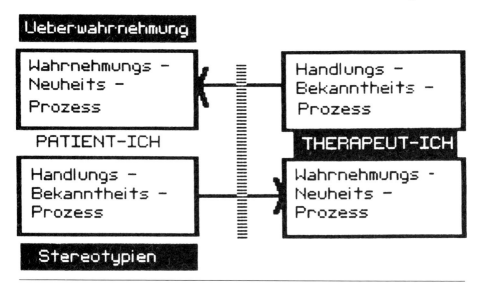

Interaktionskreis bei der Aufmerksamkeits Interaktions Therapie

Ueberwahrnehmung

| Wahrnehmungs – Neuheits – Prozess | Handlungs – Bekanntheits – Prozess |

PATIENT-ICH   THERAPEUT-ICH

| Handlungs – Bekanntheits – Prozess | Wahrnehmungs – Neuheits – Prozess |

Stereotypien

3. Therapeutische Regeln und Strategien

3.1. Allgemeine Strategie

Die allgemeine Strategie besteht darin, an Äußerungen, Verhaltensweisen und Reaktionsweisen des Kindes oder Jugendlichen anzuknüpfen und diese in eine verbale oder nicht-verbale Form von Kommunikation einzubinden oder für gemeinsames Handeln zu nutzen. Dabei ist unsere Hoffnung, daß jede Form von Kommunikation (auch das gemeinsame Handeln kann als Form der Kommunikation verstanden werden) zu einer Besserung der „inneren Kommunikation" bzw. einer Verbesserung des Wechselspiels und der Abstimmung des wahrnehmungsorientierten Prozesses mit dem Gedächtnis-Handlungs-Prozeß führt. Dabei ist die Aufmerksamkeit des Kindes auf den Therapeuten oder die jeweilige Situation für uns ein Hinweis, daß diese (innere Abstimmung) im Moment bei unserem Gegenüber abläuft. Wir müssen dabei selbst sehr aufmerksam sein, um Zeichen der Aufmerksamkeit beim Kind zu entdecken wie z.B.: flüchtiger Blickkontakt, kurzes Lächeln, ein Laut, eine Hinwendung zum Therapeuten, der Bezugsperson oder der jeweils ablaufenden Handlung oder ein sonstiges Verhalten, das auf die aktuelle Situation bezogen ist. Therapeut und/oder Bezugsperson verändern ihr kindbezogenes Verhalten solange, bis eine Aufmerksamkeits-Reaktion des Kindes (Jugendlichen) erfolgt.

3.2. Wechselseitige Interaktion mit Hilfe von Bekanntheit (Kindorientierung)

3.2.1. Direktes Spiegeln (Imitieren):

Spiegeln heißt, die Bewegungen (auch die Stereotypien), die Haltung, die Laute und die sonstigen Äußerungen des Kindes zu imitieren. Diese grundlegende therapeutische Regel beschreibt ein Verhalten, das Mütter und Väter (meist unbewußt) im Umgang mit ihren Kindern im Säuglingsalter zeigen. Es ermöglicht aus jeder selbstbezogenen stereotypen Handlung eine Interaktion zu machen, es ermöglicht, sich auf das Kind einzustimmen und ein Gleichgewicht zwischen Innenwelt des Kindes und der äußeren Welt herzustellen. Für uns Erwachsene ist es eine Möglichkeit, sich in die momentane Situation des Kindes einzufühlen. Bei der ersten Begegnung mit einem Kind ist es oft die einzige Möglichkeit, seine Aufmerksamkeit bzw. kurzen Blickkontakt zu gewinnen. Auch bei völlig passiven Kindern ist es doch möglich, ihren Atemrhythmus zu spiegeln bzw. mit ihnen im Gleichklang zu atmen. Eine Ausnahme bildet Sprache in Mehrwortsätzen. Auf Mehrwortsätze soll in angemessenen Mehrwortsätzen geantwortet werden, sofern sie kommunikativen Charakter haben. Bei ungenügender Aufmerksamkeit kann der Tonfall des Kindes gespiegelt werden (mit oft verblüffendem Erfolg), bei sonst „normaler" Sprache des Theapeuten.

3.2.2. Indirektes Spiegeln:

Diese Art des Spiegelns bedeutet einen ersten Schritt in Richtung auf Variation der bekannten Situation. Eine Möglichkeit der Variation besteht darin, den Rhythmus der Bewegung des Kindes beim Spiegeln durch die eigenen Bewegungen diese schneller oder langsamer werden zu lassen, evtl. bis zur völligen Erstarrung. So können Autoaggressionen, wenn sie behutsam und verlangsamt imitiert werden, manchmal zum Verschwinden gebracht werden. Auch die Distanz zum Kind kann verändert werden. Manchmal ist Aufmerksamkeit des Kindes in größerer Distanz zum Therapeuten zu erreichen, als in seiner Nähe. Andere Kinder brauchen unser dichtes Dabeisein, so, als wenn wir einen Säugling imitieren. Unabhängig von der aktuellen Situation können dem autistischen Kind oder Jugendlichen seine eigenen Verhaltens- und Äußerungsweisen „vorgespielt" werden.

Diese Form des Spiegelns wird weiter unten innerhalb eines größeren Zusammenhanges beschrieben werden. Einige Äußerungsweisen des Kindes, wie z.B. Stereotypien können mit Musik im Rhythmus der stereotypen Bewegungen begleitet werden. Ein eindrucksvolles Beispiel gab ein 6-jähriger autistischer Junge, der zum ersten Mal singend seinen Namen äußerte, nachdem die Therapeutin im Rhythmus seines Hin- und Herlaufens seinen Namen gesungen hatte.

3.3. Wechselseitige Interaktion mit Hilfe von Neuheit (Therapeuten- bzw. Interaktionspartner-orientiert)

3.3.1. Variation von bekannten Verhaltensweisen:

Alle bisher beschriebenen Verhaltensweisen können dann variiert werden, wenn das Kind längere Zeit mit einer Aufmerksamkeitsreaktion auf sie reagiert hat bzw. Anzeichen von Interesse und Freude zeigt. Ein weiterer Anlaß zur Variation ist dann gegeben, wenn das direkte Spiegeln über einen langen Zeitraum keine Änderung des kindlichen Verhaltens bewirkt hat. Jede Veränderung bestimmter Verhaltensweisen des Therapeuten hat zum Ziel, mit der Einführung von neuen Situationen die Selbststeuerungs- und Entscheidungsmechanismen des Kindes zu aktivieren bzw. an das Zusammenspiel der Wahrnehmungs- und Handlungsprozesse höhere Anforderungen zu stellen. Die Variation kann reichen von der diskreten Veränderung der Bewegungen des Therapeuten beim Spiegeln stereotyper Bewegungen des Kindes bis zum abrupten Unterbrechen vorangegangener Situationen. Eine Variation kann die Sprachebenen betreffen, wenn es darum geht, ein autistisches Kind zum Gebrauch seiner schon gelernten Worte anzuregen. Es kann auch sein, daß man zu einem erregten autistischen Jugendlichen, der über Sprache verfügt, nur über die anfängliche Imitation seiner Ausdruckslaute Zugang zu ihm findet. Ein Beispiel: Ein sprechender autistischer Jugendlicher stößt in Erregung immer Laute aus, die dann von einer Steigerung der Erregung gefolgt sind und diese Erregung steigert sich bis zur Aggression. Ein Zugang zu ihm über die Sprache war in solchen Erregungszuständen nicht möglich. Wenn seine Grunzlaute aber imitiert wurden und er dann plötzlich gefragt wurde: „Anton, was ist?" antwortete er: „Nix" und seine Erregung klang ab, Aggressivität trat nicht mehr auf.

Der Wechsel oder die Variation der Sprachebenen ist ein ganz wichtiges Prinzip, um ein autistisches Kind im Moment zu erreichen, aber auch, um weitere Sprachentwicklung in Gang zu setzen. Das Aufgreifen und Imitieren von Lauten, die einen bestimmten Zustand des Kindes ausdrücken, bedeutet, daß Situation und Lautgestalt zusammenpassen. Nach gelungener Kommunikation und Einstimmung auf dieser Ebene wird dann bei dem Wechsel zur Wort-Sprache das entsprechende Symbol (des anderen Prozesses) mit dem ersten Prozeß verknüpft.

3.3.2. Unterbrechen laufender Interaktionen und Warten auf die Reaktion des Kindes:

Wiederholungen bestimmter einfacher Interaktionen, die von uns initiiert wurden, können schnell stereotypen Charakter bekommen. Eine Möglichkeit, Eigeninitiative des Kindes zu starten, ist es, plötzlich bestimmte Abläufe, insbesondere solche, bei denen sich Kind oder Jugendlicher wohlzufühlen scheint, zu unterbrechen und auf Zeichen der Initiative zu warten. Sobald Signale des Interesses an der Weiterführung vom Kind oder Jugendlichen gegeben werden, kann der Therapeut die Weiterführung der vorangegangenen Situation wieder zulassen oder erneut initiieren. Der Anspruch an die Art und Weise, wie sich das Kind ausdrückt, kann dann schrittweise erhöht werden. Viele autistische Kinder lieben das Geschaukelt- oder Gedrehtwerden. Oft war es möglich, innerhalb kurzer Zeit die Aufnahme von Blickkontakt deutlich zu verbessern, wenn das Schaukeln plötzlich unterbrochen und erst nach Blickkontakt durch das Kind wieder aufgenommen wurde.

3.3.3. Reizangebote auf unterschiedlichen Sinneskanälen:

Viele autistische Kinder lassen sich nur über ganz bestimmte Sinnesqualitäten bzw. Sinneskanäle erreichen. Diese scheinen oft wie schmale Lücken in einer sonst undurchdringlichen Mauer. Um diese Lücken zu finden, kann es notwendig sein, unterschiedliche Licht- und visuelle Bildreize anzubieten, verschiedene Töne und Bewegungen auszuprobieren und zarte oder grobe Berührungsreize zu benutzen. Ist einer dieser schmalen Wege gefunden worden, kann er für weitere kommunikative oder mehr handlungsorientierte Interaktionen genutzt werden.

3.3.4. Interessante Aktionen ohne Beachtung des Kindes:

Der Therapeut und/oder die Bezugsperson führen vor den Augen des Kindes, aber ohne dieses zu beachten, in unterschiedlicher Distanz Aktionen aus, die für das Kind interessant sein könnten. Dabei können die Sinnesbahnen genutzt werden, die sich als mögliche Zugangswege zum Kind gezeigt haben. So kann man auf dem Boden auf großen Papierbögen langsam oder schnell malen oder kritzeln, interessante Klänge an Gegenständen durch Beklopfen oder Bestreichen erzeugen oder im Dunkeln das Licht einer Taschenlampe aufblitzen lassen. Türme können gebaut und eingestürzt werden, Personen können hinter Vorhängen und Kartons verschwinden usw. Dem Kind bleibt es überlassen, sich diesen interessanten Dingen zu nähern und sich daran zu beteiligen. Wenn keine Annäherung erfolgt, kann das Tempo der Aktionen beschleunigt oder stark verlangsamt werden. Wenn keine Reaktion des Kindes erfolgt oder wenn die Interaktion stereotyp zu werden beginnt, ist es angezeigt, die Art und Weise der Aktion zu verändern.

Diese interessanten Aktionen ohne primäre Beachtung des Kindes spielen auch eine besondere Rolle bei der Verknüpfung von Neuheit und Bekanntheit innerhalb längerer Handlungsketten (siehe unten).

3.3.5. Einschalten in Handlungsabläufe des Kindes:

Autistische Kinder und Jugendliche können Vorlieben für bestimmte, meistens stereotype Handlungen zeigen. Dadurch, daß der Therapeut und/oder die Bezugsperson Kontrolle über die bestimmten Orte oder Gegenstände (z.B. die Kiste mit den Bausteinen) übernehmen, muß das autistische Kind sich mit dem Erwachsenen auseinandersetzen, wenn es in seiner stereotypen Tätigkeit fortfahren will. Aus einem selbstbezogenen Hantieren mit einem Gegenstand kann so ein Wechselspiel des Gebens und Nehmens (anfangs Wegnehmens) entwickelt werden.

Auch hier kann das Wechselspiel immer differenzierter werden und immer mehr Gegenstände, Handlungen und Personen einschließen. Oft hören jedoch autistische Kinder mit ihren Tätigkeiten auf, wenn sich ein anderer daran beteiligen will. Dann kann es besser sein, selbst interessante Aktionen zu beginnen und dem Kind die Möglichkeit zu geben, selbst den richtigen Zeitpunkt für das Mitmachen zu finden.

3.4. Maßnahmen zur Regulierung des Erregungsniveaus

Jede Therapiestunde ist, auch ohne Übungsprogramm, eine „Lernstunde". Lernen ist jedoch nur bei mittlerer Erregungshöhe möglich.

3.4.1. Maßnahmen zur Aktivierung:

Die meisten autistischen Kinder sind wahrscheinlich, auch wenn sie völlig passiv und ruhig scheinen, in einem Zustand der inneren Spannung und Übererregung. Aktivierende Maßnahmen sollten deshalb behutsam angewandt und auf Zeichen der Angst (z.B. schwitzende Handflächen, Verkrampfung) geachtet werden. Andererseits zeigen einige Kinder auch Zeichen der Freude, wenn sie sich austoben können. Ganz schlaffe und passive Kinder können gedrückt werden, bis die Atmung sich verändert. Das Spiegeln der Atmung und der Veränderung der Atmung können hier einen ersten kommunikativen Ansatz bieten. Mit anderen Kindern kann man rennen oder einen Ringkampf beginnen. Das Element des Kämpfens oder sich körperlich Auseinandersetzens ist ein wichtiger Teil menschlicher Interaktionen und spielt nach unserer Meinung auch eine Rolle bei dem Erfolg der Festhalte-Therapie.

3.4.2. Beruhigung von Kindern vor anderen therapeutischen Interaktionen:

Ein wichtiges Element der Beruhigung von Kindern ist das Reduzieren der eigenen Sprache und das Verlangsamen der eigenen Aktionen. Bei großer Unruhe kann die Anwendung der modifizierten Festhalte-Therapie (ROHMANN und HARTMANN 1985) oder die körperzentrierte Interaktion (ROHMANN in diesem Band) notwendig werden.

3.4.3. Regulierung des Erregungsniveaus während laufender Interaktionen:

Während des Umgangs mit einem Kind kann eine Aktivierung durch Beschleunigung der laufenden Aktionen und eine Beruhigung durch eine Verlangsamung der laufenden Aktionen erfolgen. Auch der oben beschriebene Wechsel der Sprachebenen (Reduzierung der Symbol-Sprache und Benutzen von beruhigenden „Urlauten") ist ein wichtiges Werkzeug.

3.5. Handlungsorientierte Verknüpfung von Neuheit und Bekanntheit

Die besondere Zielsetzung der im folgenden näher beschriebenen Methode, die von KALDE und JAKOBS (1988) aufbauend auf Prinzipien der AIT (HARTMANN 1986) entwickelt und therapeutisch erprobt wurde, liegt darin, über die Anbahnung, den Aufbau und die Erweiterung von Spiel- und Handlungskompetenzen mit dem behinderten Kind in Interaktion zu treten. Hierbei wird von der Annahme ausgegangen, daß sowohl der Bekanntheits- als auch der Neuheitsgrad zur Erlangung eigenständiger Spiel- und Handlungsfähigkeiten und -fertigkeiten in einer auch für das Kind überschaubaren, ausgewogenen Relation stehen muß.

Dieses bedeutet, daß wir in der therapeutischen Praxis das Kind über den Weg spezifischer, also ihm bekannter Handlungsmuster zu erweiternden bzw. neuen Kompetenzen führen wollen.

Da eine unmittelbar in Interaktion mit dem Kind stehende Person über vielfältige Möglichkeiten im Handeln verfügt, die dem autistischen Kind kaum überschaubar bleiben und auf vielfältige Art interpretierbar sind, steht innerhalb der hier beschriebenen Vorgehensweisen der Versuch im Vordergrund, über Interaktionen mit Gegenständen, die dem Kind eher überschaubar bleiben, mit ihm zu kommunizieren. D.H., es wird zunächst das Ziel verfolgt, dem Kind eigenständige Spiel-, Handlungs-, Erlebens- und Entscheidungskompetenzen zu vermitteln.

Hierbei findet ein Wechsel der Handlungsebene statt, indem nicht versucht wird, die vom Kind spontan ausgehenden Handlungsimpulse aufzugreifen, zu imitieren und durch Variation in der personellen Interaktion zu erweitern, sondern der Therapeut nimmt die Funktion eines „Mittlers" ein. Er greift spezifische, häufig vorkommende Verhaltensmuster des Kindes auf und baut diese in überschaubare Interaktionen mit Gegenständen ein. Diese werden dem Kind, ohne es direkt zu beachten, vorgespielt.

In der Therapiesituation übernimmt das Kind zunächst einmal die Rolle eines Beobachters, wenn der Therapeut kindspezifische Verhaltensmuster aufgreift und darstellt, um sie dann im weiteren Verlauf in Interaktionen mit Gegenständen einfließen zu lassen. Durch die Vertrautheit der dargestellten Verhaltensmuster ist gewährleistet, daß sich das Kind darin wiedererkennen kann (Bekanntheitskomponente), um aus dieser Position heraus im folgenden zur Durchführung neuer Spiel- und Handlungsmuster zu gelangen (Neuheitskomponente).

Die vom Therapeuten oder einer Bezugsperson modellhaft vorgetragenen Spielhandlungen müssen vom Kind als spannungsgeladen erlebt werden. Um vorerst möglichst jeglichen Anforderungscharakter für das Kind aus dem modellhaften Initiieren zu nehmen, ähnelt das Handeln des Therapeuten bzw. der Bezugsperson dem eines autistischen Kindes, welches sich in seiner Weise mit Dingen beschäftigt (kaum erkennbare Reaktionen auf die Umwelt, Blickkontakt auf das unmittelbare Handeln beschränkt, häufig ziellos wirkendes Handeln).

Übernimmt das Kind die vom Therapeuten gezeigten Handlungsmuster, so kann — je nach momentanem Ziel — versucht werden, zum einen mit ihm in Interaktion zu treten oder es zum anderen mit dem neuen Handlungsmuster alleine zu lassen, indem sich der Therapeut abwendet bzw. anderen Beschäftigungen nachgeht.

Die andere Tätigkeit des Therapeuten kann auf neue Weise für das Kind interessant werden, es bleibt ihm überlassen, bei der alten Handlung zu bleiben oder sich der neuen zuzuwenden.

Bei ihren Handlungsmustern können Therapeut und/oder die Bezugsperson die jeweilige Zeitdauer eines Abschnittes so wählen, daß sie der Aufmerksamkeitsdauer des Kindes entspricht.

Die einzelnen Abschnitte können aber in größere sinnvolle Zusammenhänge eingebaut werden, die aber immer Einstiegsmöglichkeiten für das Kind bieten.

3.6. Reihenfolge der Therapieschritte

3.6.1. Allgemeine Regeln:

Die bisher beschriebenen therapeutischen Regeln und Werkzeuge legen nahe, daß aktuelle Therapieschritte und Verhaltensweisen von Therapeut und Bezugsperson durch das Verhalten des Kindes bestimmt werden. Das erfordert ein großes Maß an Einfühlungsvermögen und Kreativität vom Therapeuten und den Bezugspersonen. Andererseits ist es wichtig, einen roten Faden für das Fortschreiten der Therapie zu haben. Sowohl das flexible Eingehen auf das Kind, als auch das Weiterführen und Ermöglichen der Entwicklung des Kindes zu differenzierterem Austausch mit der Umwelt läßt sich verbinden, wenn die Ziele für die Kinder relativ allgemein formuliert werden. Allgemeines Ziel ist die Vergrößerung und Verfeinerung der Möglichkeiten des Austausches mit der Umwelt. Solch ein Austausch ist immer als Kreisprozeß (Kind — Umwelt — Kind) aufzufassen. Dieser Kreisprozeß ist z.B. bei stereotypen und selbststimulatorischen Handlungen äußerst eng, nur auf sich selbst bezogen. Diese Kreisprozesse sind auf Gegenstände, die in der Umwelt etwas verändern (Werkzeuge) und auf Personen (die durch das Kind in ihrem Verhalten verändert werden) auszudehnen. So entstehen immer längere Handlungs- und Interaktionsketten, an denen das Kind sich mit immer mehr eigenen Entscheidungen und mit immer mehr aufeinander abgestimmten Kommunikationskanälen (Blick, Mimik, Haltung, Gestik, Handlung) beteiligt. Unter dieser allgemeinen Zielsetzung ist es dann die Aufgabe des Therapeuten, in der aktuellen Situation Verhaltensweisen des Kindes zu entdecken, die den nächsten Zwischenschritt in Richtung auf das übergeordnete Ziel möglich machen. Der Kreativität der Therapeuten ist es überlassen, in die aktuelle Situation kleine Hindernisse einzubauen oder neue Situationen einzuführen. Das Kind muß dann mit seiner Kreativität Lösungen für die neue Situation finden. Konkrete Stichworte sind dabei: Wohlbefinden des Kindes, Kommunikation, Spielen und Leistung. Dabei können Phasen der Erregung und des Unbehagens, wie in jeder Therapie, notwendige Duchgangsphasen sein.

3.6.2. Erste Therapiephase:

— Kontaktaufnahme, Beobachtung und Diagnostik

Ein wichtiges Prinzip bei der Kontaktaufnahme und dem Anknüpfen von Beziehungen zum Kind ist es, die eigene „Laut-Symbol-Sprache" auf ein Minimum zu reduzieren und die Kinder begleitend ihre Verhaltensweisen (mit Ausnahme von Sprache) zu spiegeln. Das sollte auch dann geschehen, wenn die Kinder über etwas Sprache verfügen. Bei solchen Kindern, die auf Nähe und Spiegeln mit Abwehr reagieren, ist es möglich, aus der Distanz indirekt zu spiegeln oder interessante Interaktionsangebote zu machen. Nach erster Kontaktaufnahme ist die Erprobung einer Reihe unterschiedlicher Interaktionsformen und Situationen, eine Phase des Ausprobierens wichtig. Eine standardisierte Interaktions-Diagnose wurde von HARTMANN und ROHMANN 1985 beschrieben. Diese Diagnostik umfaßt einen großen Teil der geschilderten Interaktions-Werkzeuge.

3.6.3. Zweite Therapiephase:

— *Handlungsorientiertes Vorgehen*

In dieser Phase werden, wie oben beschrieben, neue und bekannte Elemente aus dem Leben und Erleben des Kindes miteinander verknüpft. Sie kann als Beginn der eigentlichen therapeutischen Arbeit angesehen und über einen langen Zeitraum durchgeführt werden. Die Vergrößerung der Spiel- und Handlungsmöglichkeiten in dieser Phase stellen auch immer mehr Inhalte bereit, über die kommuniziert werden kann. Die schrittweise Erhöhung kommunikativer Anforderungen leitet über zur nächsten Phase der Therapie.

3.6.4. Dritte Therapiephase:

— *Kommunikations- und sprachorientiert*

In dieser Phase wird zunehmend Kommunikation eingesetzt und gefordert. Die weitere Verbesserung von Spiel- und Handlungskompetenz läuft parallel weiter. Während anfangs Sprache reduziert und beiläufig benutzt wurde, wird sie jetzt zur aktiven Aktions- und Interaktionssteuerung benutzt. Der Austausch über die Handlungen kann jetzt vermehrt mit Hilfe von sprachlichen Mitteln geschehen. Die Einbindung in sinnvolle Abläufe, Ziele und Aufgaben ist wichtig.

Literatur

HARTMANN, H.; ROHMANN, U.: Eine Zwei-System-Theorie der Informationsverarbeitung und ihre Bedeutung für das autistische Syndrom und andere Psychosen. Prax. Kinderpsychol. Kinderpsychiat. 33, 272-281, 1984

HARTMANN, H.; ROHMANN, U.: Die Zwei-System-Theorie, ein neues Modell normaler und psychotischer Informationsverarbeitungsprozesse und Konzepte der Krankheitsentstehung. Münstersche Beiträge zur Geschichte u. Theorie der Medizin (Hrsg. Rothschuh, R. E.; Toellner, R.), Burgverlag, Tecklenburg, 1984

HARTMANN, H. u. ROHMANN, U. H.: „BEMAUS" Beobachtungsmatrix für das autistische Syndrom. Unveröffentlicht, erstellt 1985

HARTMANN, H.: Aufmerksamkeits-Interaktions-Therapie mit psychotischen Kindern. Prax. Kinderpsychol. Kinderpsychiat. 35, 242-247, 1986

HARTMANN, H. u. ROHMANN, U. H.: Die Zwei-Prozeß-Theorie der Informationsverarbeitung und ihre Bedeutung für Psychosen (Mehrleistungen). In: OEPEN, G. (Hrsg.): Neuropsychologie in der Psychiatrie. Deutscher Ärzte-Verlag, erscheint Frühjahr 1988

KALDE, M. u. JAKOBS, G.: Neue Wege in der Sprachanbahnung. Lernen konkret, Veröffentlichung vorg. Februar 1988

Das therapeutische Konzept der Körperzentrierten Interaktion

U. H. Rohmann, M. Kalde, H. Hartmann, G. Jakobs

1. Einleitung

Häufig ist der *Körper* des autistischen Kindes, vor allem bei geistig schwerstbehinderten, einziges *Kommunikationsmittel* bzw. Kommunikationskanal. Daher werden wir anfangs wenig über die von uns überwiegend genutzten Kommunikationskanäle (visuell, auditiv, verbal) erreichen können. Deshalb sollten wir vermehrt Wert auf die dem Kind innewohnenden und genutzten Kommunikationskanäle legen. Dies sind im besonderen kinästhetische und taktile Dimensionen.

Durch Variation der Wahrnehmung in diesen beiden Bereichen erreichen wir eine erste oder erneute gezielte Interaktion mit dem Kind. Wichtigstes therapeutisches Prinzip unserer Institution und unserer Überlegungen ist es, von der Stufe an mit dem Kind zu arbeiten, auf der es *erreichbar bzw. mit anderen Worten, aufmerksam ist.* Alle geistigen und sozialen Prozesse haben eine organische Grundlage, die wiederum auf diese zurückwirkt. Grenzziehungen zwischen körperlichen und anderen Prozessen sollten deshalb eine sinnvolle Funktion haben.

Das therapeutische Modell der Körperzentrierten Interaktion beinhaltet verschiedene therapeutische Interventionen, deren gemeinsames Ziel es ist, über den Körper des Patienten mit ihm in Interaktion bzw. Kommunikation zu treten. Ein *Aufbau höherer Interaktions- und Kommunikationsfähigkeit* beeinflußt wiederum autistisches Verhalten positiv.

Ein weiterer wesentlicher Faktor ist, körperliche Äußerungen, bzw. physische Begebenheiten, wie z.B. das Erregungsniveau, therapeutisch zu beeinflussen, zu senken, bzw. zu erhöhen, mit dem Ziel einer höheren Lernbereitschaft.

2. Körperzentrierte Interaktion auf Basis der Musik-Körpererfahrungstherapie und der Aufmerksamkeits-Interaktions-Therapie (K.M.A.)

Wir haben diese Therapieform im Institut für Autismusforschung und -behandlung Marl-Sinsen sowie in der Folgeeinrichtung, im Zentrum für Autismusforschung und Entwicklungstherapie in Viersen, mit etwa 200 autistischen (auch teilweise autoaggressiven) Kindern durchgeführt. Bei nahezu allen Kindern/Jugendlichen konnten innerhalb von 3 bis 6 Wochen deutliche Veränderungen im Kontakt- und vor allem stereotypen Verhalten erreicht werden. Die systematische vollständige Information über die weiteren Verläufe liegt noch nicht vor. Bei Behandlung von Autoaggressionen ist diese Methode als eine *Basis-Therapie* anzusehen.

2.1. Die therapeutische Situation

Eine Überlegung hinsichtlich der Reizqualität des Raumes kann wichtig sein. Nach unserer Meinung gibt es aber keine allgemeingültige Regelung, sondern nur eine individuelle.

Nach einem ausführlichen Gespräch mit der Mutter, die die Therapie absprachegemäß später vom Therapeuten übernimmt, beginnt der Therapeut, den Oberkörper des Kindes zu entblößen, d.h., *mit sehr stark verlangsamten Bewegungen, Ignorieren des Widerstandes, soweit dies möglich ist* und beruhigenden Lautäußerungen (z.B. beruhigende Intonation von Vokalen; keine sprachlichen Äußerungen nutzen, auch wenn das Kind sprechen kann). Die Halteposition und Dauer sind vergleichbar mit der Musik-Körpererfahrungstherapie, wobei auch Seitenlage oder Sitzen möglich sind. Als Beruhigungs- und Interaktionsmedium wird zusätzlich meditiative Hintergrundmusik gespielt. Wir empfehlen die Langspielplatte „Silvercloud" von Kitaro.

2.2. Veränderung bei der behandelnden Person

Unsere Beobachtungen haben gezeigt, daß bei der Basis-Therapie K.M.A. zwischen Patient und Bezugsperson wechselseitige therapeutische Prozesse ingganggesetzt werden.

Wir haben die Beobachtung gemacht, daß die Mutter durch diese Form der Behandlung einen neuen oder anderen emotionalen Zugang zu ihrem Kind gewinnt. Signale, die für unterdrückte Aggressionen oder Unsicherheiten bei der Mutter sprechen, müssen aufgegriffen werden.

Durch die beruhigende Wirkung der meditativen Musik und/oder auch der beruhigend wirkenden Verlangsamung der Bewegungen und der Aufforderung, über die Augen zu kommunizieren, kann es dann zu einer Generalisierung der Beruhigung auch über die therapeutische Situation hinaus kommen.

Dieser Gewinn an innerer Ruhe und Gelassenheit erlaubt es der Mutter, negativistischen und provokativen Verhaltensweisen ihres Kindes zunehmend kompetenter und „haltgebender" zu begegnen. Das wiederum unterstützt wesentlich Verhaltensänderungen beim Kind.

Ein weiterer Aspekt, der möglicherweise eine therapeutische Bedeutung hat, ist eine *Veränderung der Dominanzbeziehung.* D.h., nicht mehr das Kind dominiert mit seinem Verhalten die Familie, sondern die Mutter (oder der Vater oder der Erzieher) führt wieder das Kind.

2.3. Die Methode

Die Basis-Therapie K.M.A. läßt sich in *8 Behandlungsphasen* unterteilen, wobei jede Behandlungsebene nicht als ein alleiniger Schritt gesehen werden kann, sondern im Kontext mit den anderen Ebenen betrachtet werden muß. Es wird im folgenden auch *keine direkte zeitliche Reihenfolge* beschrieben, sondern nur therapeutische Ebenen mit entsprechend möglichen Reaktionen, die sich am jeweiligen aktuellen Kindverhalten orientieren.

2.4. Vorbereitende Phase

Unter bestimmten Umständen erscheint es notwendig, vor Beginn der K.M.A. (Körperzentrierte Interaktion auf Basis der Musik-Körpererfahrungstherapie und Aufmerksamkeits-Interaktions-Therapie) spezifische Vorübungen durchzuführen. So ist ein ausführliches Vorabgespräch mit der im späteren Verlauf behandelnden Bezugsperson zu führen. Nicht aufgearbeitete Widerstände oder Ängste führen zu Verkrampfungen oder Verspannungen in der Therapie, im extremsten Fall auch zu einer Ablehnung des Kindes.

Das wohl schwierigste Problem stellt die *„gezwungene bzw. erzwungene" Haltesituation* dar. Immer wieder geäußerte Bedenken gehen in die Richtung, daß man durch das Halten dem Kind psychische Schädigung zufügen könnte, möglicherweise seinen Willen bricht; über diese Befürchtung sollte unbedingt gesprochen werden.

Am Beispiel autoaggressiven Verhaltens stellt sich die Problematik wie folgt dar: Ein Kind wird, aus welchen Gründen auch immer, autoaggressiv, wobei es erstmal unerheblich ist, ob dieses Verhalten eine Reaktion auf mangelnde Zuwendung, Vermeidung oder auch eine Erwiderung auf einen (bekannten) Schmerz darstellt.

Unklare Schmerzzustände bedürfen jedoch der Klärung und der Behandlung ihrer Ursachen (z.B. Mittelohrentzündung oder Zahnschmerzen). Für die Untersuchung behinderter, autistischer und/oder autoaggressiver Kinder bedarf es jedoch besonderer Erfahrung.

Wenn eine offensichtliche Beziehung zwischen Situation und autoaggressivem Verhalten besteht, kann bei dem Kind noch eine relative Selbstkontrollkompetenz vermutet werden. Andererseits können Bezugsperson und autoaggressives Kind in einem Wechselwirkungsprozeß verhaftet sein, aus dem sich beide ohne Hilfe von außen nicht lösen können. In vielen Fällen haben die Kinder (unbewußt oder wenig bewußt) Mechanismen entwickelt, um ihre Umwelt zu dirigieren. Die Bezugsperson wird nun mit selbstverletzendem Verhalten konfrontiert und wird eingreifend das Kind an der Autoaggression hindern. Dadurch wird das selbstverletzende Verhalten aber „positiv verstärkt" und der Haltende durch die momentane Abnahme (Unterbindung) der Autoaggression ebenfalls. Durch die Verstärkung kommt es zu einer Erhöhung der Autoaggressivitätsfrequenz, so daß die Bezugsperson immer häufiger eingreifen muß. Sie gerät dadurch zusehens mehr in Abhängigkeit vom Kindverhalten. Das Kind wiederum wird durch eingreifende Maßnahmen immer mehr fremdbestimmt. Diese zunehmende Fremdbestimmung führt zu einer Automatisierung des autoagressiven Verhaltens. Der einzig kontrollierende Faktor ist also letztendlich die Autoagressivität selbst.

Folge ist, daß beide Interaktionspartner (Bezugsperson und Kind) vollkommen voneinander abhängig werden, somit handlungsunfähig sind. Handlungsunfähig bedeutet in diesem Sinne, daß eine Erweiterung des Erfahrungs- bzw. Handlungsspielraums nicht mehr gegeben ist.

Durchdenkt man dieses Beispiel, so fällt es einem schwer, den Begriff „Willen" sowohl auf den einen als auch auf den anderen Interaktionspartner anzuwenden.

Wenn man überhaupt von Willen sprechen kann, so scheint nur das autoaggressive Verhalten über einen „Willen" zu verfügen.

Weiterhin können u.U. auch körperzentrierte Vorübungen notwendig sein, auf die wir hier aber nicht näher eingehen wollen (z.B. Knuddeltherapie). Eine ausführliche Darstellung findet sich bei ROHMANN & HARTMANN, 1987/88. Im folgenden sollen nun die einzelnen therapeutischen Phasen näher beschrieben werden.

Phase 1 : Widerstand

In dieser Phase beschäftigen wir uns primär mit dem gezeigten Widerstand des Kindes, den zugrundeliegenden Ursachen sowie mit möglich adäquaten Reaktionen auf dieses bei der körperzentrierten Interaktion am meisten belastenden Verhalten.

Den Widerstand zu überwinden, kann auch bedeuten, mit dem Kind zu kämpfen. Bei dieser Kommunikation mit dem Körper finden über den Austausch von Kraft und Gegenkraft sowohl „Ich" und „Du" — Abgrenzungen, als auch vielleicht erstmals wieder gemeinsames Erleben statt. Die Situation des Kampfes beinhaltet auch die Notwendigkeit, seine Aufmerksamkeit nach außen zu richten.

Wir unterscheiden zwischen physischem und verbalem Widerstand. Wir werden uns im folgenden auf eine kurze Beschreibung der möglichen Reaktionsebenen beschränken, wobei mehrere Ebenen auf einzelne Formen des Widerstandes anzuwenden sind.

1. Anspannung des Oberkörpers und/oder der Oberarme:

Stark verlangsamtes, leichtes Streicheln dieser Körperpartien, reagiert das Kind darauf aversiv, wechseln zu einem Rubbeln bzw. Kneten dieser Regionen, bis hin zu gezielter Massage einzelner Muskelpartien.

Alternativ dazu: Aufforderung zur Anspannung der Oberarme (s.u.). Durch übertriebene mimische Äußerungen die Anspannung der Oberarme und des Oberkörpers widerspiegeln.

2. Verzerrte oder angespannte Physiognomie:

Adäquate bis übertriebene Imitation der Mimik des Kindes oder Distanzänderung (wird weiter unten näher beschrieben). Gegebenenfalls das Spiegeln lautlich begleiten wie: „oh, ja", bis hin zur Aufforderung, Wut zu zeigen.

3. Treten mit den Beinen bzw. treten auf die Beine:

Mit dem eigenen Gesäß auf die Oberschenkel des Kindes setzen oder wahlweise Festhalten der Beine durch eine dritte Person. Wobei allerdings zu bemerken ist, daß diese Verhaltensweisen gegebenenfalls auch kurzfristig zugelassen werden dürfen.

4. Kopfschlagen oder Aufbäumen des Oberkörpers:

Streicheln des Kopfes bzw. drücken des Oberkörpers auf die Matte und zwar mit beiden Händen an den Schulterblättern oder langsames Führen des Oberkörpers. Ggf. Lockerungsübung (vgl. Phase 4).

5. Spucken oder Versuch des Beißens:

Ignorieren dieses Verhaltens, bis hin zu paradoxen Reaktionen, das heißt: Auffordern zum Spucken. Eine weitere Möglichkeit wäre das Ausweichen bzw. Distanzänderung (vgl. Phase 3).

6. Schreien:

Imitation des Schreiens mit unterschiedlicher Modulation und Lautstärke (von ganz laut bis ganz leise). Fragendes Schreien mit etwas übertriebener Spiegelung der entsprechenden mimischen Äußerung des Kindes oder, führt dies nicht zur Beruhigung, Aufforderung des Kindes zum Wütend sein, derart: „Du bist wütend, sei jetzt ganz wütend und noch wütender und noch wütender . . .“

Auch hier ist es ratsam, die Distanz zu variieren.

Alternativ dazu: in sehr stark verlangsamter suggestiv-monotoner Stimmweise den Namen des jeweiligen Kindes wiederholen.

7. Jammern, mit entsprechenden verbalen Äußerungen (z.B. Mama):

Fragende Wiederholung der geäußerten Laute oder Worte, Imitation der Mimik mit entsprechender übertriebener Darstellung, Aufforderung zum Wütendsein (siehe oben) oder wahlweise den Namen des Kindes in eben beschriebener Form ständig wiederholen. Auf keinen Fall Fragen stellen, wie „Was ist denn, Was hast du denn . . .“ o.ä..

8. Schimpfen:

Aufforderung zum Schimpfen: „Ja, jetzt darfst du schimpfen, jetzt schimpf noch lauter, schimpf noch fester und noch einmal schimpfen . . .“ oder wahlweise lautliche Beruhigung wie „Aahh, jaaah oder ohh“.

Die hier vorgestellten Reaktionsmöglichkeiten auf unterschiedliche Widerstands-Verhaltensweisen des Kindes sind als Hilfestellung zu verstehen, wobei allerdings jede behandelnde Bezugsperson auch ihre individuellen Wege finden kann. Auf jeden Fall sollten sie dies mit dem supervidierenden Therapeuten absprechen, da sich hier schnell Fehler einschleichen können, in dem Sinne, daß wir möglicherweise, wenn auch gut gemeint, das Verhalten des Kindes noch unterstützen.

Phase 2: Erste Beruhigung

Die erste Beruhigung, beschrieben als eine Phase, in der das Kind nur noch geringen Widerstand zeigt, wobei durchaus noch Spannung (Muskeln, Atmung etc.) vorhanden sein kann, wird als Ausgangsbasis für erste symmetrische Kommunikation genutzt.

Um dieses definierte Ziel zu erreichen, bedienen wir uns mehrerer Kommunikationskanäle, meist derjenigen, die beim Kind, auch aufgrund seiner Behinderung, im Vordergrund stehen:

1. Kommunikationskanal Körper:

Interaktion bzw. Kommunikation auf taktilen bzw. kinästhetischen Ebenen stehen beim behinderten autoaggressiven Kind im Vordergrund. Dies bedeutet, daß wir anfangs die Kreisprozesse, die sich zwischen dem Körper des Patienten und seinem Erleben abspielen in Richtung auf „Normalisierung" und Integration von Körperempfindungen verändern. Dabei geht es nicht nur um Stimulierung, sondern auch um die Aufmerksamkeitslenkung des Kindes und Zentrierung auf bestimmte Körperregionen und Körperempfindungen. Im weiteren Verlauf können diese Kreisprozesse zur Wahrnehmung der streichelnden Hand des Therapeuten bis zur Wahrnehmung seiner ganzen und der eigenen Person erweitert werden.

Ausgangsbasis dafür ist, die nackte Haut des Oberkörpers *stark verlangsamt* von den Schultern bis hinab zum Bauch zu berühren. Streicheln des Gesichts, des Halses, sowie der Haare und der Kopfhaut folgen. Dabei stehen *drei Reaktionsebenen des Kindes* im Vordergrund:

a) Intensität der körperlichen Stimulierung:

Das heißt, es gilt herauszufinden, welcher Grad der Intensität (leichtes Streicheln, Rubbeln, festes Kneten) angenehme Reaktionen beim Kind hervorruft. Nicht selten können wir feststellen, daß die autoaggressive und nicht selten autistische Kinder auf leichte Stimulierung aversiv (ablehnend) reagieren. Sie werden unruhiger, grimmassieren, schreien u.ä. Rubbelt oder knetet man aber die Hautpartien, so zeigen sie angenehme Reaktionen. Hier gilt es, im Verlauf der weiteren Therapie, beide *Stimulierungstechniken häufiger* zu *variieren,* um somit eine Annäherung an eine leichtere Stimulierung, im Sinne eines angenehmen Empfindens, aufzubauen.

b) Welche Körperregionen reagieren auf Stimulationen besonders stark?

Hier ist nicht selten zu beobachten, daß autistische/autoaggressive Kinder besonders empfindlich im Hals- Schulter- und Kopfbereich reagieren. Dies ist umso verwunderlicher, da gerade der Kopfbereich überwiegend häufig autoaggressiven Handlungen ausgesetzt ist.

Diesen Widerspruch argumentativ aufzulösen, ist sicherlich nicht einfach: Eine Erklärungsmöglichkeit für dieses Phänomen könnte sein, daß gerade eine *übersensible Oberflächenwahrnehmung im Kopfbereich* zu einem ständigen Mißempfinden führt, das durch das Schlagen ins Gesicht sozusagen „übertönt" wird. Die Folgen von Verletztungen im Kopfbereich werden vom autoaggressiven Patienten als weniger unangenehm empfunden, als eine ständige Übersensibilität der Haut. Durch gezielte Variation der Stimulation gerade bei diesen Körperpartien (im Sinne von a) kann eine Änderung der Oberflächensensiblität erreicht werden. (Weitere Ausführungen in Rohmann & Hartmann, 1987/88)

c) Mit welchem Tempo und Rhythmus soll stimuliert werden?

Eine bereits oben angesprochene Verlangsamung leichter Stimulierung bzw. eine folgende Variation des Stimulationstempos und -rhythmus' ist von weiterem therapeutischem und diagnostischem Interesse. Nicht selten finden wir bei autistischen/autoaggressiven Kindern eine verzögerte, wechselnde oder auch herabgesetzte Reaktion auf Schmerzreize. Es ist allerdings durchaus denkbar, daß die von uns oberflächlich als herabgesetzt empfundene Schmerzreaktion des Kindes nicht herabgesetzt, sondern eher als verzögert oder ständig wechselnd zu beschreiben ist.

Um hier zu verläßlicheren Erkenntnissen zu gelangen, ist es notwendig, den Stimulationsablauf zu variieren. Durch sehr stark verlangsamtes Streicheln des Oberkörpers geben wir dem Kind die Chance, setzen wir einmal voraus, daß die Körperwahrnehmung verzögert ist, eine entsprechende Stimulierung wahrzunehmen. Unter anderem auch dadurch, daß wir einen Reiz längere Zeit beibehalten. Erfolgreiche Wahrnehmung läßt sich z.B. durch mimische, lautliche oder auch Hautreaktionen (Gänsehaut) beobachten.

2. Kommunikationskanäle, Blickkontakt und Mimik:

Blickkontakt und Mimik, im Sinne höher strukturierter Kommunikationskanäle, werden durch Körperübungen zusätzlich aktiviert. Wir erreichen also zusätzlich bei Veränderung der Körperwahrnehmung durch die oben beschriebenen Stimulationstechniken nach einiger Zeit Blickkontakt bzw. mimische Äußerungen, die wir zur Kommunikation auf einer höheren Ebene nutzen können. Durch Variation der gespiegelten Reaktion kann differenzierteres Interagieren aufgebaut werden. Zunahme von Kommunikation und Abnahme von Stereotypien und/oder Autoaggression korrelieren miteinander. Durch die Imitation des Kindverhaltens machen wir weitere Erfahrungen darüber, was in dem Kind vorsichgehen könnte. Die Verlangsamung der Körperstimulierung hat auch den Vorteil, daß der Behandler selbst ruhiger und ausgeglichener wird.

Phase 3: Distanz und Nähe

Sinnvoll und notwendig ist es, festzustellen, bei welcher Distanz von Gesicht zu Gesicht, das Kind am aufmerksamsten reagiert. Eine solche Kenntnis hat sowohl therapeutischen als auch diagnostischen Wert. Wir kennen ja alle aus eigener Erfahrung, daß es uns unangenehm sein kann, wenn ein Gesprächspartner zu nah an uns herantritt. Deshalb ist es notwendig, die Distanz zu variieren. Dies ist sicherlich auch außerhalb der K.M.A. sinnvoll und möglich (vgl. interaktives Boxen), wobei allerdings sich diese Therapieform besonders anbietet, extreme Nähe hervorzurufen.

Bei einer sehr engen körperlichen Beziehung reagieren autistische Kinder häufig ablehnend. Wofür ist sie also notwendig? Hier geht es darum, den Körper in seiner Gesamtheit, als Mensch zu spüren.

Denn häufig werden nur bestimmte Körperteile von uns, von den Kindern als „Objekte" genutzt, wie z.B. die Hände, die Füße oder auch der Kopf. Dadurch daß wir in unserer Gesamtheit als körperlicher Mensch erkannt und akzeptiert werden müssen, kann das autistische und/oder autoaggressive Kind möglicherweise Rückschlüsse auf seine eigene körperliche Persönlichkeit ziehen.

Das Ertragenkönnen von Nähe erfordert eine gewisse Vertrautheit beider Interaktionspartner. Diese Vertrautheit kann förderlich für den gesamten kommunikativen und interaktiven Austausch sein.

Der Aufbau von Vertrautheit wird besonders durch das Schützen durch den Körper des Behandlers gefördert (vgl. Phase 7).

Phase 4: Körperführung

Bei autistischen und/oder autoaggressiven Kindern kommt es bei Handlungen, wenn sie unterbrochen werden (z.B. durch Fixierung) zu Symptomverschiebungen. Bei der hier beschriebenen Methode der K.M.A. ist ja das Kind auch relativ bewegungseingeschränkt. Die wenigen Alternativattacken gegen den eigenen Körper beschränken sich auf Treten, Kneifen und Kratzen oder das Schlagen des Kopfes auf die Unterlage. Letzteres passiert am häufigsten. Im Sinne der oben beschrieben therapeutischen Mechanismen werden wir die Bewegung des Kopfschlagens aufgreifen und durch Führen des Kopfes mit dem gesamten Oberkörper diesen *Ablauf verlangsamen*. Wir unterbrechen bzw. verhindern diese Reaktion also nicht, sondern geben ihr eine andere, eine neue Qualität. Durch eine Kontrolle des Bewegungsablaufes durch uns (Verlangsamung), kann durch ein steigendes Loslassen bzw. Lockern der Führung des Kopfes und des Oberkörpers Selbststeuerung des eigenen Bewegungsablaufes aufgebaut werden.

Phase 5: Suggestion

Um Aufmerksamkeit oder Entspannung beim Kind zu erreichen (auf eine nichtkörperkonzentrierte Vorgehensweise), setzen wir zusätzlich suggestive Elemente ein. Hier kommt vor allem die Begleitmusik zum tragen, die so ausgewählt sein sollte, daß sie sich in Bilder, Geschichten, aber auch Geräusche umsetzen läßt. In verlangsamter, monotoner Sprechmelodie flüstern wir dem Kind verbalisierte Musiksequenzen ins Ohr: Meeresrauschen, das Pfeifen des Windes, Regentropfen u.ä., wobei immer wieder entspannende Formeln wiederholt werden (je nach vorhandenem passiven Wortschatz): Einzelne Worte, wie „ruhig", „schön" o.ä., bis hin zu ganzen Sätzen: „Wir sind jetzt ganz ruhig, ruhig, ruhig, es ist schön, schön, schön . . ." oder auch gefühlsbetonte Sequenzen wie „ich hab dich lieb" etc. Wir haben schon öfters im weiteren Verlauf beobachten können, daß Kinder diese Sätze wiederholt haben, auch in Situationen außerhalb der Therapie. Dieser Bereich befindet sich aber noch im Entwicklungsstadium und muß weiter systematisiert werden. Wir stellen ihn nur der Vollständigkeit halber hier vor.

Phase 6: Selbststimulation

Ist eine längerandauernde Beruhigung beim Kind erreicht, lassen wir die *Hände und Arme frei*. Stereotype oder autoaggressive Handlungen werden allerdings verhindert, indem wir die Hände des Kindes führen. Wir folgen zwar den Bewegungen, führen die Hände aber immer wieder zum Oberkörper zurück, wobei dies ohne Zwang und verlangsamt geschehen sollte. Am Anfang werden die Kindbewegungen noch abrupt unkoordiniert und unharmonisch sein. Durch ein langsames Streicheln des Oberkörpers mit den Händen des Kindes, wird es den angenehmen Charakter der Selbststimulation immer mehr empfinden lernen (es gibt etwas anderes, als sich zu schlagen), und damit wird auch der Bewegungsablauf immer koordinierter.

In den ersten Sitzungen wird das Kind auf das Freilassen der Arme mit Unruhe und Schreien reagieren. Wir sollten uns davon nicht zu schnell beeindrucken lassen, denn unser oberstes Ziel ist ja Aufbau von Selbstkontrolle. Sollte diese Form von Widerstand allerdings länger als 10 Minuten dauern, sollten wir nochmals in die Grundposition zurückgehen und es zu einem späteren Zeitpunkt erneut versuchen.

Diese Form der Selbststimulation ist eines der wesentlichsten therapeutischen Elemente der K.M.A.

Bei autoaggressiven Patienten kommen weitere therapeutische Schritte hinzu, die hier aber nicht näher beschrieben werden sollen. (Nähere Information in ROHMANN & HARTMANN, Behandlungsmöglichkeiten der Autoagression, verlag modernes lernen, Dortmund 1987):

— Phase 7: Schutz durch den Körper des Therapeuten
— Phase 8: Konfrontation mit der Autoaggression

a) Steuerung der Autoaggressionsintensität
b) Hilfestellung zum Selbstschutz anbieten

2.5. Indikation:

— mittlere und schwere Autoaggressionen
— emotionale Beziehungsstörungen bei Kind und Bezugsperson (außer pathologisch-symbiotischen Beziehungen)
— gestörte Körper- bzw. Schmerzwahrnehmung
— Kommunikationsaufbau (auch bei nicht-autoaggressiven Kindern)
— Hyperkinetik/motorik

2.6 Kontraindikation

— pathologisch wechselseitige Abhängigkeit über die Autoaggression
— Widerstände des Behandlers (Ekel, Angst, Aggression o.ä.)
— Alter des Patienten (hier sind vor allem die Gesichtspunkte sexuelle Reife und Körperkraft wichtig).

3. Körperzentrierte Interaktion, sitzende Position

Als Kontraindikationen der K.M.A. wurden im vorangegangenen Abschnitt u.a. das Alter des Patienten und Gründe der Sexualität angegeben. Aus diesen und anderen Gründen nutzen wir bei größeren Jugendlichen und Erwachsenen die sitzende Position. Sie hat gegenüber der liegenden Position der K.M.A. einige deutliche Vorteile, z.B. einen weitaus größeren Handlungsspielraum. Größter Nachteil aber ist, daß Blickkontakt nicht hergestellt werden kann. Der Therapeut sitzt hinter dem Patienten, der Patient zwischen seinen Beinen. Der Therapeut umfaßt von hinten die Handgelenke des Jugendlichten, um auf diese Weise die Arme in der weiter unten beschriebenen Weise führen zu können.

3.1. Körperzentrierte Interaktion auf niedriger Kommunikationsebene

Im Sinne der basalen Kommunikation (MALL, 1984) wird diese Methode überwiegend bei Patienten eingesetzt, die schwerst geistig behindert sind und auf den ersten Blick über keinerlei Kommunikationsmechanismen verfügen. Abgesehen von Autoaggressionen und motorisch-stereotypen Handlungen, die ja durchaus kommunikativen Charakter haben können.

Es werden also Kommunikationskanäle der niedrigsten Stufe genutzt. Darunter ist zu verstehen, daß wir

— uns dem Atemrhythmus des Patienten anpassen. Dies soll auf eine etwas übertriebene Art geschehen, d.h. bei der Atmung, die Brust etwas stärker wölben, so daß der Patient dies auf seinem Rücken spüren kann. Indem wir nahe an das Ohr herangehen, können wir auch den Atmungston etwas verstärken.

— die Vibration des Körpers nutzen. Durch ein Summen oder Brummen entsteht eine Vibration unseres Körpers, den das Kind über seinen Rücken wahrnehmen kann. Eine sehr hohe Körpervibration rufen wir mit einem lauten „ommmm" hervor. Diese Silbe ist Standard jeder meditativen Sitzung, abgeleitet vom „Om nahma shiva ja". Auch der Kopf läßt sich in diesem Sinne als Resonanzboden nutzen, indem wir unser Kinn auf den Kopf oder unsere Wange an die Wange des Jugendlichen legen. Bei letzterem ist uns zusätzlich die Möglichkeit gegeben, durch Aneinanderreiben der Wangen dem Rhythmus der Vibration oder der Atmungsfrequenz zu folgen. Durch Verlangsamung, Lautstärkenregulierung und Tonqualitätsänderung können wir eine Art von Sprache aufbauen.

— eine Verbindung beider eben beschriebenen Ebenen.

Der Atemrhythmus wird mit entsprechenden Vibrationen gespiegelt, bzw. imitiert und in Folge auch variiert.

Weiterführende Übungen:

Sind erste Reaktionen beim Jugendlichen/Kind beobachtbar, können Atmungs- und Vibrationsrhythmen auf eine körperstimulierende Ebene (Streicheln und Selbststreicheln der Oberarme) übersetzt werden. Gestische Begleitung verschiedener Rhythmen wäre ein weiterer Schritt: Wir führen im Rhythmus der Vibration oder der Atmung die Arme des Patienten, wobei auf einen Wechsel von Armführung und Geführtwerden geachtet werden sollte.

Bei diesen Übungen sollte keine Musik eingesetzt werden, da hier vordergründig unser Ziel ist, über die Nutzung der Basis-Kommunikationsmechanismen des Jugendlichen/Kindes seine Aufmerksamkeit zu erreichen und erste symmetrisch-interaktive Handlungssequenzen aufzubauen.

3.2. Körperzentrierte Interaktion auf höherer Stufe

Bei Kindern und Jugendlichen mit geringer geistiger Behinderung oder aber bei Kindern, die die Mechanismen der Basis-Kommunikation erkannt haben, empfiehlt es sich, Kommunikationskanäle wie Mimik, Gestik, Blickkontakt, Laute und Sprache zusätzlich einzusetzen.

Wie bereits mehrfach beschrieben, nehmen wir eine Beziehung von Kommunikationsqualität und -quantität und autoaggressiven Verhaltensweisen an. Nimmt die Qualität und Quantität der Kommunikation/Interaktion zu, nehmen autoaggressive Verhaltensweisen ab.

Oder, nehmen autoaggressive Verhaltensweisen ab, so nimmt die Qualität und Quantität von Kommunikation/Interaktion zu.

Da in der sitzenden Position kein Blickkontakt möglich ist, erfordern die folgenden Übungen eine zweite Person oder einen großen Spiegel.

4. Körperzentrierte Interaktion zum Aufbau inkompatibler Bewegungsabläufe

Da diese therapeutische Methode überwiegend ihre Bedeutung in der Behandlung autoaggressiver Kinder findet, werden wir hier nicht näher darauf eingehen und verweisen auf ROHMANN & HARTMANN, 1987.

5. Körperzentrierte Interaktion zur Nutzung der natürlichen Reflexe

Hier subsummieren sich die Übungen, die darauf abzielen, die natürlichen motorischen *Reflexe* therapeutisch zu nutzen. Die überwiegenden Funktionen von Reflexen dienen dem Schutz des Körpers. Wenn wir z.B. im Bauchbereich, unter den Achseln oder an den Füßen gekitzelt werden, zeigen wir bestimmte Reaktionen, die etwa bei allen Personen gleich ablaufen: Wir versuchen einer solchen Stimulation, wenn sie unerwartet kommt, zu entgehen; setzen wir solche Maßnahmen beim autistischen und/oder autoaggressiven Kind ein, so erreichen wir damit gleich *drei Ziele :*

— Wir erkennen, inwieweit das autistische/autoaggressive Kind über seinen Körper Stimulation wahrnimmt und ob sich diese Wahrnehmung (im Sinne einer Reaktion) bei Behandlung der Reizung ändert. Wir erfahren also etwas über die Qualität der Körperwahrnehmung, z.B. ob sie herabgesetzt ist und ob sich diese ändern läßt.

— Dadurch, daß das Kind reagieren muß, ist es mit seiner Reaktion soweit beschäftigt, daß es recht wenig Zeit für autoaggressive Verhaltensweisen hat. Gleichzeitig kann dieser interpersonelle Prozeß kommunikationsfördernd sein.

— Wir lösen muskuläre Verspanntheit auf und aktivieren das passive Kind.

Ein Beispiel:

Wir kneten die Bauchdecke des Kindes kurz und kräftig im Liegen. Eine natürliche Reaktion wäre das Anziehen der Beine oder ein Wegrollen des Oberkörpers. Reagiert das Kind nicht in dieser Weise, wiederholen wir den Ablauf, wobei wir die Intensität der Bauchdeckenstimulation und die Dauer variieren, bis es zu einer ersten erkennbaren Reaktion kommt. Auch ein Schreien können wir als Reaktion verstehen.

Wir versuchen nun am Oberkörper die optimalste Stelle zu finden, d.h. die Stelle, bei der das Kind am schnellsten reagiert. Wichtig ist, daß die Stimulation nicht als schmerzhaft empfunden werden soll.

Erfolgt eine Reaktion, versuchen wir dem Prozeß eine spielerische Qualität zu geben: Wir bewegen unsere Arme übertrieben verlangsamt auf den Bauch zu, wobei wir diese Bewegung verbal durch ein „uuuund... jetzt" oder „oooooo . . . hahh" o.ä. unterstützen.

Nach einer Übungszeit wird das Kind nun bereits auf die lautliche Äußerung reagieren, z.B. durch Wegdrehen des Körpers, durch Lachen oder durch das Ergreifen bzw. Abwehren unserer Hände. Eine gemeinsame Spielsequenz ist entstanden.

a) bewegungslose, schlaffe Kinder

Beine: Wir fassen mit der einen Hand den Oberschenkel und mit der anderen Hand die Fußsohle des Kindes und beugen das Bein. Wir erhöhen den Druck auf die Fußsohle. Zeigt das Kind keinen Gegendruck, so drücken wir mit der anderen Hand das Bein (gegen unseren Druck an der Fußsohle) langsam gerade. Dies wiederholen wir, bis das Kind von sich aus eigenen Widerstand und Druck zeigt.

Arme: In der gleichen Art verfahren wir mit den Armen (BESEMS/BESEMS). Dieses Vorgehen soll lautlich in der im vorangegangenen Abschnitt beschriebenen Art begleitet werden.

b) aktivere, kräftigere Kinder

Das Kind liegt in der Rückenlage. Wir beugen beide Beine soweit, daß sie fast auf der Brust des Kindes liegen und legen unseren Oberkörper auf die Fußsohlen. Zweck der Übung ist, daß das Kind uns mit seinen Beinen wegdrückt. Dies geschieht anfangs sehr langsam und vorsichtig (BESEMS/BESEMS). Wenn das Kind uns in dieser Art wegdrückt, *übertreiben* wir den Fall nach hinten, so daß es an dieser Übung immer mehr Spaß bekommt und auch heftiger drückt (ausführliche Darstellung in ROHMANN & HARTMANN, 1987).

6. Körperzentrierte Interaktion als Methode zur muskulären Entspannung

Bei besonders stark verspannter bzw. verkrampfter Armmuskulatur ist es sinnvoll, bevor die oben beschriebenen Übungen begonnen werden, eine Entspannung bzw. Lockerung der Armmuskulatur zu erreichen. Wir bedienen uns dabei therapeutischer Elemente des Muskel-Entspannung-Trainings nach Jacobson (ausführliche Darstellung in Rohmann & Hartmann, 1987).

7. Interaktives Boxen

Die Methode des interaktiven Boxens wurde 1984 (Rohmann, 1984; 1987) entwickelt. Sie sollte Antwort sein auf die Frage, was die optimalste Lösung eines Verhinderns autoaggressiver bzw. hypermotorischer Verhaltensweisen bei möglichst komplexer personeller Interaktionen sei. Mit anderen Worten, es galt eine Methode zu finden, bei der beide Interaktionspartner (Therapeut/autoaggressiver Patient) uneingeschränkt miteinander umgehen können, ohne daß die Möglichkeit von Verletzungen bzw. ein Ausweichen gegeben ist.

Das interaktive Boxen als therapeutische Einheit bietet eine Vielzahl an interaktiven Möglichkeiten, mit dem autoaggressiven Kind umzugehen. So können wir zum Beispiel auf jegliche Art von Fixierungen verzichten (außer den Boxhandschuhen). Da wir uns mit dem autoaggressiven Kind in einem Partnerschaftlich-Interaktiven-Prozeß befinden, können wir zum Beispiel Kopfschlagen dadurch vermeiden, daß wir unseren Handschuh zwischen Kopf und Wand legen. Schlägt sich das Kind mit den Fäusten ins Gesicht, auf Augen oder Ohren, sind durch die weichen Kinderboxhandschuhe Verletzungen nicht möglich. Dadurch, daß der Patient keine weiteren Fixierungen mehr tragen muß, ist auch die Chance gegeben, fixierungslose Zeiten aufzubauen bzw. anzugewöhnen.

Das interaktive Boxen bietet uns auch die Möglichkeit, die Distanz im interaktiven Prozeß zu verringern bzw. zu erweitern. Das Laufen auf den Matratzen schult den Gleichgewichtssinn, lenkt gleichzeitig aber auch von autoaggressiven stereotypen Handlungen ab: Durch das Bewegen auf den Matratzen muß das Kind immer wieder Gleichgewicht halten, wozu die Arme zur Balance notwendig sind.

Auch aktivierendere oder hektischere Bewegungen sind hier möglich, da auch beim Fallen des Kindes keine Verletzungsgefahr besteht. Letztendlich bietet das interaktive Boxen eine Vielzahl an kommunikativen Möglichkeiten (ausführliche Darstellung in Rohmann & Hartmann, 1987/88).

Literatur:

Vollständige Literaturübersicht: siehe folgender Artikel über MFT.

Modifizierte Festhaltetherapie (MFT)

— Beschreibung und Abgrenzung zur Festhaltetherapie —

U. Rohmann, G. Jakobs, M. Kalde, und H. Hartmann

Die MFT soll an dieser Stelle überwiegend deshalb vorgestellt werden, da in der Sekundärliteratur immer wieder Verwechslungen mit der Musik-Körpererfahrungstherapie (FACION, 1986) oder auch fehlerhafte Darstellungen festzustellen waren (vgl. JANTZEN & v. SALZEN, 1985; KISCHKEL & STÖRMER, 1986). Alle eben genannten Autoren haben die MFT mit der Musik-Körpererfahrungstherapie gleichgesetzt, wobei u.a. dubiose Beziehungen zur Elektroschocktherapie hergestellt wurden. Die MFT ist niemals in Verbindung mit solch massiven Techniken eingesetzt worden.

Die MFT, wie der Name schon sagt, ist eine Modifizierung anderer Haltetechniken. Sie verbindet Elemente der Festhaltetherapie (Holding-Therapy, WELCH, 1983; PREKOP, 1984), der Wut-Reduktions-Methode (ZASLOW, 1981), der AIT (HARTMANN, 1986) und verhaltenstherapeutische Überlegungen. Die Zwei-System(Prozeß)-Theorie (HARMANN & ROHMANN, 1984a, 1984b, 1987/1988) bietet die Basis für hypothetische Annahmen zur MFT.

Hierin ist bereits ein grundlegender Unterschied zu anderen Haltetherapien zu finden. Sowohl die Festhaltetherapie (FT), als auch die Holding-Therapy (HT) und Wut-Reduktions-Methode (WRM) folgen überwiegend psychoanalytischen Grundgedanken. Eine gestörte emotionale Mutter-Kind-Beziehung steht hier im Vordergrund. Diese Störung impliziert auch das Stigma einer „Schuld der Mutter am autistischen Verhalten des einzelnen Kindes". Eine solche emotionale Störung als Ursache des Autismus, sowie eine *Schuldzuweisung an die Mütter wird von uns bestritten.*

Es wird an dieser Stelle die Kenntnis der Methode der Festhaltetherapie sowie deren theoretische Annahmen vorausgesetzt. (Umfassendere Literatur findet sich bei PREKOP, 1982, 1983, 1984 etc. und ROHMANN & ELBING 1987/88, vgl. auch zwei Beiträge in diesem Buch.)

Wir glauben, daß der autistischen Störung ein mangelndes und unregelmäßiges, d.h., nicht-situationsbezogenes Zusammenspiel zweier informationsverarbeitender Systeme zugrunde liegt.

Im Sinne der Zwei-Prozeß-Theorie liegt autistischem Verhalten eine kognitive Dysfunktion zugrunde, die zu einem Kommunikations- bzw. Interaktionsdefizit beim jeweiligen Kinde führt. Folge ist eine Störung der Interaktion zwischen Mutter und Kind (Mutter versteht Signale des Kindes nicht, Kind versteht Signale der Mutter nicht). Da diese Störung der Kommunikation wechselseitig ist bzw. sein muß, ist es u.E. kaum möglich, Ursache und Wirkung voneinander zu unterscheiden. Die Informationsverarbeitung des autistischen Kindes ist also gestört. Als Folge verlaufen seine Lernprozesse zufälliger, worauf die Mutter mit Unsicherheit reagiert. D.H. als Folge einer solchen Verständisschwierigkeit kann sich auch eine emotionale Beziehungsstörung auf beiden Seiten entwickeln.

Eine kurze Darstellung der Annahmen der Zwei-System(Prozeß)-Therapie finden wir im Kapitel zur Aufmerksamkeits-Interaktions-Therapie (in diesem Buch). System-Entkopplungen (zwischen dem Neuheits-Wahrnehmungs-System und dem Bekanntheits-Handlungs-System) können zu einer Über- oder Unteraktivierung eines oder beider Systeme, unabhängig voneinander, führen. Über- und Unteraktivität sind möglicherweise vergleichbar mit einer Über- und/oder Untererregung des gesamten Organismus. Ist diese Annahme richtig, besteht die Möglichkeit, die Erregung therapeutisch zu beeinflussen.

Die Mutter hält bei der MFT die für das Kind anfangs unangenehme Situation (Festgehaltenwerden) konstant aufrecht, so daß ein Ruhigwerden des Kindes im Sinne der Theorie nur durch Aktivierung von Selbststeuerungs- oder Selbstregulationsmechanismen in Gang gesetzt werden kann.

Erst wenn diese Mechanismen eingesetzt haben und ausgewogenere Wahrnehmungs-, Gedächtnis- oder Handlungssequenzen (oder -rhythmen) ablaufen, ist auch die am Ende von MFT-Sitzungen zu beobachtende Vermehrung von symmetrischen Mutter-Kind-Interaktionen möglich. Also:

— Ingangsetzen von ausgewogenen Sequenzen zwischen Wahrnehmungs- und Handlungs- oder Gedächtnisprozessen und

— das damit im Zusammenhang stehende Anstoßen von Selbststeuerungs- und Selbstwahrnehmungsmechanismen des Kindes, die nach unserer Auffassung wesentliche Elemente symmetrischer Interaktion und Kommunikation sind.

1.1. Therapeutische Methode

Das Kind wird auf den Schoß der Mutter gesetzt, in der Art, daß die Möglichkeit besteht, Blickkontakt mit dem Kind herzustellen. Ggf. kann auch eine liegende Position gewählt werden. Bei älteren Jugendlichen empfiehlt sich alternativ die sitzende Postion der KI (ROHMANN et.al. in diesem Buch). Das Kind legt die Arme um den Körper der Mutter, diese umarmt das Kind, die Arme des Kindes sind fixiert, entweder durch indirektes Festhalten der Arme bzw. Hände oder durch Umarmung. Bei kleineren Kindern legen wir, im Sinne von ZASLOW, die Kinder quer auf den Schoß, wobei mit der einen Hand Rücken und Arme, mit der anderen die Beine gehalten werden. In dieser Position ist ständiger Blickkontakt möglich.

Verhaltensweisen wie der Ausdruck des Wohlbefindens, konstruktive bzw. soziale Sprach- und/oder Lautäußerungen werden durch sprachliche Erwiderung und Wiederholung in einem ruhigen, freundlichen Ton verstärkt. Viele Reaktionen der K.M.A. können auch hier angewandt werden. Wir verweisen deshalb auf das vorangegangene Kapitel.

Physische Widerstände und/oder sprachliche Mißfallensäußerungen (die meist wiederholenden Charakter haben) werden ignoriert. Die Mutter sollte möglichst entspannt und ruhig sein. Die Therapie sollte entweder vormittags oder am frühen Nachmittag durchgeführt werden, wobei der Zeitpunkt variabel ist.

Die Therapiedauer beträgt am Anfang in der Regel 30 bis 60 Minuten, später ist die Dauer kürzer. Es ist besonders darauf zu achten, daß das Kind nur in einer Beruhigungsphase vom Schoß gelassen wird.

Tägliche Durchführung bei unbedingter anfänglicher Supervision durch einen ausgebildeten Therapeuten.

1.2. Unterschied zwischen Festhaltetherapie und MFT

1. Widerstände werden nicht provoziert, u.a. auch deshalb, da in der Regel in den ersten 4 bis 6 Wochen von seiten des Kindes (schon auf Grund der ambivalenten Haltung) genügend Widerstände gezeigt werden. Das natürliche Widerstandverhalten reicht also vollkommen aus.

2. Trost, als eine der wichtigsten Variablen der FT, spielt bei der MFT nur eine Rolle als gezielt eingesetzte Verstärkung im Sinne eines Kommunikationsaufbaus. Versuchen wir, uns in die Situation des autistischen Kindes hineinzuversetzen, so werden wir feststellen, daß das Kind sich in der Haltesituation in einer Ambivalenzkrise befindet.

Das heißt, einerseits ist in ihm unbewußt der Wunsch vorhanden, genau wie jedes normale Kind, Nähe, Wärme, Liebe und Sicherheit der Mutter zu suchen und diese zu genießen. Auf der anderen Seite steht die Unfähigkeit, diesen Schritt zu realisieren. Es gilt, diese Barriere zu überschreiten.

Durch das therapeutische Halten bei der MFT wird das Kind aufgefordert, sich mit dieser Ambivalenz auseinanderzusetzen, d.h., zu lernen, die Liebe und Nähe der Mutter empfinden zu können. Wird das Kind in dieser, für es sehr schwierigen, Situation zusätzlich getröstet, so wird es u.E. in eine *„doppelte Ambivalenz"* hineingeführt. Wie soll das Kind, das schon genügend Probleme mit der Situation des Haltens hat, verstehen können, daß es in einer solchen extremen Anforderungssituation vollkommen widersinnig getröstet wird. Es wäre so, als wenn wir dem Kind mit der linken Hand eine Ohrfeige geben und es gleichzeitig mit der rechten Hand streicheln. Zwang und Trost in der gleichen Situation sind widersprüchlich und für das Kind verwirrend.

Deshalb wird Trost oder besser gesagt Zuwendung bei der MFT nur in Situationen eingesetzt, in denen das Kind sich beruhigt hat, vielleicht erstmalig die Nähe der Mutter akzeptieren kann.

3. Daraus ergibt sich die notwendige Konsequenz, daß wir *Widerstände,* seien sie nun physischer oder verbaler Art, *ignorieren.* Hier muß auch von therapeutischem Interesse sein, daß sich die Mutter ebenfalls in einer möglichen ambivalenten Situation befindet:

So ist es von Bedeutung, unterschwellige Aggressionen der Mutter gegenüber dem Kind, die sie möglicherweise mit Schuldgefühlen und/oder Überbehütungstendenzen kompensiert, aufzufangen und sie in der therapeutischen Situation im Sinne einer Reflektion ihrer Gefühle durch den Therapeuten zu unterstützen. Das ruhige Ignorieren der Widerstände des Kindes führt auch zu dem Effekt, daß das Kind die Situation selbst eindeutiger und klarer nachvollziehen kann.

4. Vergleichen wir die *Zeitdauer* der MFT und FT, d.h., auf der einen Seite 20 bis 60, auf der anderen Seite 60 bis 240 Minuten, so stellt sich die Frage, warum ist die MFT bei extrem niedrigerer Therapiedauer vergleichbar wirksam (vgl.

Rohmann & Hartmann, 1985)? Unsere Annahme ist, daß vorwiegend das ständige Trösten die Therapiezeitdauer extrem verlängert. Ein weiterer Faktor ist die Forderung (bei der Festhaltetherapie), das Kind erst loszulassen, wenn dieses entspannt ist. Abgesehen von der Frage, wie diese Entspannung bei der Festhaltetherapie gemessen wird, ist unseres Erachtens eine beobachtbare Beruhigung des Kindes Indikator genug, das Festhalten zu beenden (vgl. auch weiter unten).

Nach unseren Erfahrungen gibt es etwa nach 2 bis 3 Monaten Therapiedauer eine Gewöhnungsphase, einhergehend mit einem Entwicklungsstillstand. Wir raten in diesem Falle, die MFT abzusetzen und andere therapeutische Ebenen bzw. Methoden zu nutzen, z.B. die AIT.

5. Die Modifizierte Festhaltetherapie (MFT) ist *kein „Allheilmittel"*, auch kann nicht von Heilungen gesprochen werden. Sicher mögen unter besonderen Voraussetzungen (z.B. bei sehr jungem Alter — Säuglings- bzw. Kleinstkindalter — und einer durchschnittlichen Intelligenz) spezifische Symptome ganz verschwinden, wobei allerdings nicht vergessen werden darf, daß jeder Mensch in frühestem Alter eine autistische Entwicklungsphase durchläuft. 80 bis 90 % der autistischen Kinder sind aber geistig behindert. Und diese Behinderung bleibt bestehen, ob mit oder ohne Halten. *Zusätzliche therapeutische Maßnahmen* (z.B. Verhaltenstherapie, sensorische Integration oder Aufmerksamkeits-Interaktions-Therapie) sollten weiterhin eingesetzt werden.

6. Bisher ist noch nicht geprüft worden, welche therapeutischen Mechanismen beim Halten wirksam sind. Es ist z.B. offen, ob das Halten, der enge körperliche Kontakt, tröstende Reaktionen oder ruhiges Verharren u.ä. ausschlaggebende Faktoren für die (unbestrittene) therapeutische Wirksamkeit des Haltens sind. Unsere Annahmen gehen in die Richtung, daß durch das *Halten ein erstmalig möglicher interaktiver/kommunikativer Prozeß* zwischen Mutter und Kind in Gang gesetzt wird, wobei bei zunehmendem Dialog (verbal oder non-verbal) der Mechanismus des Haltens immer mehr in den Hintergrund gedrängt wird. Oder mit anderen Worten, das Halten ist eine Möglichkeit mit dem (oft hyperaktiven) Kind erstmals in längeren und engeren Kontakt zu treten, wobei ein erfolgreicher Austausch zwischen Mutter und Kind das Halten überflüssig werden läßt. Ein erfolgreicher Austausch bedeutet auch, daß das Erregungsniveau beider Interaktionspartner gesenkt ist, so daß Entspannung sekundär wird. Im Zentrum für Autismusforschung und Entwicklungstherapie in Viersen arbeiten wir z.Zt. daran, das erzwungene Halten immer mehr durch Interaktions- und/oder Kommunikationsangebote zu ersetzen:

D.h., daß der Therapeut sich mehr in den therapeutischen Prozeß miteinbezieht, z.B. in der Art, daß er hinter der Mutter mit dem Kind während der MFT interagiert, durch Sprache, Mimik, Gestik o.ä., die Aufmerksamkeit des Kindes erreicht, wodurch dieses ruhiger wird. In Folge kann die Mutter das Halten immer mehr lockern, um letztendlich ohne Halten (das Kind verbleibt aber auf dem Schoß der Mutter) mit dem Kind gemeinsam zu kommunizieren. Das *Halten* ist in diesem Sinne zu *reduzieren* und nur vorübergehender Schritt, Kommunikation mit dem Kind zu ermöglichen.

1.3. Indikation der MFT

Für die MFT ergibt sich aus den erwarteten und beobachteten Wirkprinzipien auch die entsprechende Indikation:

Die MFT führt zu einer „erzwungenen" kognitiven Umstellung beim Kind. Einzusetzen ist sie daher bei Kontaktstörungen und zur Sprachanbahnung mit zusätzlichen Elementen der AIT (vgl. HARTMANN et.al. in diesem Buch).

Weiteres Wirkprinzip ist die Wiederherstellung einer natürlichen Dominanzbeziehung und ein dadurch bedingter Abbau von Ambivalenz und Ambitendenz. Fremdaggressive, provokativ autoaggressive und negativistische Verhaltensweisen geben daher eine Indikation für die MFT. Somit werden auch positive stabilisierende Veränderungen bei der festhaltenden Person erreicht.

Literatur:

FACION, J.: Zum Verständnis autoaggressiver Handlungen aus Sicht der Informationsverarbeitung und deren therapeutische Implikation. Unveröff. Diss. Univeristät Münster, 1986

HARTMANN, H.: Aufmerksamkeits-Interaktions-Therapie. Praxis der Kinderpsychologie und Kinderpsychiatrie, 7, S. 242 - 247, 1986

HARTMANN, H. & ROHMANN, U. H.: Die Zwei-System-Theorie. Ein neues Modell normaler und psychotischer Informationsverarbeitungsprozesse. In: Rothschuh und Toellner (1984): Münster'sche Beiträge zur Geschichte und Theorie der Medizin, 22, S. 83 - 106, 984a

HARTMANN, H. & ROHMANN U. H.: Eine Zwei-System-Theorie der Informationsverarbeitung und ihre Bedeutung für das autistische Syndrom und andere Psychosen. Praxis der Kinderpsychologie und Kinderpsychiatrie, 7, S. 272 - 281, 1984b

HARTMANN, H. & ROHMANN U. H.: Die Zwei-Prozess- Theorie der Informationsverarbeitung und ihre Bedeutung für Psychosen (Mehrleistungen). Vorgesehen zur Veröffentl.: In Tagungsberichte Internationales Symposion über Neuropsychologie in der Psychiatrie. Springer, Hamburg, 1987

JANTZEN, W. & v. SALZEN, W.: Autoaggressivität und selbstverletzendes Verhalten. Marhold, Berlin, 1985

KISCHKEL & STÖRMER: Kritische Überlegungen zur Festhalte-Therapie. In: Zur Orientierung, 10, 1986

ROHMANN, U. H., HARTMANN, H., KEHRER, H. E.: Erste Ergebnisse einer modifizierten Form der Festhaltetherapie. autismus, 17, S. 10 - 13, 1984

ROHMANN, U. H., HARTMANN, H.: Modifizierte Festhaltetherapie (MFT), eine Basistherapie zur Behandlung autistischer Kinder. Zeitschrift für Kinder- und Jugendpsychiatrie, 3, S. 182 - 198, 1985

ROHMANN, U. H.: Informationsverarbeitung autistischer Kinder. LIT Verlag, Münster, 1985

ROHMANN, U. H. & ELBING, U.: Festhaltetherapie: Ein neuer Mythos in der Autismusbehandlung. Eine kritische Analyse der diversen Haltetherapien. Vorauss. Erscheinen Frühjahr 1988, verlag modernes lernen, Dortmund, 1987/88

WELCH, M.: Retrieval from autism through mother-child-holding therapy. In: TINBERGEN, N. & TINBERGEN, E. A., S. 323 - 336, 1983

ZASLOW, R. W.: Z-process Attachment Therapy. In: Corsini, J. (Ed.): Innovative psychotherapies, Interscience Series, New York, 1981

Gruppengespräche als therapeutischer Ansatz der Problemaufarbeitung bei Bezugspersonen behinderter Kinder

G. Jakobs und M. Kalde, H. Hartmann, U. Rohmann

Im Rahmen unseres therapeutischen Konzeptes kommt den Bezugspersonen von behinderten Kindern eine Schlüsselrolle zu, da die bei den Kindern ursächlich auftretenden Störungen auch Auswirkungen auf die Bezugspersonen-Kind-Beziehungen haben können.

Daher finden neben den Einzeltherapiesitzungen (Bezugspersonen-Kind) Gruppengespräche ausschließlich für die Bezugspersonen statt, um ihnen über einen gemeinsamen Erfahrungsaustausch das Bewußtsein zu vermitteln, daß sie mit ihren Ängsten und Nöten nicht alleine stehen, sondern daß die eigenen Erfahrungen in ihrer Struktur Ähnlichkeit im Vergleich zum Erfahrungsschatz der anderen Gruppenmitglieder erkennen lassen. Für uns Therapeuten, die an diesen Gesprächen teilnehmen, ist es immer wieder eine wichtige Erfahrung, mit welchem Elan und Ideenreichtum die Bezugspersonen den Anforderungen des täglichen Zusammenlebens mit ihren behinderten Kindern begegnen und dabei häufig ihre Sensibilität für das Erkennen auch von kleinsten Fortschritten bei ihren behinderten Kindern nicht verlieren.

Die Interventionen von uns Therapeuten, die an den Gruppengesprächen teilnehmen, orientieren sich an der Eigendynamik des Gesprächs, d.h. wir nehmen zunächst die Rolle des „aktiven Zuhörers" ein, um die angesprochenen Erfahrungen zu ordnen und zu kommentieren.

Signalisiert die Gruppe Bereitschaft, sich näher mit der eigenen Familiensituation auseinanderzusetzen, so bietet sich die Möglichkeit, durch bildhafte bzw. skulpturelle Darstellungen, die Rollenverteilung innerhalb der Familien transparenter zu machen. Dabei treten u.U. Perspektiven der einzelnen Rollen in den Vordergrund, die bis dahin außer acht gelassen wurden. Äußerungen aller Gesprächsteilnehmer, wie : „Aus dieser Sicht habe ich das bisher noch gar nicht gesehen", sind keine Seltenheit.

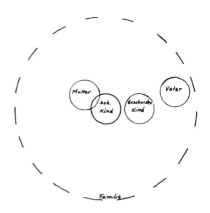

Eine in den Gruppengesprächen immer wiederkehrende Familienkonstellation stellt sich folgendermaßen dar:

Das behinderte Kind steht im Zentrum des Familiengeschehens, es bedarf aufgrund seiner Behinderung sehr intensiver Fürsorge und großen Engagements seiner Bezugspersonen. Häufig kann das Kind nicht unbeaufsichtigt bleiben, es fordert ständigen Einsatz. In der Regel fallen der Mutter diese Aufgaben zu. Sie reagiert auf die vielfältigen Bedürfnisse des Kindes, bahnt individuelle Fördermöglichkeiten an. Die Art der Identifizierung der Mutter mit dem behinderten Kind wird häufig beeinflußt durch den Grad der Unselbständigkeit des Kindes. Sie ist bemüht, die Schwierigkeiten, die durch die gegebene Konstellation innerhalb der Familie bestehen, zu kompensieren. In ihrer Rolle bleibt ihr nur wenig Raum, eigenen Bedürfnissen gerecht zu werden. Diese werden den Bedürfnissen des Kindes untergeordnet, d.h. die Mutter kann nur dann selbstbestimmte Aktivitäten ausüben, wenn es das Kind zuläßt.

Geschwisterkinder fühlen sich nicht selten gegenüber dem behinderten Bruder oder der behinderten Schwester benachteiligt. Insbesondere, wenn das gesunde Kind älter ist, wird von ihm häufig starke Rücksichtnahme und ein hohes Maß an Vernunft erwartet. Geschwisterkinder nehmen zum Teil schon sehr früh Rollen innerhalb der Familie ein, die sich sehr stark an die der Erwachsenen orientieren. Neben der Erwartungshaltung der Eltern, die dieses Verhalten beim Kind evtl. begünstigen, kann das Kind aber auch diese Rolle von sich aus einnehmen, um somit die eigenen Bedürfnisse bezüglich der Zuwendung zu befriedigen.

In anderen Situationen kann es jedoch auch vorkommen, daß das Geschwisterkind versucht, Verhaltensweisen des behinderten Kindes aufzugreifen, um so auch einmal im Mittelpunkt des Familiengeschehens zu stehen. Eine andere Variante stellt sich so dar, daß das Geschwisterkind in Rivalität mit dem behinderten Kind tritt. In solchen Situationen kann die Mutter unter Zugzwang zwischen den beiden Kindern geraten, so daß sie sich häufig stark überfordert fühlt, beiden Kindern gerecht zu werden.

Der Vater steht meist am Rande des Familiengeschehens. Zum einen hat er, bedingt durch seine berufliche Tätigkeit, nur wenig Zeit für Familienaktivitäten, zum anderen können auch weitere Gründe für seine größere Distanz gegenüber der Mutter-behindertes Kind-Konstellation ausschlaggebend sein. So kann der Vater z.B. überhaupt keine Möglichkeiten mehr sehen, sich in die enge Beziehung zwischen Mutter und Kind einzugeben, da er sich selbst weniger Kompetenz gegenüber dem Partner im Bezug auf den Umgang mit dem behinderten Kind zutraut und/oder ihm wenig Kompetenz von Seiten des Partners eingeräumt wird. Die Folge kann sein, daß er sich aus der Erziehung des behinderten Kindes zurückzieht und dies durch ein größeres Engagement im beruflichen oder anderen Bereichen (z.B. Hobbies, Vereine) zu kompensieren versucht.

Im weiteren Verlauf der Gruppengespräche kann es hilfreich sein, sich innerhalb der gegebenen Familienkonstellationen in die Rollen der einzelnen Familienmitglieder einzufühlen, um somit die jeweiligen Positionen angemessen einordnen zu können und die dieser Rolle typischen Verhaltensweisen bzw. Interaktionsmechanismen nachzuvollziehen.

Da eine Übertragung der dargestellten Positionen und Problematiken von den einzelnen Gesprächsteilnehmern auf ihre Familienkonstellation häufig vollzogen werden kann, ist es möglich, im folgenden Strategien bezüglich einer Änderung der Familiensituation zu erarbeiten. Vielfach hilft auch hier der Erfahrungsaustausch unter den Bezugspersonen selbst, da sie als Betroffene am ehesten die Situation anderer Gruppenmitglieder nachvollziehen können.

Neben dem Austausch über die beschriebenen innerfamiliären Gegebenheiten besteht bei den Bezugspersonen auch der Wunsch, sich über Umwelterfahrungen, die im Zusammenhang mit der spezifischen Behinderung des Kindes stehen, auszutauschen. Die geschilderten Erfahrungen reichen von Unverständnis und Ablehnung, unsicherem Verhalten gegenüber dem behinderten Kind bis hin zu als angemessen empfundenen Reaktionen durch die Umwelt. Insbesondere bei vorliegender autistischer Behinderung des Kindes berichten die Bezugspersonen, daß ihnen häufig selbst Besuche von Verwandten und Bekannten, Einkäufe, Cafebesuche usw. vorenthalten bleiben müssen. Während das äußere Erscheinungsbild bei anderen Kindern z.T. auf eine Behinderung (z.B. bei Körperbehinderten; Mongolismus) hinweist und von der Umwelt auch als solche gedeutet wird bzw. werden kann, muß sich die Bezugsperson im Umgang mit dem autistischen Kind häufig mangelnde Kompetenz von der Umwelt unterstellen lassen, da diese das unauffällige Aussehen des autistischen Kindes assoziiert mit Nicht-Behinderung und situationsadäquatem Sozialverhalten. Die Dialoge zwischen der nicht bzw. unzureichend informierten Umwelt und den Bezugspersonen enden häufig sehr schmerzlich für diese mit oberflächlichen Äußerungen, wie: "Wenn das mein Kind wäre, dann . . ."

Durch das Einspielen eines Interviews, in dem eine betroffene Mutter ihre Erfahrungen mit der Umwelt schildert, werden auch die anderen Bezugspersonen ermutigt, sich zu diesem Thema zu äußern. Dabei werden z.T. Übereinstimmungen festgestellt, die Reaktionen der Bezugspersonen bei ähnlichen oder gleichen Erfahrungen differenzieren sich. Elemente des Psychodramas können die vielfältigen Motivationen der verschiedenen Reaktionsmöglichkeiten (z.B. Rückzug und Isolation auf sich und das Kind; Überreaktionen; Überengagement; Projektion der eigenen Schuldgefühle auf Dritte; unbelastetes, selbstsicheres Aufteten) für jeden einzelnen verdeutlichen helfen. Dazu werden z.B. die eigenen tiefen Empfindungen, die aufgrund einer Mutter/Kind-Umwelt-Interaktion auftraten, verbal durch das Beschreiben eines Bildes oder das Benennen eines Symbols, dargestellt. Fragen an die Bezugspersonen selbst, an die Art der Aufarbeitung des Problems, ein behindertes Kind (geboren) zu haben, rücken in dieser Phase des Gesprächs in den Vordergrund. Wir Therapeuten versuchen darauf zu achten, daß jeder Gesprächsteilnehmer seine Selbstkompetenz bewahrt und sich nur so weit in das Gespräch einbringt, wie er sich augenblicklich in der Lage fühlt. Es werden Möglichkeiten des Umgangs mit diesen vielfältigen Belastungen ausgetauscht; die Erfahrung, daß u.U. auch andere Bezugspersonen ambivalente Gefühle gegenüber ihrem behinderten Kind haben, erleichtert das Zulassen dieser Gefühle bei sich selbst und kann dazu beitragen, mit der eigenen Belastung anders umzugehen.

Der Umgang mit dem behinderten Kind stellt sich bei den einzelnen Bezugspersonen recht unterschiedlich dar. So kann z.B. für eine Mutter, die sich ausschließlich um das Wohlbefinden des Kindes sorgt und eigene Bedürfnisse zurückstellt, ein wichtiger Hinweis sein, daß eine andere Mutter, die für sich auch in Anspruch nimmt, ihr Kind zu lieben, eigenen Interessen nachgeht und die Obhut des behinderten Kindes in dieser Zeit anderen Personen überläßt, um über den Weg eigener Aktivitäten selbstbestimmt zu handeln und somit sich selbst und dem Kind die Möglichkeit gibt, Erfahrungen mit anderen Personen zu machen. Hier werden dann häufig durch die Gesprächsteilnehmer Anregungen gegeben, wie die Bezugspersonen Freiräume schaffen und nutzen können.

Ein weiterer Themenschwerpunkt, der die Bezugspersonen beschäftigt, ist die Frage nach der Zukunftsperspektive (welche Schule, Arbeitsstelle, Wohnform, wenn ich einmal nicht mehr kann) des behinderten Kindes. Dabei beziehen häufig die Eltern jüngerer Kinder die Vorstellung mit ein, daß ihr Kind immer bei ihnen wohnen wird. Andere Vorstellungen schließen die Möglichkeit mit ein, daß das behinderte Kind von den Geschwistern versorgt wird. Die Vorstellungen der einzelnen Bezugspersonen bezüglich Schulform, Ausbildung und Wohnform stehen in Zusammenhang mit der Art der Einschätzung der Behinderung ihres Kindes. Eltern, deren Kinder schon älter sind, können hier relativierend wirken, indem sie über ihre Vorstellungen berichten, die sie hatten, als ihr Kind noch jünger war und wie sich diese im Verlauf verändert haben.

Der Gedanke, daß z.B. das behinderte Kind auch einmal das Bedürfnis haben kann, mit gleichaltrigen Mitmenschen zusammenzuleben, ist für manche Bezugspersonen noch unvorstellbar, da der Prozeß der Ablösung nicht abgeschlossen ist.

Bildet in den Gruppengesprächen der gemeinsame Austausch von Erfahrungen den Grundstein, bei den einzelnen Bezugspersonen Denkprozesse in Gang zu setzen, so können spezifische Probleme von Bezugspersonen in Einzelgesprächen mit uns Therapeuten angesprochen werden. Gegebenenfalls können weitergehende Hilfen vermittelt werden, wobei es sich oft als sinnvoll erweist, die begonnenen Gespräche mit der gesamten Familie fortzuführen.

AUTORENVERZEICHNIS

Christiane ARENS, Sozialpädagogin, geb. 1957, Studium an der Fachhochschule in Vechta, arbeitete ein Jahr in der kinderpsychiatrischen Abteilung der Universitätsklinik Münster (Prof. Kehrer), seit 1980 Mitarbeiterin in der Ambulanz für autistische Kinder in Bremen; Zusatzausbildung in Gesprächspsychotherapie; Arbeitsschwerpunkte: Frühförderung, Elternberatung, Didaktik und Organisation. Anschrift: Waller Heerstr. 190, 2800 BREMEN.

Vera BERNARD-OPITZ, Dr. mat. nat., geb. 1950 in Hildesheim, Studium an der Universität Göttingen, Postgraduiertenarbeit an der University of California Santa Barbara, wissenschaftliche Mitarbeiterin an der Universität Göttingen, dem Christophorushaus Göttingen, Elterntrainerin und später Assistenzdirektorin am Los Ninos Center, San Diego, Californien, Leitung des Psychologischen Dienstes in den Johannes-Anstalten Mosbach, dort Aufbau des Kommunikationsförderbereiches für autistisch und Geistig Behinderte und Entwicklung des Projekts „Strukturierte Elternarbeit"; Schwerpunkte: Autismus, Verhaltensstörungen, geistige Behinderung, Verhaltensmodifikation (incl. kognitive Ansätze), Frühförderung, Handzeichen, Computereinsatz bei Behinderten.

Erika DÖBEL, Grund- und Hauptschullehrerin, geb. 1949 in Hess. Lichtenau. Studierte an der Universität Hannover, legte 1981 ihre 2. Lehrerprüfung ab und übernahm dann „Feuerwehr"- und ABM-Verträge, zuletzt für zwei Jahre im Taubblindenzentrum Hannover. Kam über diese Arbeit 1986 als Lehrerin in das Therapiezentrum für autistische Kinder Hannover, wo ihr Arbeitsschwerpunkt in der Vermittlung der Gebärdensprache ist. Anschrift: Annenstr. 15, 3000 Hannover 1, Tel.: 0511/282285.

Stefan DZIKOWSKI, Dipl. Sozialpädagoge, geb. 1957 in Bremen, studierte an der Universität Bremen und wurde dort mit dem „Bremer Studienpreis 1987" ausgezeichnet. Er begann 1975 beim BREMER PROJEKT/Sonderklasse für Autisten, wo er bis 1978 im Schulunterricht autistische Kinder in verschiedenen Fächern betreute. Arbeitet seit 1980 in einer Ambulanz für autistische Kinder, vorwiegend in den Bereichen Frühförderung, Behandlung sensorischer Integrationsstörungen und Fortbildung. Mitglied verschiedener Forschungseinrichtungen. Anschrift: Waller Heerstr. 190, 2800 BREMEN.

Hellmut HARTMANN, Dr. med., geb 1937, Arzt für Kinder- und Jugendpsychiatrie, Studium der Medizin und Theaterwissenschaften in Berlin und Köln, Ausbildung in VT u. Psychodrama, Weiterbildung in Familientherapie. Stellvertretender Vorsitzender des IFA Münster. Abteilungsarzt (Chefarzt) des Fachbereichs Kinder- und Jugendpsychiatrie der Rheinischen Landesklinik Viersen, Leitung des Zentrums für Autismusforschung und Entwicklungstherapie an der Rheinischen Landesklinik Viersen, Co-Leitung der AG „Prozeß-Modelle Psychischer Erkrankungen", Arbeitsschwerpunkte: Autismus-, Schizophrenie- und Autoaggressionsforschung, Informationsverarbeitung bei Psychosen und Entwicklung neuer therapeutischer Methoden zur Behandlung dieser Krankheitsbilder.

Joachim HEILMANN, Dipl. Pädagoge, geb. 1955 in Frankfurt/M., studierte an der Universität Frankfurt/M., Doktorand bei Prof. Kurt Jacobs. Arbeitet seit 1985 im Bereich „Mobile Beratung und Therapie", Autismustherapie — Institut Langen des Regionalverbandes Rhein - Main e. V. „Hilfe für das autistische Kind".

Volker HELBIG, geb. 1950, studierte in Marburg Psychologie und begann 1977 als Dipl. Psychologe seine Arbeit in der Ambulanz für autistische Kinder in Bremen, deren Leiter er seit einigen Jahren ist. Schwerpunkte seiner Tätigkeit sind Therapie und Diagnostik. Anschrift: Im Ofenerfeld 33a, 2900 Oldenburg.

Günter JAKOBS, Dipl. Sozialpädagoge; geb. 1958 in Hillesheim; Studium an der FH Niederrhein, Abt. Mönchengladbach; Diplomarbeit über die Erfahrungen, die während einer Fördermaßnahme bei autistischen Jugendlichen zum Kommunikationsaufbau im Rahmen auditiver Wahrnehmungsförderung gesammelt wurden. Berufliche Erfahrungen in der Altenarbeit, Heimerziehung und Behindertenhilfe. Seit Okt. 1986 therapeutischer Mitarbeiter im Zentrum für Autismusforschung und Entwicklungstherapie. Schwerpunkte innerhalb der Forschung sind aufbauend auf der Aufmerksamkeits-Interaktionstherapie (AIT), über die Förderung eigengesteuerter Aktivitäten beim Kind Interaktions- und Kommunikationsprozesse zu initiieren. Anschrift: Hohenzollernstr. 162, 4050 Mönchengladbach.

Michael KALDE, Dipl. Soz. Pädagoge, Fachlehrer für Geistigbehinderte, geb. 1955 in Duisburg, Studium FH Düsseldorf, arbeitete zunächst im Schulkindergarten, anschließend in verschiedenen Sonderschulen für Geistigbehinderte als Fachlehrer, bevor er 1986 therapeutische Aufgaben im Zentrum für Autismusforschung und Entwicklungstherapie d. Rheinischen Landesklinik in Viersen-Süchteln übernahm. Seine Tätigkeit beinhaltet insbesondere die Therapie autistischer Kinder und deren Bezugspersonen. Schwerpunkte im Forschungsbereich liegen in der Weiterentwicklung von auf der Aufmerksamkeits-Interaktionstherapie beruhenden Methoden mit dem Ziel non-direktiver Handlungskompetenzförderung unter dem Aspekt des Aufbaus von Sprache und deren Erweiterung. Anschrift: Erlenstr. 58, 4100 Duisburg 1.

Hans E. KEHRER, Prof. Dr., geb. 1917, Arzt für Kinder und Jugendpsychiatrie, ehem. Leiter der Kinder- und Jugendpsychiatrischen Abteilung der Universitäts-Nervenklinik Münster. 1. Vorsitzender des Instituts für Autismusforschung Münster, Albert-Schweitzer-Str. 11, 4400 Münster.

Ernst J. KIPHARD, Prof. Dr. phil, Dipl.-Sportlehrer, geb. 1923 in Eisenach. Entwicklung und Aufbau der psychomotorischen und sensomotorischen Übungstherapie am Westf. Institut für Jugendpsychiatrie und Heilpädagogik mit Dr. med. H. Hünnekens. Stationäre und ambulante Betreuung einzelner autistischer Kinder durch systematische Stimulation der taktilen, visuellen und akustischen Perzeption. Hat seit 1980 eine Professur für Prävention und Rehabilitation an der Universität Frankfurt inne. Schwerpunkte seiner Arbeit sind Motopädagogik, Motodiagnostik, Psychomotorik-Therapie. Anschrift: Ginnheimer Stadtweg 119, 6000 Frankfurt 50.

Ulrike MÜLLER, Heilpädagogin, geb. 1954 in Hoya; Ausbildung als Erzieherin in Lobetal, Celle. Arbeitete seit 1977 auf der Intensivstation unter anderen mit autistischen Kindern. Sie übernahm nach der Weiterbildung zur Heilpädagogin eine Gruppe autistischer Kinder in Hannover. Seit 1980 arbeitet sie dort vorwiegend in den Bereichen Kindergarten und Unterstufe. Besondere Interessenschwerpunkte sind die Herstellung von kindgemäßen Spiel- und Arbeitsmaterialien. Anschrift: Redenstr. 6, 3000 Hannover 1.

Matthias REICH, Erziehungshelfer, geb. 1955 in Oerrel, Ausbildung zum Gärtner; arbeitete nach der Zivildienstzeit 1978 bis 1983 als Erziehungshelfer in verschiedenen Gruppen im Therapiezentrum für autistische Kinder in Hannover. Seit 1987 wieder in der gleichen Einrichtung in einer Gruppe mit autistischen Jugendlichen. Persönlicher Schwerpunkt ist die Arbeit im handwerklichen, holzverarbeitenden Bereich. Anschrift: Schulenburger Landstr. 146, 3000 Hannover 1, Tel.: 0511/673360.

Ulrich H. ROHMANN, geb. 1950, Dipl. Psych. und Klinischer Psych. BDP, Dr. rer. medic., Studium der Pädagogik, Soziologie und Psychologie in Osnabrück und Münster, Ausbildung in VT, 1982 - 1984 wiss. Mitarb. der Psychiatrischen Universitätsklinik, Abt. Kinder- und Jugendpsychiatrie, Aufbau und stellvertr. Leitung des Instituts für Autismusforschung- und behandlung Marl-Sinsen, seit 1986 Leitung der Folgeeinrichtung (Zentrum für Autismusforschung und Entwicklungstherapie) an der Rheinischen Landesklinik Viersen, Fachbereich Kinder- und Jugendpsychiatrie, Mitglied verschiedener Forschungsgruppen, Arbeitsschwerpunkte: Autismus-, Schizophrenie- und Autoaggressionsforschung. Entwicklung neuer therapeutischer Methoden zur Behandlung dieser Krankheitsbilder. Informationsverarbeitung bei Psychosen.

Heinz SCHLÜTER, Dipl. Psychologe, geb. 1956 in Dortmund. Studium in Psychologie und Grundstudium in Soziologie an der Universität Bielefeld. Vorherige Arbeitsbereiche waren Sonderkindergarten, Familienbildung, Jugendarbeit, psychologische Beratung an einer Bielefelder Modellschule und dem angeschlossenen Wohnheim. Seit 1985 leitender Psychologe der Ambulanz und Beratungsstelle „Hilfe für das autistische Kind", Bielefeld. Schwerpunkte seiner Arbeit sind Therapie, Diagnostik, Beratung und Fortbildung. Anschrift: Großer Kamp 45, 4800 Bielefeld, Tel.: 0521/ 104262.

Gerhard WIENER, Dipl. Psychologe; geb. 1949; arbeitet als leitender Psychologe seit 1979 im Autismus- Therapieinstitut Langen (Weserstr. 11, 6070 Langen, Tel.: 06103/24466), Anschrift: Niddagaustr. 14H, 6000 Frankfurt 90.